신라의 성장 과정과 복식사여체제

이 저서는 2017년 정부(교육부)의 재원으로 한국연구재단의 지원을 받아 수행된 연구임
(NRF-2017S1A6A4A01022001)

신라의 성장 과정과
복식사여체제

이한상 지음

서경문화사

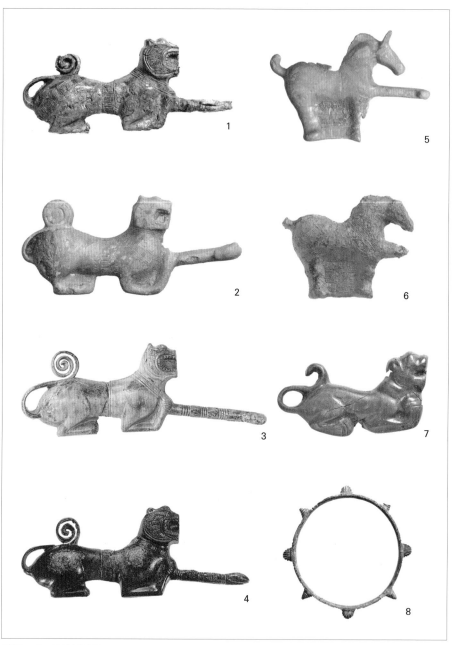

원색1. 사로국의 복식품(1·7·8.탑동 1호묘, 2.덕천리 127호묘, 4.사라리 130호묘, 5.덕천리 124호묘, 6.조양동 60호묘)과 비교자료(3.경산 신대리 1호 목관묘)

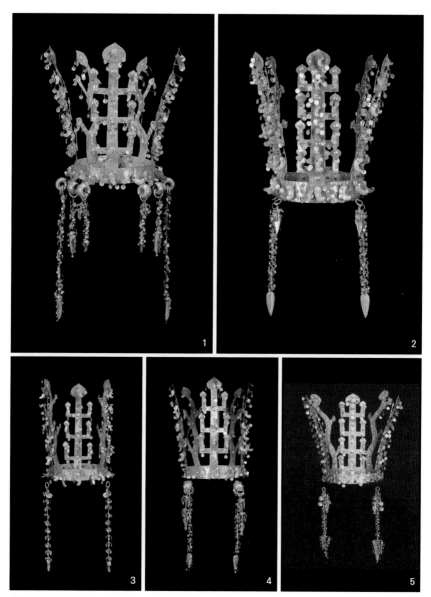

원색2. 신라의 금관(1.황남대총 북분, 2.천마총, 3.금관총, 4.서봉총, 5.금령총)

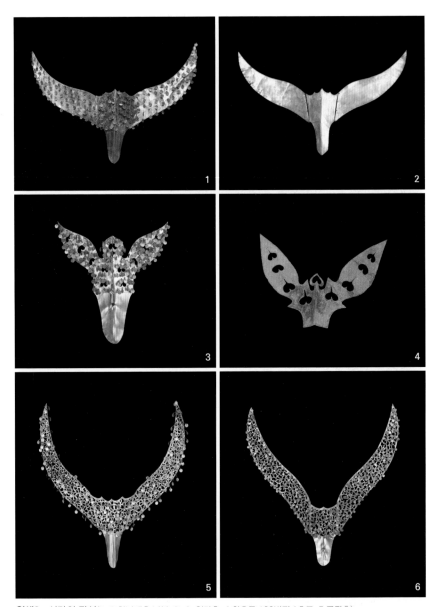

원색3. 신라의 관식(1·2.황남대총 남분, 3·6. 천마총, 4.황오동 100번지 1호묘, 5.금관총)

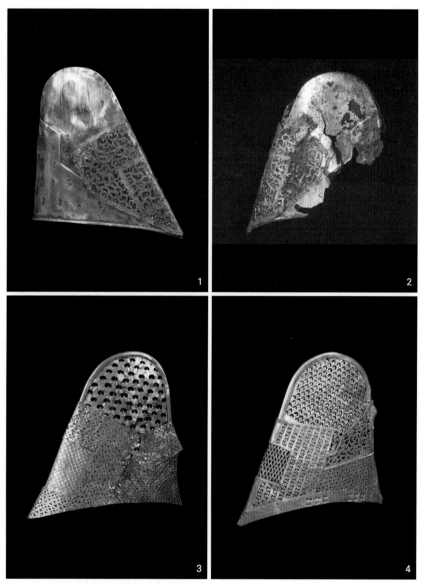

원색4. 신라의 관모(1·2.황남대총 남분, 3.금관총, 4.천마총)

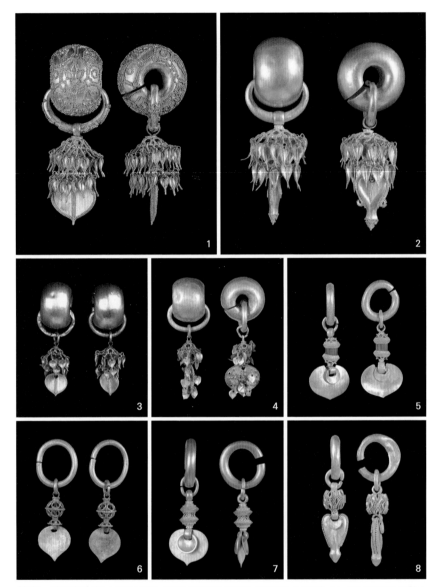

원색5. 신라의 이식(1.보문동 합장분 석실묘, 2.황오동 52호분, 3.천마총, 4.금관총, 5.노서동 138호분, 6.황남
대총 남분, 7.보문리고분, 8.황오동 100번지 2호묘)

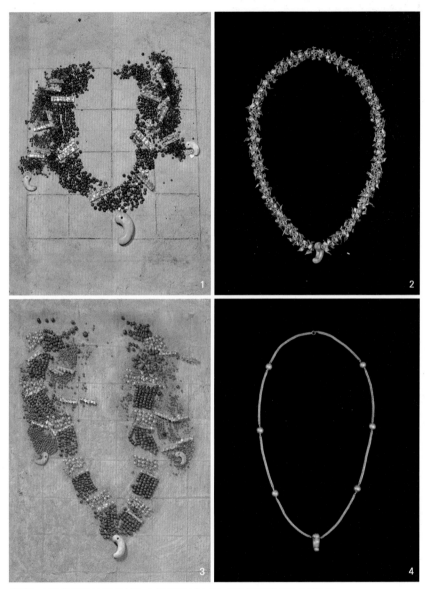

원색6. 신라의 경흉식 및 경식(1·4.황남대총 남분, 2.노서리 215번지 고분, 3.천마총)

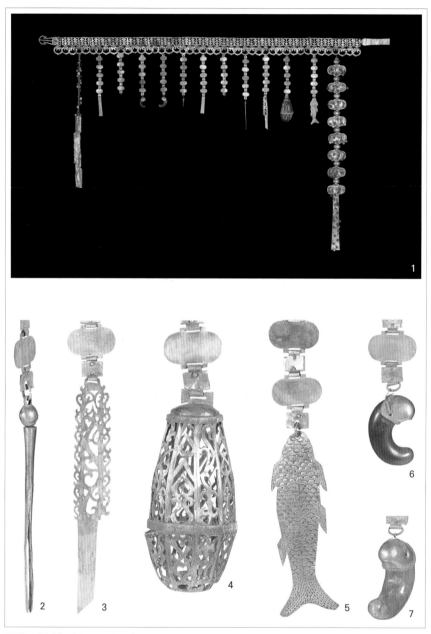

원색7. 천마총 대금구(1)와 요패 세부(2.집게, 3.도자, 4.육각형낭, 5.물고기, 6·7.곡옥)

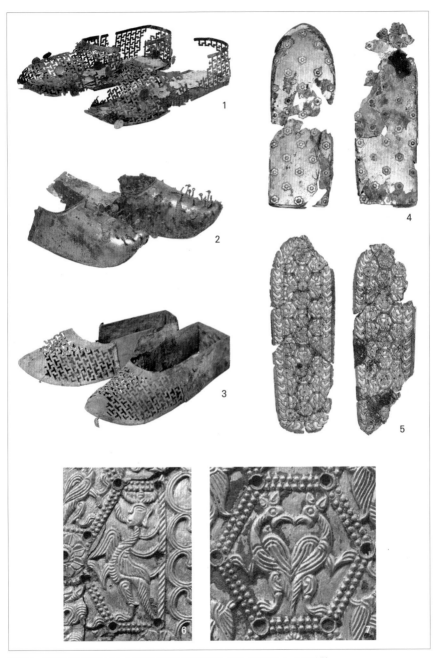

원색8. 식리(1.황남대총 남분, 2.임당 6A호분, 3.탑리고분 II곽, 4.금관총, 5~7.식리총)

저자가 고고학에 관심을 갖게 된 것은 대학 4학년 때인 1987년 3월의 일이다. 당시 부산대박물관이 실시하던 합천댐 수몰지구 발굴에 참여하면서 고고학이라는 학문을 접하게 되었다. 고고학 기초가 전혀 없었기에 초반에는 선배들이 시키는 대로 삽질이나 심부름을 했다. 몇 달 후 석실묘 조사에 투입되었다. 그 때 발굴한 무덤이 지금 와서 보니 6세기 후반 신라 석실묘인데, 당시에는 가야 석실묘라 생각하며 조사를 했던 기억이 난다.

1991년 석사과정에 입학하였을 때까지는 가야사에 관심을 가졌다. 두꺼운 노트에 가야사 저서와 논문 목록을 빼곡히 메모하거나 가야사 사료의 원문과 번역문을 복사해 카드에 붙이는 작업을 하곤 했다. 그런데 강의를 듣고 대학원과 한국역사연구회 고대사분과 세미나에 참여하면서 가야사에 대한 관심은 낮아졌고 신라 중고기로 관심이 옮아갔다.

그러던 차에 권오영, 김두철 선배가 근무 중이던 국립중앙박물관 고고부에서 일용직으로 일할 기회가 생겼고, 발굴보고서 작성을 위한 기초 자료를 정리하거나 청당동 유적 등 발굴 현장에 투입되어 마한 유적을 직접 발굴할 수 있었다. 그것이 인연이 되어 1992년 국립박물관 학예연구사 공채에 응시하였고 그해 8월, 학예연구사로 임용되어 공주박물관에서 첫 직장생활을 시작했다.

당시 박물관장인 최종규 선생님의 도움을 받아 신라 적석목곽묘 출토 금공품을 소재로 석사논문을 쓸 수 있었다. 1998년 경주박물관으로 자리를 옮기면서 신라 황금유물 전체로 관심의 폭이 넓어졌다. 당시 학예연구실 회의석상에서 신라 황금 특별전 개최를 제안한 것이 받아들여짐에 따라 전시 실무를 담당하게 되었다. 그 과정에서 많은 유물을 실견하고 또 그것을 바탕으로 연구를 진행할 수 있었다. 그때 오세윤 선생님, 우화정 · 김현정 · 이세영 · 이정희 학우의 도움이 컸다. 2004년에 『황금의 나라 신라』를 출간할 때 연합뉴스 김태식 기자께서 부족한 저자의 원고를 일일이 다듬고 출판사까지 섭외해주었기에 겨우 책이 나올 수 있었다.

대학으로 직장을 옮긴 후 신라 마립간기의 지방지배를 주제로 박사학위 논문을 구상했고 울산, 의성, 영주, 창녕, 동해안 등지의 금공품 분포 양상을 확인하면서 그것의 의미를 정리하기 시작했다. 그러나 개인적 사정으로 논문 주제를 백제사로 변경할 수 밖에 없었기에 신라사는 한동안 저자의 관심에서 벗어나게 되었다.

2011년부터 진행된 신라사대계 발간 작업에 실무자로 참여하면서 신라 고고학에 대한 관심을 다시금 가지게 되었고 그 무렵부터 조금씩 신라 고고학 관련 논고를 발표할 수 있었다. 당시 노중국, 김세기, 주보돈, 이희준, 이영호, 임영애, 함순섭, 이동철 선생님께 많은 가르침을 받았다. 그러한 성과가 이 책의 토대가 되었다.

근래 경주를 중심으로 각지에서 중요한 발굴이 이루어졌고 그것과 관련한 신라 고고학 연구 성과도 급증했다. 그러한 내용을 반영해보려 하였으나 저자의 능력 부족으로 제대로 정리하지 못한 채 이 책을 내게 되었다. 이 책의 부족한 점은 향후 증보의 형식을 빌어 보완할 것을 기약한다. 학계의 혜량을 바란다.

끝으로 저자에게 한결같은 가르침을 주시는 최종규 · 우지남 선생님, 대학원 은사이신 노태돈 · 송기호 · 武末純一 선생님, 늘 가까이에서 보살펴주시는 최맹식 · 정광용 선생님, 금공기술에 대하여 자문해 준 이현상 씨 등 많은 분들께 감사의 말씀을 드리고 싶다. 그리고 어려운 출판여건임에도 불구하고 상품성 없는 이 책을 출판해주신 서경문화사 김선경 사장님과 직원 여러분께 감사의 말씀을 드린다.

2022년 4월
보문산 자락에서 이한상

차 례

총론 … 17

제1부 사로국에서 신라로   23

제1장 두각 나타낸 사로국 … 25

사로국의 성립 ……………………………………………… 25
사로국의 왕묘 ……………………………………………… 28
사로국의 철 ………………………………………………… 31
사로국의 복식품 …………………………………………… 34
사로국의 대외교류 ………………………………………… 41

제2장 신라적 색채의 발현 … 50

묘제와 유물의 변화 ………………………………………… 50
임당유형과 옥성리유형 …………………………………… 56
4세기의 지방통제방식 ……………………………………… 63

제2부 신라의 성장과 복식품   67

제1장 마립간기의 새로운 요소 … 69

적석목곽묘의 등장 ………………………………………… 69
황금문화의 시작 …………………………………………… 75

신라토기의 양식 확산 ·· 78

왕족의 외래품 독점 ·· 81

제2장 마립간기 이후의 복식품 ··· 85

마립간기의 복식 기록 ·· 85

금속제 관 ··· 86

이식 ·· 94

대금구 ·· 99

식리 ···104

중고기의 복식품 ···110

당식 의관제의 도입 ···116

흥덕왕의 복식금령 ···121

제3부 복식사여체제의 설정　129

제1장 사여체제의 전제 ··· 131

제작지 논의 ··131

지역색의 의미 ···139

복식품으로서의 장신구 ··141

제2장 사여체제의 전개 ··· 146

왕도의 복식품 소유 양상 ··146

지방의 복식품 소유 양상 ··153

낙동강 중상류 방면 ···154

소백산맥 방면 ……………………………………… 158
의성과 순흥의 복식품 …………………………… 160
낙동강 중하류 방면 ……………………………… 175
창녕, 부산, 양산의 복식품 ……………………… 177
동해안 방면 ………………………………………… 187

제3장 사여체제의 종언과 그 이후 … 194

사회분화의 진전과 대응 ………………………… 195
고총의 퇴조와 사찰 조영 ……………………… 201
왕경 정비와 황룡사의 위상 …………………… 205
사회 안정과 통일전쟁 준비 …………………… 212

제4장 주변국 사례와의 비교 … 216

한성기 백제의 복식품 …………………………… 216
웅진기 및 사비기 백제의 복식품 …………… 229
대가야의 복식품 ………………………………… 242
아라가야의 복식품 ……………………………… 270
소가야의 복식품 ………………………………… 272
금관가야의 복식품 ……………………………… 281

참고문헌 … 285

찾아보기 … 308

총론

　　5~6세기 신라사 연구는 한국 고대사의 여러 분야 가운데 비교적 활발히 진행된 편이다. 그 가운데 상대적으로 기록이 많은 중고기에 연구가 집중되고 있다. 이 시기 연구의 주요 논점은 부(部)의 성격을 어떻게 파악할 것인가 하는 점과 더불어 신라가 자율성을 지닌 지방세력들을 어떻게 지배하였을까 하는 점이다.

　　그러나 그 직전 단계인 마립간기에 대한 연구는 거의 이루어지지 못함에 따라 신라가 집권적 영역국가로 전환되는 중고기의 실상을 계기적으로 파악하기 어려운 실정이다. 마립간기 연구의 부진은 우선 사료의 부족에 1차적인 원인이 있으므로 자료적인 한계를 뛰어 넘어야 할 것으로 생각되는데, 활발한 조사를 통하여 자료가 축적되고 있는 고고학 자료 활용의 필요성이 제기된다.

　　고고학계의 경우 초기에는 적석목곽묘의 기원과 변천에 대한 연구가 활발히 진행되었으나 근래에는 그것을 넘어 적석목곽묘의 축조 공정, 분포 양상에 이르기까지 연구의 주제가 확대되고 있다. 그럼에도 불구하고 여전히 해

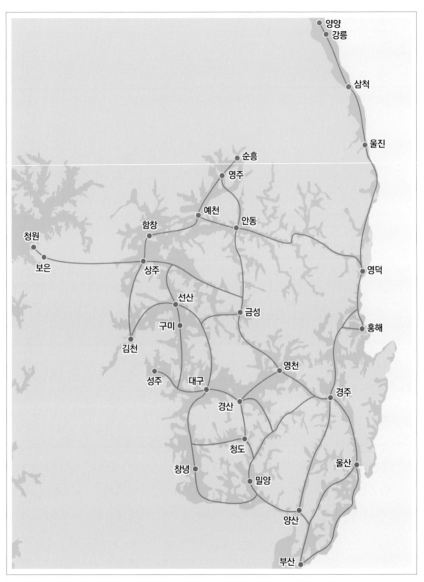

5~6세기 신라의 주요 거점 및 교통로(신라 천년의 역사와 문화 편찬위원회, 2016c, 일부 수정)

결되지 못한 부분이 있다. 그것은 바로 마립간기 신라의 영역이 어디까지였는가 하는 문제이다. 마립간기의 신라 영역은 고정불변이 아니었을 것이다. 대체로 시간이 흐르면서 넓어졌을 것으로 보아 문제가 없다. 근래에 들어 5세기 후반 이후 신라의 북쪽 변경으로 보은-문경-순흥, 양양으로 보는데는 이론이 없다. 그러나 가야와의 경계에 해당하는 부산, 창녕에 대해 가야의 영역으로 보려는 견해가 있다. 특히 복천동과 교동·송현동고총군을 세계유산으로 등재하려는 지자체의 움직임에 연동하여 그러한 연구 성과가 강해지고 있다.

저자는 5세기 이후의 신라사를 제대로 이해하려면 그 시기 신라의 정치력이 미치는 공간적 범위를 먼저 확정해야 하고 그곳을 어떤 방식으로 지배하였는지에 대해 우선적으로 밝혀야 한다고 생각한다. 신라 마립간기 금공품에 대한 연구는 이 문제 해명에 중요한 단서를 제공할 수 있을 것 같다. 이 책의 연구 결과를 요약해보면 다음과 같다.

신라는 4세기 이래의 내적 발전에 더하여 고구려로부터 군사적인 지원을 받으면서 5세기대 초반이 되면 대외적으로 영역을 크게 확장한다. 이 시기 신라의 모든 영역 안에서는 경주의 공방에서 제작한 신라토기와 함께 그것을 모방하여 만든 신라양식 토기가 함께 사용되었다. 아울러 지방 지배의 중요한 거점이 되거나 다른 나라와 국경을 접하고 있는 지역의 유력자들은 신라 왕에게서 사여받은 복식품을 소유했다.

대체로 경주 시내에 황남대총 남분이 축조되던 5세기 중엽이 되면 낙동강 이동의 모든 지역, 낙동강 이서의 성주와 선산, 안동·상주를 비롯한 경북 내륙지방, 강릉·양양 등 동해안이 신라의 영토로 편입된다. 그러나 백제 및 고구려에 접한 변경지역의 경우 시기에 따라 약간씩 변동이 있었다(도1).

이 시기의 신라 왕경인들은 배타적으로 우월한 자신들의 지위를 대외적으로 과시하고자 노력하였는데, 특히 육안상 위압감을 주는 큰 무덤을 만들었고 장례의식도 성대히 하였다. 그 과정에서 각종 화려한 복식품을 함께 껴묻었다. 그러한 문화는 지방사회로도 확산되었다. 신라 중앙의 강력한 지원을 받던 현지 유력자는 경주에 버금가는 큰 무덤을 축조하기도 하였다.

금은제 복식품이 경주에 출현하는 것은 4세기 후반이고 6세기 중엽을 전후하여 소멸한다. 지방의 경우 유행하는 시기가 조금 더 짧은데 5세기 전반경에 시작되기는 하지만 수량이 증가하면서 관, 이식, 대금구, 식리의 전 세트가 부장되는 것은 5세기 후반에서 6세기 전반까지이다. 신라양식 복식품의 공간적 분포 양상을 살펴보면 『삼국사기』 등의 사서에 소국이 존재했던 것으로 기록된 곳과 상당 부분 겹치는 양상이다. 아마도 그런 소국적 기반을 가진 세력을 지방 지배의 거점으로 활용한 것 같다.

또 하나 주목되는 것은 각 지역마다 복식품의 소유 내지는 분포 양상에 차이가 있다는 점이다. 경산, 대구, 의성, 창녕, 양산 지역에서는 관, 이식, 대금구, 식리 등이 다수 출토되고 있음에 비하여 다른 곳은 종류가 적고 양적으로도 열세이다. 조사가 균등하게 이루어진 것은 아니나 이러한 차이는 신라 중앙이 가지고 있던 각 지역에 대한 관심도 내지 중요도와 관련될 것 같다.

시기별 분포 양상을 검토해보면 시간의 흐름에 따라 분포 지역이 조금씩 변화하는 점을 확인할 수 있다. 이는 신라 영역의 확장과 관련될 수도 있지만 그보다는 시간의 흐름에 따른 지배 거점의 변화나 관심도의 변화와 관련될 가능성이 있다. 5세기 후반에는 경산 · 의성 · 대구 · 양산 · 창녕에 많은 관심을 가지는 것 같고, 특히 6세기에 접어들어서는 그중에서도 양산과 창녕에 관심이 집중되었던 것 같다.

이와 같은 복식품의 분포 양상은 아마도 신라의 영역과 유관할 것으로 보인다. 신라는 5세기 전반에 고구려와 신속관계를 유지하고 있었고, 그러한 관계가 신라 성장에 장애가 되자 고구려와의 신속관계에서 벗어나고자 노력하였다. 대외적으로는 나제동맹을 체결하였고 대내적으로는 변경을 중심으로 각 지방의 세력을 강하게 결속하고자 하였으며, 고구려와의 접경지대를 중심으로 활발한 축성 사업을 벌였다. 이때 필요한 제반 물품은 각 지방에서 수

취해야 했을 것인데, 그러한 임무를 현지 유력자들에게 부여했을 가능성이 높다.

지방 유력자들의 입장에서 보면, 자신이 속한 지역사회에서의 기득권을 계속 유지하기 위해서는 중앙의 인정과 도움이 필요했을 것이다. 그들은 중앙과 밀착됨으로써 이전 시기에 지녔던 독자성의 많은 부분은 상실하였지만 신라의 중앙이라는 더 강한 배후세력을 등에 업고 지역사회 내에서 자신의 입지를 계속 유지하고자 시도하였을 것이다. 이처럼 양측의 입장이 잘 맞아떨어지면서 이러한 체제는 약 1세기가량 지속되었던 것으로 추정된다.

6세기 전반에 접어들면서 새로운 변화의 모습이 살펴진다. 즉, 단위 지역 내에서 중심 세력 이외의 새로운 세력에게도 복식품을 사여하는 사례가 확인된다. 5세기처럼 주로 앞 시기의 소국적인 기반을 가지고 있는 지역의 중심 고총군에만 사여 또는 지원하던 체제에서 벗어나 하위 세력에도 관심을 가지는 방식으로 바뀌는 것 같다. 그 예로 경산과 대구 지역을 들 수 있다. 대구의 경우 기존의 세력인 달성고총군 피장자들에게 복식품을 사여하면서 한편으로는 멀지 않은 곳에 위치한 대명동고총군 피장자에게도 복식품을 사여한다. 또한 경산의 경우 임당고총군 이외에 북사리고총군 피장자에게도 금공품을 사여하였음이 확인된다. 이는 5세기와는 다른 모습이다.

아울러 단위 고총군의 대형묘 중 동일 시기로 편년되는 복수의 묘에서 금공품이 출토된다는 점도 주목된다. 즉, 현지 지배층 가운데 특정 유력자에게만 한정적으로 사여했다기보다는 집단을 움직일 수 있는 복수의 유력자들에게 사여했을 가능성이 인정된다. 이는 단위 지역 내에서 특정인에게 힘이 집중됨을 막기 위한 통제책일 가능성이 있다.

이러한 일련의 조치는 지방 세력들의 자율성을 규제하고 그들의 기반을 해체해야만 할 상황이 도래하였기 때문일 것이다. 다음 단계인 6세기 중엽을 전후하여 각지에서 기존 대형 고총군의 축조가 종료되고 새로이 주변에서 비교적 균등한 규모의 많은 신라묘군이 축조되는 것은 이 시기에 중앙에 의한 지방사회의 재정비가 완료되어감을 반영해준다. 이러한 고고 자료는 지증왕 6년(505)에 실시된 주군제(州郡制)와 관련성이 있을 것으로 생각된다. 주군제의 핵심적인 내용은 지방관의 파견과 지방에 대한 영역적 지배의 관철인 것으로 이해된다. 6세기에 접어들면서 신라의 내적 성장이 본궤도에 오르게 되자 지방 지배층의 자치적 기반을 규제 내지는 박탈하고 새로이 지방관을 파견하여 그 역할을 대신하게 한 것으로 보인다.

한편, 복식사여체제는 같은 시기 백제의 고고 자료에서도 확인된다. 그러나 백제의 경우 신라에 비한다면 정형성이 낮은 편이다. 중앙에서 사여한 물품의 숫자가 적기도 하고 복식품의 세트에 결실된 부분이 많다. 그 이유가 무엇인지 단정하기 어렵지만 백제의 지방사회에서는 신라처럼 대형 고총을 만들 수 있는 세력이 상대적으로 적었던 것 같다. 대가야의 경우 복식사여체제를 상징하는 물품인 관, 대금구, 식리의 출토 사례가 매우 적다. 대신 대가야 양식을 갖춘 이식의 출토 빈도나 수량은 많은 편이다. 대가야 장신구는 정치적 성격이 강한 복식품이라기 보다는 신체를 장식하는 장신구 그 자체였던 것 같다.

제1부 | 사로국에서 신라로

제1장 두각 나타낸 사로국
제2장 신라적 색채의 발현

제1부
사로국에서
신라로

제1장
두각 나타낸 사로국

사로국의 성립

『삼국사기』에 의하면 신라는 박혁거세 거서간이 서기전 57년에 건국한 다음 1~2세기경 지금의 경북 전역과 경남 일부를 무력으로 정복했다고 한다. 그러나 3세기 혹은 그 이전의 모습을 전하는 중국 역사책『삼국지』에는 신라가 진한을 구성한 12국 중 한 소국에 불과한 것처럼 표현되어 있다. 과연 어느 쪽이 사실에 가까울까. 이 점은 학계에서 논란이 분분한 부분이다. 고고학계에서는 대체로 고려 때 편찬된『삼국사기』보다는 당대 기록이라는 점에서『삼국지』의 기록을 더욱 신빙한다. 그에 따른다면 신라는 사로국을 모태로 하여 3세기 후반 혹은 4세기 이후 비로소 신라로 발전한 것이 된다.

사로국의 중심지는 현재의 경주분지이다. 형산강이나 북천, 남천변에서 청동기시대의 주거지가 다수 조사되었고 그에 인접하여 수많은 지석묘가 산포되어 있음이 확인된다. 경주의 지석묘는 경주 분지의 중심부를 비롯하여 형산강의 본류와 지류 가까이에 군집을 이루면서 분포한다. 통상 지하에 묘광을 파고 석관이나 석곽을 설치한 후 지상에 받침돌을 놓고 커다란 상석을 올려놓는 남방식 지석묘가 대부분이다. 그 밖에 일정한 범위에 석축을 쌓아 묘역을 표시하는 묘역식 지석묘도 조사되었다.

경주의 지석묘는 대체로 6개의 군집을 이루는데, 경주의 중심부에 해당하는 충효동·석장동·금장리·용강동 지석묘가 자리한 북천·서천·남천변의 지석묘군, 남천 상류인 조양동·구정동 지석묘군, 이안천·복안천 유역의 월산리·덕천리·화곡리·안심리 지석묘군, 대천 유역의 사라리·송선리·화천리 지석묘군, 동천강 상류의 중산리·매곡리·입실리 지석묘군, 기계천 유역과 안강평야의 화산리·갑산리·왕신리·인동리 지석묘군 등이 그것이다(신라 천년의 역사와 문화 편찬위원회 2016a). 아마도 이러한 세력이 후에 사로 6촌으로 성장하였을 것이다.

경주분지 주변은 초기철기문화의 중심지였다. 구정동, 입실리(도1), 죽동리, 안계리에서 이 시기의 청동기와 철기가 다수 출토되었다. 형산강에서 멀지 않은 곳에 자리한 하구리 유적도 이 시기에 만들어졌다. 아마도 이러한 세력들이 직접적으로 사로국 성립의 주체가 되었을 것이다.

기록에 의하면 사로국에는 6촌이 존재했다고 한다. 『삼국유사』에 등장하는 사로 6촌은 알천(閼川) 양산촌(楊山村), 돌산(突山) 고허촌(高墟村), 무산(茂

도1. 경주 입실리 출토 청동기

山) 대수촌(大樹村), 취산(觜山) 진지촌(珍支村), 금산(金山) 가리촌(加利村), 명활산(明活山) 고야촌(高耶村) 등인데 이들 촌의 위치 비정은 학계의 큰 숙제이다. 6촌의 위치를 현 경상북도 전역으로 넓혀보기도 하고 경주 주변으로 한정시켜 보기도 하는데 아직 논란이 많은 부분이다(강종훈 2007).

다만 사로국과 병존했던 진한 소국의 위치를 고려한다면 사로 6촌은 경주

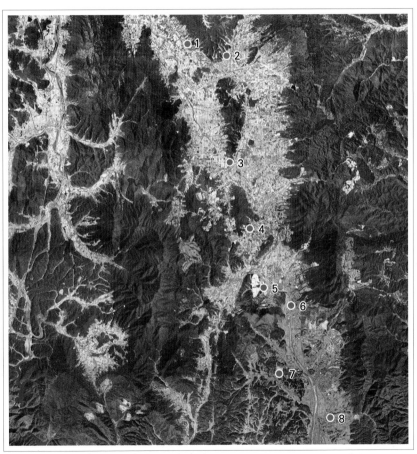

도2. 경주-울산 방면 주요 유적 분포(1.조양동, 2.구정동, 3.죽동리, 4.구어리, 5.문산리, 6.중산동, 7.달천광산, 8.창평동)

주변에서 찾는 쪽이 더 설득력을 가지는 것 같다. 독자적 세력기반을 갖춘 촌장들이 연합하여 사로국을 성립시켰을 것이다. 이후 사로국은 차츰 세력을 확장하여 진한 12국의 맹주가 되었고 경주에 인접한 소국부터 차례로 복속시켰을 것으로 추정된다. 이를 토대로 사로국은 280년대에 서진으로 사신을 보낸다. 이 무렵 사로국은 바야흐로 진한 12국의 맹주로 우뚝 서서 대외교섭을 주도할 정도로 성장하였다.

사로국의 발전 계기에 대해 다양한 설이 제기되어 있다. 경주분지는 포항이나 울산을 통하여 동해안 루트와 통하며(도2) 대구 · 경산 등 동서 루트와의 결절점에 위치하는 바, 일찍부터 큰 세력이 존재할 수 있는 교통상의 이점을 갖추었음에 주목하기도 한다(이희준 2007). 이에 더하여 『삼국지』 동이전 변진조에 기록된 '국출철(國出鐵)'의 주체를 사로국으로 파악하고 진한의 철산이 사로국 성장의 주요한 기반이 되었다고 보기도 한다. 그러나 아직 4세기까지의 왕족묘역이나 궁성유적이 제대로 조사되지 않아 고고학 자료를 통해 사로국의 형성과 발전 과정을 살펴보기는 매우 어려운 실정이다.

사로국의 왕묘

현재까지 경주 일원에서 사로국의 왕묘로 특정할 수 있는 무덤은 발굴되지 않았다. 다만 그에 준할 것으로 보이는 무덤 몇 기가 발굴되었을 뿐이다. 조양동 38호묘, 탑동 1호묘, 사라리 130호묘가 그에 해당한다. 이 3기의 무덤 가운데 조양동 38호묘가 빠르고 탑동 1호묘와 사라리 130호묘가 약 1세기가량 늦게 만들어졌다.

조양동 38호묘는 경주분지의 동남쪽에 해당하는 외동 방면에 위치한다. 묘광의 길이가 2.58m, 너비가 1.28m이며 묘광 바닥에 요갱이 설치된 목관묘이다. 전기 와질토기를 대표하는 조합우각형파수부호와 주머니호, 단경호 등이 나왔다. 철기로는 철겸, 판상철부, 철사, 철착, 철도자, 주조철부, 단조철부,

도3. 경주 조양동 38호묘 유물 출토 모습(1)과 주요 유물(2.동경, 3.검부속구, 4.판상철부, 5.주조철부, 6.유리경식, 7~9.와질토기)

철단검 등이 출토되었다. 청동기로는 검파두식과 검파 반부장식도 출토되었다. 전한경은 사유경, 소명경, 연호문 일광경, 중원문 일광경 등 4매가 나왔고, 거울을 가공한 동제품도 1점 있었다(도3). 발굴자는 이 무덤의 연대는 전한경의 전세 기간을 고려하여 1세기 전반으로 보았다(崔鍾圭 1983). 그와 달리 서기전 1세기 후엽경으로 올려보는 견해가 있다.

사라리 130호묘는 경주분지의 서쪽에 해당하는 건천 방면에 위치한다. 묘광의 길이가 3.32m, 너비가 2.3m로 조양동 38호묘보다는 규모가 큰 목관묘이다. 재갈, 철모와 함께 토기류, 망자의 유해에 착장했던 호형대구와 동천, 칼집에 든 칼과 동경, 농기구 등이 무더기로 출토되었다. 특히 무덤 바닥에 길이 27cm 내외의 판상철부 70점이 정연하게 배열되어 있었다(도4). 이 무덤의 연대에 대해서는 1세기 후반으로 보는 견해가 많지만 2세기 초로 내려보기도 한다.

당시 사회에서 판상철부와 주조철부는 철소재로도 쓰였고 시장에서는 화폐처럼 통용되었으며 동아시아 각지로 수출되던 물품이다. 이처럼 중요한 재화를 한 사람 무덤에 집중적으로 묻어주었다는 것은 당시 철 생산이 본궤도

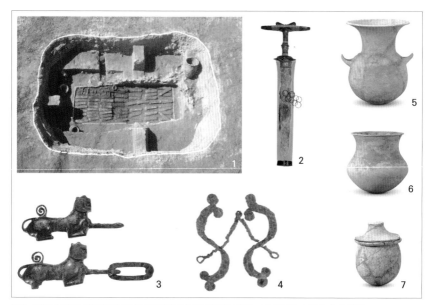

도4. 경주 사라리 130호묘 조사 전경(1)과 주요 유물(2.철검, 3.호형대구, 4.재갈, 5~7.토기)

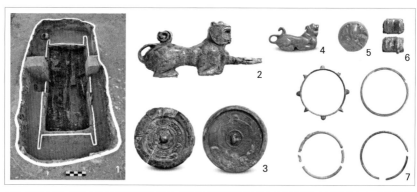

도5. 경주 탑동 1호묘 조사 전경(1)과 주요 유물(2.호형대구, 3.동경, 4.호형장식, 5.웅형장식, 6.거북형장식, 7.동천)

에 올랐으며 부와 권력을 독점한 인물이 존재했음을 보여준다.

　탑동 1호묘는 위의 두 무덤과 달리 경주 중심지에 해당하는 월성 남쪽에 위치한다. 그곳은 도당산 및 오릉에서 멀지 않으며 신라 초기 중심지 후보 가운데 하나로 거론되는 곳이다. 묘광의 길이는 2.96m, 너비는 1.44m인 목관묘이다. 묘광 바닥에는 요갱이 설치되어 있었지만 유물은 출토되지 않았다. 우각형파수부장경호, 주머니호, 파수부호 등의 토기와 함께 칠초동검, 칠초철검, 소환두도, 청동천, 호형대구, 동포, 동경, 경식, 부채자루, 철복 등 다량의 유물이 출토되었다(도5). 부채자루의 경우 삼국시대 초기 각국 지배층이 권위의 상징물로 사용한 부채의 일부이다. 출토 유물 가운데는 동경처럼 중국 한나라에서 수입한 물품이 많다는 점이 주목된다. 함께 발굴된 호랑이, 곰, 개구리, 거북 모양 청동장식도 수입품일 가능성이 있다. 이 무덤의 연대에 대하여 1세기 후반으로 보기도 하고 2세기 초로 내려보기도 한다. 이 무덤에 묻힌 인물은 현재까지의 자료로만 본다면 그 시기의 경주 일원 최고의 권력자였을 공산이 크다. 그러나 학계에서 그를 왕으로 지목하는 견해는 아직 없다. 대릉원 일대에 축조된 5세기 이후의 왕릉에 비교해 규모가 보잘 것 없다고 여기기 때문이다.

　위의 세 사례는 신라 초기 무덤 중 가장 주목되는 사례임은 분명하다. 특히 탑동 1호묘는 현재까지의 자료로 보면 왕의 무덤인지, 혹은『삼국사기』에 기록된 6촌의 촌장 무덤인지 특정할 수 없지만 상당한 위상을 갖춘 인물의 무덤임에는 틀림 없다.

사로국의 철

　전쟁이 잦았던 삼국시대에는 철의 수요가 많았다. 각국은 최대한으로 철을 확보해 무기와 갑옷을 만들어야 했고, 부족할 경우 농기구를 녹여 충당하기도 했다. 따라서 철의 안정적 확보는 나라의 명운을 좌우할 정도로 중요한 일이었다.

신라는 일찍이 제철 기술을 확보해 철광을 개발하고 철을 직접 생산했다. 산출된 철은 국가 차원에서 관리하였을 것이고 그것의 공급을 통제하는 방식으로 지방을 장악하였으며, 또 일부는 주변국에 수출했다. 학계에서는 한반도 동남부에 치우친 작은 나라 신라가 삼국통일을 이룬 원동력으로 제철 역량을 지목한다. 신라는 언제쯤 철을 제련하기 시작했고 또 어떻게 제철강국으로 발돋움했을까.

삼국시대의 제철유적이 본격적으로 발굴조사된 것은 1990년대에 접어들면서부터이다. 경주 황성동에서는 철광석을 녹여 주조철기를 만드는 용해로와 주조철기를 재차 두드려 철제품을 만들던 단야로가 발굴(도6·7)되었을 뿐만 아니라 전업적으로 제철에 종사하던 집단의 취락과 묘역이 함께 그 모습을 드러냈다. 이 유적에서 출토된 철재(鐵滓)의 성분을 분석한 연구에서 주목할 만한 의견이 개진되었다. 즉, 황성동 제철유적의 철재에는 비소(As)의 함유량이 높은데, 이는 울산의 달천광산(도8) 철광석과 유사한 특징임이 지적되었다. 이 견해를 수용하면 황성동에 존재하던 제철공방에서는 울산 달천

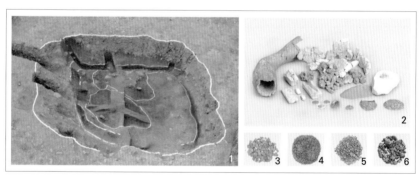

도6. 경주 황성동 강변로 5호 용해로 조사 전경(1)과 강변로 제철유적 철기 제작 관련 유물(2.집성, 3·4.단조박편, 5.입상재, 6.철광석)

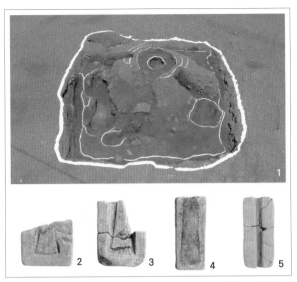

도7. 경주 황성동 886-1번지 3호 용해로(1: 1차 노출)와 출토 용범(2~5)

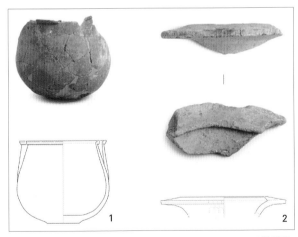

도8. 달천 채광유적 출토 주머니호(1: 1호 주거지, 높이 13.2cm)와 야요
이토기편(2: 7호 수혈, 복원 구경 29cm)

광산에서 채광한 자철광을 원료로 제련하여 철소재를 만들고 다시 다양한 철기를 만들었음을 알 수 있다.

철기를 대량으로 생산하기 위해서는 철광석뿐만 아니라 양질의 숯이 다량으로 필요하다. 제철용 숯을 굽던 가마도 1990년대부터 조사되기 시작하였다. 울산 검단리유적에서 2기가 조사된 이래 전국 각지에서 수백기의 탄요가 발굴되었고 그 가운데 상당한 양이 경주 일원에서 확인되고 있다.

이러한 양상을 주목하면 사로국이 『삼국지』 동이전에 기록된 '국출철' 기사의 주체였을 가능성이 높다. 신라는 양질의 철산을 보유하였고 그것을 토대로 만든 철소재를 주변국에 수출하였을 것이다. 사로국은 철을 수출하는 대신 교역 상대국으로부터 동경 등의 위세품이나 국내에서 제작되지 않는 물품·소재를 공급받았을 것이다. 이렇게 수입된 물품과 함께 각종 철기를 주변 소국에 공급하였을 것이다. 무덤의 부장품 출토양상을 분석해보면 철기가 대소의 무덤에 다량으로 부장되고, 수정·유리·마노로 만든 경식도 많이 부장되고 있음을 알 수 있는데 이 가운데 경식의 재료가 되는 양질의 수정이나 마노, 그리고 유리 중 일부는 국제교역을 통하여 수입한 것으로 추정되고 있다. 이 때 그 공급처는 연맹체의 중핵을 이루는 사로국이었을 것이다.

주변 소국의 지배층은 소국 내에서 자신의 지위를 항상적으로 유지하기 위해 더 강대한 사로국과의 긴밀한 유대관계가 필요하였을 것이며, 사로국으로부터 공급받은 철기를 예하 주민들에게 재분배하였을 것이다. 사로국은 주변 소국으로 철기를 공급하는 대신 곡물이나 직물, 그리고 특산품을 수취하였을 것으로 추정된다.

사로국의 복식품

『삼국지』 위서 동이전에는 사로국의 복식을 살펴볼 수 있는 단편적인 기록이 있다.

ⓐ 그 풍속은 의책을 좋아한다. 하호가 군에 가서 조알할 때는 모두 의책을 빌린다. 스스로 인수와 의책을 착용하는 자가 천여 명이다.[1]

ⓑ 구슬을 가치 있는 보배로 여겨 옷에 꿰매어 장식하기도 하고 목에 걸거나 귀에 매달기도 한다. 금은과 수놓은 비단을 귀한 것으로 여기지 않는다.[2]

ⓒ 그 사람들의 성정은 굳세고 날래며 관을 쓰지 않고 상투를 드러내는데 마치 빛나는 병기와도 같다. 베로 만든 두루마기를 입고 신발로는 가죽신과 짚신을 신는다.[3]

ⓓ 잠상에 밝아 비단포를 만든다.[4]

ⓔ 또한 넓은 폭의 고운 베를 만든다.[5]

위 기록 가운데 사로국의 복식을 직접적으로 보여주는 언급은 없다. 『삼국지』 한(韓)조는 삼한 전체를 대상으로 한 것도 있지만 마한의 풍습을 전하는 것이 많다. 그러나 삼한의 의복이나 풍습이 유사하다는 기록도 있어 ⓐ~ⓔ의 사료를 통해 진한의 복식을 살펴보아도 무리가 없을 것이다.

ⓐⓑ는 사회 상층부 사람들의 복식을 보여준다. 삼한의 소국이 78개국 정도였는데 중국풍의 인수와 의책을 사용하는 사람이 천여 명이었다고 하므로 산술적으로 보아 소국별로 10여 명가량 존재했을 것이다. 당시 큰 소국의 지

---

1) 『三國志』魏書 東夷傳 韓, '其俗好衣幘 下戶詣郡朝謁 皆假衣幘 自服印綬衣幘千有餘人'
2) 『三國志』魏書 東夷傳 韓, '以瓔珠爲財寶 或以綴衣爲飾 或以縣頸垂耳 不以金銀錦繡爲珍'
3) 『三國志』魏書 東夷傳 韓, '其人性彊勇 魁頭露紒 如炅兵 衣布袍 足履革蹻蹋'
4) 『三國志』魏書 東夷傳 弁辰, '曉蠶桑 作縑布'
5) 『三國志』魏書 東夷傳 弁辰, '亦作廣幅細布'

배자를 신지(臣智)로, 그 다음을 읍차(邑借)라 불렀다. 신지를 부를 때 이름 뒤에 견지보(遣支報), 축지(踧支), 불례(不例), 진지렴(秦支廉)이라는 존호를 붙이기도 했다. 소국에 따라서 위솔선(魏率善), 읍군(邑君), 귀의후(歸義侯), 중랑장(中郎將), 도위(都尉), 백장(伯長)이라 불리는 관직이 존재했다.[6] 위솔선이라는 명칭으로 보면 조위(曹魏, 220~266) 시기의 상황을 보여주는 것으로 이해할 수 있다. 이와 같은 관직을 가진 이들이 스스로 인수와 의책을 갖춘 인물이었을 것이다. 그보다 사회적 지위가 낮은 하호는 군현 혹은 삼한에서 의책을 빌려 입고 한군현에 입조하였다고 한다.

ⓒ는 사회 구성원들의 일반적인 모습을 기록한 것이다. 중국풍의 책을 쓰는 사람들을 제외하면 성인 남성들의 경우 관을 쓰지 않고 상투를 드러낸 채 생활했다. 베로 만든 두루마기를 외투로 입고 가죽과 짚신을 신었다[7]고 전한다. 그러나 유송의 범엽(范曄, 398~445)이 찬술한『후한서』에는 마한의 풍습 가운데 복식에 대하여 설명하면서 '대체로 모두 관을 쓰지 않고 상투를 드러내며 두루마기를 입고 짚신을 신는다.[8]'는 기록이 있다. 두 사서의 기록 사이에 약간의 차이가 있다. 그렇지만 두 사서를 종합해보면 사회 상층부의 인물들은 가죽신을, 기타는 짚신을 신었던 것으로 볼 수 있다.

---

6) 『三國志』魏書 東夷傳 韓, '臣智或加優呼臣雲遣支報安邪踧支濆臣離兒不例拘邪秦支廉之號 其官有魏率善邑君歸義侯中郎將都尉伯長'

7) '足履革蹻蹋'를 '발에는 가죽신을 신고 다닌다.'로 해석하기도 한다(국사편찬위원회 1987). 국내 백과사전에서는 대부분 蹻蹋의 의미를 목 짧은 신발 가운데 한 종류로 풀이하고 있다. 그런데 中華民國敎育部가 2000년에 발행, 웹서비스중인『異體字字典』에서는 蹻자를 풀이하면서『戰國策』秦策一의 '嬴縢履蹻 負書擔橐'와『史記』平原君虞卿傳의 '躡蹻擔簦'의 기록을 들어 짚신[草鞋]의 뜻이 있음을 제시하고 있다. 이 견해를 수용한다면 '足履革蹻蹋'를 '신발로는 가죽신과 짚신을 신는다.' 정도로 해석해볼 수 있다.

8) 『後漢書』東夷傳, '大率皆魁頭露紒 布袍草履'

ⓓⓔ는 변진의 직조기술을 보여주는 기록이다. 뽕나무를 심고 누에를 쳐 실을 뽑아내 비단포를 만들었다고 하며, 올이 곱고 폭이 넓은 포를 산출하였다고 한다. 누에를 쳐 비단을 만드는 것은 중국에서 시작되었음이 분명한데 언제 시작되어 어느 시점에 삼한지역으로 전해진 것인지 알기 어렵다. 중국 역사기록 가운데는 사마천이 한 무제 태초(太初) 연간(서기전 104~101)에 찬술한 『사기』 하본기에 잠상 기사[9]가 보인다. 하(夏)는 여전히 전설의 시대에 속하므로 이 기록의 내용을 그대로 신뢰하기는 어렵다. 고고학 자료 가운데는 은(殷)대 유적에서 출토된 견직 조각이 가장 이른 시기 자료이다(胡厚宣 1972). 현재로서는 고조선이 중국의 전국시대 각국 혹은 한과 교류하는 과정에서 잠상을 수용한 것으로 볼 수 있겠다. 그리고 동이와 왜의 잠상 수준이 매우 높았기에 역대의 중국 사서에서 주목한 것이 아닌가 한다.

삼한사회에서 비단은 교역품으로 활용되거나 지배층의 전유물이었을 것이다. 그렇지만 비단을 제작할 정도로 직조기술이 뛰어났기 때문에 사회구성원 대부분은 의복의 재료를 구하는데 큰 어려움을 겪지는 않았을 것으로 예상해 볼 수 있다. 다만 경제력이나 사회적 지위에 따라 소유할 수 있는 직물의 정조에는 차이가 있었을 것이다.

사로국이 존속한 시기를 고고학계에서는 원삼국시대라고 부른다. 이 시대의 특징적인 고고학 자료로 목관묘와 목곽묘, 와질토기, 다양한 철기류, 옥석제 경식과 천, 동천, 동물형대구(動物形帶鉤), 청동제 단추를 들 수 있다. 이 가운데 복식과 관련지을 수 있는 것은 경식, 천, 대구 등의 장신구와 장식용 단추이다. 적석목곽묘시기의 유물 가운데는 수착직물(銹着織物)의 사례가 꽤나 있지만 목관묘 및 목곽묘 축조시기에는 그러한 자료가 아직 제대로 보고되어 있지 않다. 사로국 시기의 복식 관련 유물을 제시해보면 다음과 같다.

---

9) 『史記』 夏本紀, '濟河維沇州 九河旣道 雷夏旣澤 雍沮會同 桑土旣蠶 於是民得下丘 居土'

첫째, 경식이다. 무덤 속에서 유리제 경식이 종종 출토된다. 유리 원료는 중국이나 동남아시아에서 수입한 것으로 여겨지며 금박유리옥처럼 완제품을 수입한 사례도 있다. 전기에는 경주 황성동 2호 목관묘 출토품처럼 다양한 색조의 유리를 엮어 만든 것이, 후기에는 울산 하대 44호 목곽묘 출토품처럼 수정을 가공하여 만든 것이 대형묘를 중심으로 출토된다. 이 시기까지만 하더라도 황금으로 의복이나 신체를 장식하는 문화가 존재하지 않았다. 금은보다는 구슬을 가치 있는 보배로 여겼다는 기록과 발굴 결과가 부합한다.

둘째, 동천이다. 천은 이식이나 지환과 마찬가지로 오랜 역사를 지녔다. 관이나 이식, 경식에 비해 가시성은 떨어지지만 다량의 팔찌를 착용하여 그러한 단점을 보완하려 했다. 경주 탑동 목관묘에서 4점, 황성동 15호 목관묘(575번지)에서 2점, 사라리 130호묘에서 12점, 경산 신대리 1호 목관묘(670번지)에서 4점, 72호 목관묘(657번지)에서 2점, 80호 목관묘(657번지)에서 6점이 출토되었다(도9). 모두 청동을 주조하여 만든 것이며 단면이 둥근 것과 납작한 것으로 구분된다. 탑동 1호묘 출토품 가운데 1점은 표면에 8개의 돌기가 있고 사라리와 신대리 출토품 가운데는 집선문이 시문된 사례가 포함되어 있다. 수입품인지 현지 제작품인지 논란이 있을 수 있으며 금속으로 팔찌

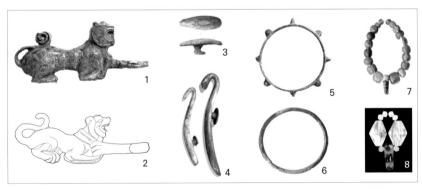

도9. 진한의 장신구와 비교자료(1·5.탑동 1호묘, 2.유리각 152호묘, 3.신대리 55호 목관묘, 4.석암리 9호분과 남정리 116호분, 6.신대리 1호 목관묘, 7.황성동 2호 목관묘, 8.하대 44호 목곽묘)

를 만들었다는 점은 새로운 요소이다.

셋째, 동물형대구이다. 대구란 의복을 결속하기 위하여 사용하는 허리띠의 부품이며 갈고리모양이다. 중국에서는 춘추시대 이래 크게 유행하였고 다양한 동물형상으로 제작되었다. 그와 같은 전통은 전국시대를 거쳐 한대까지 그대로 이어졌으며 중원문화의 확산과정에서 한반도와 만주 일원으로도 전해졌다. 동물형대구는 이전의 청동기시대 문화에서는 보이지 않던 새로운 요소이다. 한반도 중남부지역의 경우 진한과 변한지역에서 이른 시기에 등장한다. 마한지역에서는 더 늦은 시기에 시작되지만 더욱 유행했다. 경주에서는 탑동 1호묘, 사라리 130호묘, 덕천리 127호 목관묘 출토 호형대구가 가장 이른 단계의 자료이며 영천 어은동유적, 경산 신대리 1호 목관묘, 94호 목관묘 출토품 역시 유사한 사례이다. 중국 하남성 휘현(輝縣) 유리각(琉璃閣) 152호묘, 평양 중화군 마장리 목곽묘에 유례가 있으므로 초현기 자료를 외래품으로 볼 여지가 있다. 호형대구와 마형대구가 함께 출토되기도 하고 별개로 출토되기도 하는데 3세기대 유구에서는 마형대구가 주로 출토된다. 그밖에 경산 신대리 55호 목관묘에서는 중국 전국~한대에 유행한 곡봉형대구 1점이

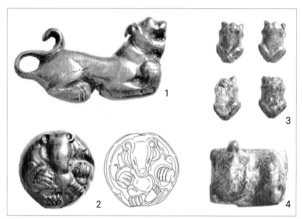

도10. 경주 탑동 1호묘 청동제 동물형 장식

출토되었다. 곡봉형대구는 삼한시기 유구에서는 출토 사례가 적어 창원 다호리 1호묘, 천안 청당동 20호묘 출토품 정도가 있을 뿐이나 평양 석암리 9호분, 동 남정리 116호분(채협총) 등 낙랑묘에서는 다수 출토된다.

넷째, 청동제 장식이다. 1918년 영천 어은동에서 산사태로 토사가 붕괴되면서 중국 한나라 일광경(日光鏡), 방제경, 동물형대구, 청동제 단추, 사슴머리장식, 작은 말 조각품 등의 많은 청동기가 일괄로 발견되었다. 그 때 주목을 받았던 유물 가운데 하나가 여러 가지 무늬가 새겨진 청동제 단추였다. 우리 학계에서는 이 단추를 북방청동기문화의 산물로 이해해 왔다. 그러나 청동제 단추라는 점에서는 그렇게 볼 수 있지만 북방지역에서 그와 형태적으로 유사한 사례를 찾기 어렵다. 흔히 청동제 단추라 하면 중국 심양 정가와자(鄭家窪子) 6512호묘 출토품을 떠올리지만 그것은 문양이 없어 어은동의 사례와는 차이가 있다. 단추에 표현된 집선문은 한국식동검문화기의 청동기나 원삼국시대 동천에 표현된 문양과 유사하므로 영남지역에서 제작된 것으로 볼여지도 있다. 탑동 1호묘에서 출토된 청동장식[10]은 형태로 보아 호형, 웅문, 와형(蛙形), 원형, 거북[龜]장식의 방형으로 구분된다(도10). 호형, 웅형 장식품은 중국 춘추~서한유적 출토품에 유사한 사례가 있다. 특히 곰 무늬가 표현된 장식은 중국 하북성 만성한묘(滿城漢墓)나 광동성 광주시 남월왕묘(南越王墓) 출토품과 외형 및 도안이 유사하다. 그리고 어은동과 탑동 목관묘에서 출토된 개구리모양 단추와 유사한 사례가 중국 요령성 능원현 삼관전묘군(三官甸墓群)에서 출토된 바 있으나 훨씬 커서 차이가 있다. 그밖에 경산 신대리 80호묘에서 어은동 출토품과 비슷한 동포 6점이 출토되었다.

이상에서 살펴본 것처럼 사로국 단계의 복식은 실체가 분명치 않다. 그 이유는 직접적인 사료가 없고 복식 관련 유물의 출토 사례가 적은데 기인한다.

---

10) 와형장식을 博鎮으로, 웅형장식을 筑柎로 추정하는 연구가 있어 주목된다(최종규 2016).

현재까지의 자료에 기초하여 알 수 있는 것은 지배층의 모습 가운데 일부이다. 사로국은 철을 매개로 주변국과 활발히 교류하였으며 그 과정에서 한군현 및 주변국 복식문화의 영향을 받았다. 그것이 바로 한나라풍의 인수와 의책이었을 것이다. 이미 높은 경지에 오른 직조기술이 바탕이 되어 사회적 지위에 따라 의복에 차이가 생겨났고 특히 소국의 지배층은 고급 소재로 의복을 만들고 허리에는 새로운 요소인 금속제 버클을 장식으로 사용하였다. 아직 삼한의 복식 사이에 구분이 존재했다는 근거는 없다. 특히 진변한은 생활풍습이 서로 유사하였다는 기록이 있으므로 복식 역시 같았을 것이다.

사로국의 대외교류

사로국 유적에서 출토된 외래유물 중 제작지 판별이 비교적 용이한 것으로 동경을 들 수 있다. 수량이 많을 뿐만 아니라 한경이 다수를 차지하기 때문이다. 대표 사례가 경주 조양동 38호묘 출토 서한경 일괄품이다. 4점의 완형과 소편을 재가공한 것 1점이 출토되었다. 모두 이체자명대경(異體字銘帶鏡)이다. 명문 내용에 따라 가상귀부경(家常貴富鏡), 소명경(昭明鏡, 편 1점 포함 2점), 일광경(日光鏡, 2점)으로 구분된다(도11). 경주 탑동 1호묘 출토 2점의 동경 가운데 1점은 전형적 일광경이지만, 다른 1점은 하나의 글자를 반복적

도11. 경주 조양동 38호묘 출토 한경

으로 배치하여 문양을 구성한 방제경이다. 경주 사라리 130호묘에서는 4점의
방제경이 출토되었다.

　그런데 한경과 방제경은 사로국 유적뿐만 아니라 진한 소국의 고지에도
분포한다(도12). 경주 동남쪽에 해당하는 울산 창평동 2호 목관묘에서 2점의
이체자명대경이 출토되었다. 동북쪽에 해당하는 포항 성곡리 13호 옹관묘에
서 성운문경(星雲文鏡), 7호 목관묘에서 방제경이 출토되었다. 그밖에 영천,
경산, 대구에서도 출토된 바 있다. 영천 용전리 목관묘에서 초엽문경(草葉文
鏡) 혹은 성운문경으로 추정되는 동경 조각이 출토되었고 어은동유적에서는
2점의 일광경, 1점의 훼룡문경(虺龍文鏡)과 함께 12점의 방제경이 수습되었
다. 경산의 신대리와 임당유적의 여러 유구에서도 동경이 출토되었는데 재가
공품이 많아 주목된다. 신대리 37호 목관묘와 임당 E-138호묘에서 각각 이체
자명대경을 재가공한 것이 2편씩, 임당 E-58호묘에서 초엽문경 편과 성운문
경 편을 재가공한 것이 2편, 임당 A-I-122호묘에서 중권명대경(重圈銘帶鏡)
편을 재가공한 것 한 조각이 출토되었다. 신대리 75호 목관묘에서 출토된 훼
룡문경에 대해서는 한경으로 보고 있으나 방제경일 가능성이 언급되기도 한
다. 대구 평리동에서 신고된 일괄품 가운데 훼룡문경 1점과 방제경 5점이 포

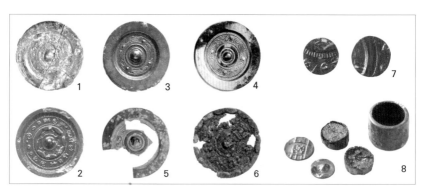

도12. 진한 각지 출토 한경 및 재가공품(1.탑동 1호묘, 2.창평리 2호묘, 3.신대리 75호묘, 4.평리동, 5.어은
　　　동, 6.성곡리 13호묘, 7.신대리 37호묘, 8.임당 E-58호묘)

함되어 있고 대구 지산동 출토로 전하는 일괄유물 가운데 이체자명대경 6점이 있다.

금속용기 가운데도 외래품이 있다. 고대사회의 금속용기는 종류가 다양하다. 국내 유적에서 출토된 유물은 대체로 중국 중원의 예기에서 기원한 것이 많으며 동복(銅鍑)처럼 유목민족들이 선호하던 생활용기도 포함된다. 경주에서는 탑동 1호묘와 사라리 130호묘에서 철복이 출토되었다. 탑동 출토품은 파손이 심하여 동체 일부와 저부만 남아 있으나 기형으로 보면 사라리 출토품과 유사도가 높다. 울산 하대 23호 목곽묘에서는 동정(銅鼎)이 출토된 바 있다. 제작지가 중국 본토일 수도 있지만 낙랑일 가능성이 더 클 것 같다.

그밖에 외래품으로 볼 수 있는 자료가 일부 있다. 첫째, 영천 용전리 목관묘 출토 금동제 노기(弩器)이다. 한반도 중남부지역 출토품으로는 유일하며 금도금이 이루어진 점에서 보면 한 혹은 낙랑으로부터의 반입품으로 볼 수 있다. 용전리 목관묘의 연대는 조양동 38호묘와 큰 차이는 없겠으나 출토유물에서 조금 더 이른 시기로 특징을 갖추고 있다. 둘째, 용전리 목관묘 출토 오수전 3점이다. 이외에도 임당 A-1-74호묘, A-1-121호묘, E-132호묘에서

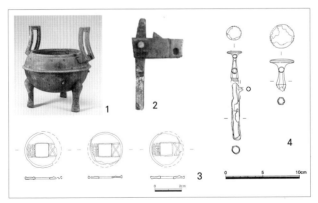

도13. 진한의 한식문물 각종(1.하대 23호묘, 2·3.용전리 목관묘, 4.예산리 31호묘)

오수전이 출토된 바 있다. 셋째, 수레부속구이다. 경주 안계리 출토품으로 전하는 입형동기(笠形銅器) 5점, 대구 평리동 출토품으로 전하는 입형동기 1점, 성주 예산리 31호 목관묘 출토 개궁모(蓋弓帽) 2점이 있다(도13).

앞에서 본 것처럼 진한 지배층 사이에서 동경의 소유가 유행했다. 동경이 출토된 지역은 경주, 울산, 포항, 영천, 경산, 대구이며 출토 유구의 숫자나 부장량에서 경주의 탁월함이 보이지 않는다. 다만 경주 탑동 1호묘의 사례에서 알 수 있듯이 경주 시내에 대한 조사가 진전되면 양상이 다소 달라질 여지는 있다. 동경 출토 지점이 선상으로 연결되고 있어 주목된다. 선행연구에서 와질토기가 선상으로 분포함이 지적된 바 있는데(최종규 2001), 그와 같은 맥락으로 볼 수 있다.

한경과 방제경[11] 가운데 완형으로 보면 방제경이 더욱 많다. 근래에 들어 영남 각지에서 와질토기가 출토되는 목관묘의 조사 사례가 급증했다. 그럼에도 불구하고 한경과 방제경은 극히 일부 유구에서만 출토되어 철기의 부장양상과는 대조를 보인다. 당연히 한경 입수가 어려웠기 때문일 것이다. 탁월한 위상을 보이는 사라리 130호묘에서 한경 부장이 확인되지 않는 점, 경산지역

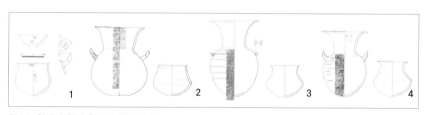

도14. 한경과 함께 출토된 와질토기(1.용전리 목관묘, 2.조양동 38호묘, 3.탑동 1호묘, 4.신대리 75호묘)

---

11) 방제경의 제작지는 여전히 논란이 되고 있다. 글자 그대로 중국 거울을 모방 제작한 것과 함께 삼한사회에서 창안하여 만든 것도 포함되어 있다(이재현 2004, 이양수 2010).

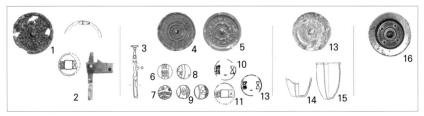

도15. 단계별 한식문물의 조합양상(1.성곡리 13호묘, 2.용전리 목관묘, 3.예산리 31호묘, 4.조양동 38호묘, 5.창평동 2호묘, 6.임당 E-58호묘, 7.신대리 37호묘, 8.임당 AI-122호묘, 9.임당 E-138호묘, 10.임당 AI-74호묘, 11.임당 AI-121호묘, 12.임당 E-132호묘, 13·14.탑동 1호묘, 15.사라리 130호묘, 16.신대리 75호묘)

목관묘 4기에서 출토된 7점의 한경 재가공품도 같은 맥락에서 이해할 수 있다.[12]

진한묘 출토 한경은 서한에서 제작된 것이지만 그것이 진한으로 전해져 무덤에 묻히기까지는 상당한 기간이 소요되었을 것이다. 4점의 이체자명대경 완형이 조합을 이루며 출토된 조양동 38호묘를 표지로 삼을 수 있다. 근래 이 무덤의 연대를 기원전 1세기까지 올려보는 견해가 많다(세종문화재연구원 2012). 그렇지만 발굴자는 한반도 남부지방의 한경 출토 상황이 연속적임을 지적하면서 경식(鏡式) 세트가 출토될 수 있는 안정적인 시점을 1세기 전반으로 보고 있다.

기왕에 진행된 와질토기 연구 성과를 토대로 한경 출토 주요 유구의 순서를 배열해보면, 용전리 목관묘→조양동 38호묘→탑동 1호묘→신대리 75호묘 순이 된다(도14). 도15는 이 변천안에 여타 외래유물을 함께 배치해본 것이다. 각 단계별 유물의 연대에 대하여 언급해보면 다음과 같다.

첫째, 1단계로 포항 성곡리 13호묘에서 출토된 성운문경이 해당한다. 칠초

---

12) 동경 재가공품의 용도를 휴대용 소형 거울로 추정한 견해가 있다(최종규 2001).

철검(漆鞘鐵劍) 1점이 함께 출토되었고 옹관으로 사용된 토기가 고식이며 성운문경이 여타 한경에 비해 상대적으로 이른 시기에 출토됨을 감안해 이 단계에 배치하였다. 동경은 옹관 내부에서 출토되었다. 용전리 목관묘는 우각형파수부호(牛角形把手附壺) 조각이나 주머니호, 그리고 요갱(腰坑)으로 보면 조양동 38호묘와 공통하나 두형토기가 출토되었고 주머니호가 조양동 38호묘 출토품에 조금 선행하는 요소를 갖추고 있음에 주목하여 이 단계에 배치하였다. 용전리 목관묘 출토 금동제 노기, 오수전, 동경 편이 이 단계의 자료이다. 노기와 오수전은 상부, 동경 편은 목관 내부에서 출토되었다. 다호리 1호묘 성운문경의 연대관(이건무 외 1989)을 참고하여 잠정적으로 기원전 1세기 말로 보고자 한다.

둘째, 2단계로 경주 조양동 38호묘 출토품이 표지이다. 4면의 동경이 피장자의 허리 주위에 깔려 있었고 1점의 재가공품은 출토 위치 미상이다.[13] 성주 예산리 31호묘는 무덤의 구조, 파수부장경호와 주머니호의 형태로 보면 이 단계에 배치할 수 있다. 다만 소형의 장경호는 조금 더 이른 단계의 요소가 아닐까 한다. 금동제 개궁모 2점은 바닥에서 조금 뜬 채 출토되었는데 보고자는 목개 혹은 봉토 매납품이었을 것으로 추정했다. 울산 창평동 2호묘는 파수부장경호와 주머니호로 보면 조양동 38호묘와 같은 단계로 파악할 수 있다. 동경 2점 가운데 1점은 관내 철검 위에서, 다른 1점은 단벽 쪽에서 출토되었다. 신대리 37호묘의 경우 동단벽 쪽 목관 바닥에서 2점의 한경 재가공품이 연접하여 출토되었다. 단경호는 동체의 형태로 보면 조양동 38호묘 출토품에 가까워 보인다. 임당 AI-122호묘는 단경호가, 임당 E-132호묘와 E-138호묘는 주머니호가 조양동 38호묘 출토품과 유사하다. 임당 AI-74호묘

---

13) 저자가 과거 발굴조사 보고서 발간작업에 참여하였을 때 발굴야장에 정확한 출토 지점과 정황이 기록되어 있음을 본 적이 있지만 현재로서는 확인할 방법이 없으므로 잠정적으로 미상으로 표현하고자 한다.

와 AI-121호묘는 검파두식의 형태가 조양동 38호분 출토품과 유사하므로 같은 단계로 편년할 수 있을 것 같다. 임당 AI-74호묘에서는 철검 주변 바닥에서 오수전이, 임당 AI-121호모에서는 2점의 칠초철검 사이에서 오수전이, AI-122호묘에서는 충전토 바닥면에서 한경 재가공품이 출토되었다. E-58호묘에서는 목관 내 동쪽에서 한경 재가공품이, E-132호묘에서는 철검 아래에서 오수전이, E-138호묘에서는 한경 재가공품이 각각 출토되었다. 조양동 발굴자의 견해를 수용하여 1세기 전반 경으로 편년하고자 한다.

셋째, 3단계로 경주 탑동 1호묘 출토품이 표지이다. 다량의 철기와 방제경이 출토된 경주 사라리 130호묘도 토기와 마구, 검파두식으로 보면 같은 단계로 편년할 수 있다. 탑동 1호묘의 경우 한경과 방제경은 바닥면 부채자루 아래에서 겹쳐진 채로, 철복(鐵鍑)은 모서리 충전토 위에서 출토되었다. 사라리 130호묘의 경우 방제경은 목관 내 철검 및 도자 아래에서, 철복은 충전토에 정치된 채 출토되었다.

넷째, 4단계로 신대리 75호묘 동경이 유일하다. 충전토에서 출토되었다. 주머니호와 파수부장경호는 조양동 60호묘 단계에 해당하는 것이다. 조양동 발굴자의 견해를 수용하면 2세기 중엽 경으로 볼 수 있다. 동정이 출토된 울산 하대 23호묘는 후기와질토기가 출토된 대형 목곽묘이며 신대리 75호묘보다 약 반세기가량 늦게 편년할 수 있는 자료이다.

진한 묘에서 출토된 금속품의 시간적 분포를 살펴본 바, 조양동 38호묘 단계에 집중하는 현상이 확인된다. 특히 오수전과 한경 재가공품의 부장이 눈에 띈다. 그럼에도 불구하고 그에 선행하는 영천 용전리 목관묘 단계에서 시작하여 경산 신대리 75호묘 단계에 이르기까지 몇 종류의 외래유물이 연속하여 부장되는 양상이 확인된다. 동경은 신대리 75호묘 단계 이후가 되면 진한 묘에서는 더 이상 확인되지 않는다. 그 이후 약간의 단결을 겪은 후 하대 23호묘에 동정이 묻힌다.

사로국이 포함된 진한 소국의 지배층 사이에서는 외래품이 유행했다. 비록 무덤 속에서 출토되는 물품의 양은 많지 않으나 그것을 통해 진한의 대외교류 양상에 대해 검토할 수 있다.

사로국시기의 외래품은 현재의 주요 도로망처럼 선상으로 분포한다. 각 유적을 잇는 선은 아마도 당시의 주요 교통로였을 것이다. 진한의 경우 금호강 연변과 경주, 울산, 포항 등 후에 신라의 중심지가 되는 곳이다. 그에 비해 변한의 경우 분포권이 좁은 편이며 밀양강, 낙동강 하류, 그리고 포구였을 해안에 분포해 약간의 차이를 보여준다.

외래품이 어떤 과정을 거쳐 진한 소국으로 전해졌고 또 어떻게 쓰였을까 하는 점이 중요하다. 현재까지의 자료에서 사로국의 배타적 우월성이 확인되지 않으므로 사로국이 전체를 수입하여 나누어준 것으로 보기에는 어려움이 있다. 따라서 일단은 소국별로 입수하였을 가능성에 무게를 두고자 한다. 그렇게 볼 경우 자연히 외교의 산물이라기보다는 호혜적 교역의 산물일 가능성을 고려할만하다.[14] 진한의 외래품이 어떤 경로를 거쳐 전해졌을까 하는 문제에 대해 이미 다양한 가능성이 제기되어 있다. 와질토기가 진천 송두리유적에서 출토된 점에 주목하여 경주, 영천, 경산, 대구, 상주를 거쳐 마한 혹은 낙랑으로의 연결을 고려하기도 하고(최종규 2001) 지리적 위치에 기준하여 육상루트를 상정하기도 한다(이청규 2003). 한편, 기본적으로는 해로가 중심이고(이재현 2000), 마한으로 연결되는 내륙로는 3세기 이후에 개통된 것으로 보기도 한다(정인성 2003). 물론 양자의 가능성을 모두 고려할 수 있다. 마한, 예, 왜가 변진의 철을 구하러 오고 낙랑과 대방군에 철을 공급하던 교역체계(이현혜 1994, 東潮 1995)를 생각한다면 어느 한 쪽 루트만 존재했다고 단정하기는 어렵다. 다만, 외래유물의 구성으로 보면 영천 용전리 목관묘

---

14) 변한의 한식문물 이입 계기를 조공무역과 낙랑상인의 역할에서 찾기도 하며(정인성 2003), 다량의 외래유물과 무기가 출토된 영천 용전리 목관묘 피장자를 외래 이주민으로 추정하는 견해가 있다(이희준 2011).

나 조양동 38호묘가 축조되던 시점의 진한에서는 내륙로가 더욱 선호되지 않았을까 한다. 특히 한식문물의 확산에 한군현 설치에 따른 고조선계 유민의 이주나 한문화를 경험한 인물들의 단속적인 이주가 존재했음은 『삼국사기』 초기 기록을 통해서도 살펴볼 수 있기 때문이다(이현혜 2008).

소유자가 적고 출토 수량 또한 많지 않은 점을 고려하면 진한사회에서 외래품은 희귀재였음에 분명하다. 전한경을 비롯한 외래품은 함께 출토된 동검, 철검, 마구, 옥 장신구와 함께 수장권의 이념 기반을 일러주는 것이며 특히 동경은 피장자가 교역 등 대외 네크워크에 깊이 관여한 인물임을 상징적으로 보여주는 물품이라 규정하는 연구(이희준 2011)가 있어 주목된다. 그와 같은 시각은 후술할 마립간기에도 적용할 수 있을 것 같다. 마립간기 신라의 지배층은 고총의 축조, 위세품의 배타적 소유를 통해 자신들의 사회적 지위를 드러내고자 하였다. 위세품 가운데 외래품이 포함되며 왕경의 왕족이 그것을 전유했다. 국가 성립의 지표 가운데 하나가 독점적으로 외교를 수행하는 일임을 고려하면 왕족이 외래품을 독점하는 현상에 내포된 의미를 짐작해 볼 수 있다. 지방 유력자는 경주산 혹은 그것을 모방한 황금장신구와 장식대도만을 소유할 수 있었는데, 사로국시기의 소국 지배층과는 공통점과 차이점을 함께 보여준다. 공통점이란 비록 한 단계 낮은 것이지만 당대의 황금장식을 공유했다는 점이고, 차이점이란 외래품의 소유에서 배제된 점이다.

제2장

신라적 색채의 발현

묘제와 유물의 변화

진한의 묘제는 목관묘와 목곽묘인데 대체로 2세기 후반이 되면 목관묘에서 목곽묘로 발전한다(신경철 1992, 최병현 2021). 초기의 목곽묘 중 대형묘는 평면이 장방형을 띠며 규모가 매우 크다. 이러한 목곽묘는 진변한을 막론하고 영남 전지역에서 고르게 조사되고 있다.

그런데 3세기 후반경 부곽(副槨)이 발생하고 주곽과 부곽이 일렬을 이루는 주부곽식 목곽묘(도16-2)가 출현한다. 이 목곽묘는 외형의 장대화와 더불어 부장유물의 질과 양이 탁월함을 보이고 있어 유력자의 존재를 보여준다. 부산의 복천동이나 김해의 대성동고총군에서 전형이 확인되며, 경주 황성동, 구어리, 포항 남성리, 경산 임당고총군에서도 조사된 바 있다. 5세기가 되면 주부곽식의 평면 플랜을 가지면서도 매장주체부는 수혈식석곽묘나 적석목곽묘로 변화하기도 한다.

한편, 이와 달리 부곽이 주곽과 같은 묘광 내에 위치하고 양자가 격벽으로 구분되는 목곽묘(도16-1)도 등장한다. 주곽과 부곽이 같은 묘광 내에 위치하

도16. 사로국의 목곽묘와 유물 출토 모습(1.황성동 575번지 20호 목곽묘, 2~4.구어리 1호 목곽묘)

므로 자연히 평면이 매우 길쭉해진다. 현재까지의 분포상을 관찰해보면 이와 같은 유형의 무덤은 경주 구정동, 죽동리, 구어리를 비롯하여 포항 옥성리, 울산 중산동과 다운동, 경산의 임당 등 구 진한 각지에 분포한다.

이 유형의 무덤이 분포하는 울산, 포항, 경산은 모두 경주와 지근거리에 있고 경주의 영향이 일찍부터 미친 곳이다. 즉, 분포권으로 보면 이 묘제를 '신라적'인 것으로 볼 수 있으며, 앞 시기의 장방형 목곽묘가 진변한의 공통적 요소였다면, 이 유형의 무덤은 이 시기에 접어들어 현저해지는 신라와 가야의 차이를 잘 보여주는 자료로 파악된다. 경주 구정동 1~3곽은 야트막한 산 정상부에 위치하며 무덤 안에서 철제 단갑과 철모를 비롯한 무기류가 다량 출토되었다.

1970년대 후반까지만 하여도 신라토기의 실체는 오리무중이었다. 오랫동안 경주 시내의 신라묘에서 출토되는 토기를 '신라토기'라 불러왔으며, 그 토기만이 신라토기인 것처럼 인식해왔다. 그러던 중 1977년 경주 조양동에서 새로운 모양의 토기가 우연히 발견되었고 1980년대 초반까지 이 유적이 발굴되면서 그간 알려지지 않았던 새로운 양식의 토기가 그 실체를 드러내게 된다. 조사자는 이 토기를 '와질토기'라 명명하였는데 이것이 바로 신라초기의 토기임이 비로소 밝혀지게 된 것이다(최종규 1982).

조양동 토기에 대한 후속 연구에서 이 토기는 중국 한대(漢代) 토기의 영향을 받는데 토기를 만드는 과정에서 물레나 회전판이 사용되었고 밀폐된 가마에서 구워졌음이 밝혀졌다. 더 나아가 이러한 토기가 사용된 시기는 전·후기로 대별되었고 차츰 단단한 도질토기(陶質土器)로 발전하는 과정이 밝혀졌다.

이 시기의 토기는 5~6세기대 토기에 비하여 그릇의 종류가 단순하고 토기질이 매우 무른 점이 특징이다. 전기의 토기는 우각형파수부호(牛角形把手附壺)와 주머니호, 후기의 토기는 유개대부직구호(有蓋臺附直口壺)와 노형토기가 대표적이다(도17). 이 토기문화는 경주를 비롯한 낙동강 이동지역이 양식적으로 동일한 특징을 공유할 뿐만 아니라 현재의 영남지역 전체가 공통의 토기문화를 보여주고 있어 『삼국지』 위서 동이전에 기록된 진변한 문화의 유사성과 부합한다. 다만 목곽묘 단계 이후 양자 사이에 구분되는 일부 요소가 등장한다. 이 시기 진한 무덤에서 출토되는 유

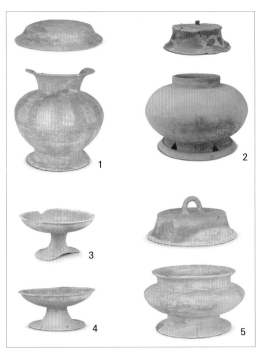

도17. 사로국의 후기와질토기(1.덕천리 19호 목곽묘, 2.황성동 575번지 20호 목곽묘, 3.조양동 3호묘, 4.덕천리 16호 목곽묘, 5.덕천리 3호 목곽묘)

물 중 '진한적'이라고 할 수 있는 예를 검토해보면 다음과 같다.

먼저 와질의 압형토기(鴨形土器)가 있다. 대각 위에 오리모양의 몸체를 붙인 것이며 주자(注子)처럼 몸통 속이 비어 있다. 경주에서는 황성동 575번지 20호 목곽묘에서 압형토기와 부엉이모양 토기가 함께 출토된 것을 필두로 내남면 덕천리 16호묘, 80호와 120호 목곽묘, 서면 사라리 55호 목곽묘에서 출토되었다. 그밖에 경산 임당 EI-3호묘, 울산 하삼정 5호와 77호 목곽묘, 하대 46호묘, 중산리 IC-3호묘와 ID-15호묘, 다운동 바-4호묘, 부산 복천동 38호묘에서 출토되었다.

압형토기가 출토된 목곽묘의 중심연대는 3세기 후반~4세기 초이다. 공반유물 중에는 고배와 유개대부직구호(有蓋臺附直口壺)가 포함되어 있어 와질토기의 마지막 단계로 편년할 수 있다. 와질토기 중 특이한 경우에 속하는 오리모양의 상형토기는 왜 만들었을까. 이에 대해서 강력한 수장의 대두를 상징적으로 표현한 것으로 보거나(정징원·안재호 1987) 또는 내세관을 표현

도18. 사로국의 압형토기(1·2.황성동 575번지 20호 목곽묘, 3·4·6.덕천리 120호 목곽묘, 5.덕천리 80호 목곽묘)

한 것으로 보는 견해(이현주 1995)가 있다.

다음으로 궐수문철모(蕨手文鐵鉾)가 있다. 철모가 비실용적으로 장대해지고 모신(鉾身)에 고사리모양 장식이 부가된 것으로 삼한 후기부터 출현하며, 4세기대 세장방형 목곽묘인 경주 구정동 2 · 3곽과 울산의 중산동 28호묘에서도 집중 출토되었다. 이 철모는 부산, 김해, 창원, 함안지역에서 출토되는 통형동기(筒形銅器)나 유자이기(有刺利器)와 마찬가지로 제의용품으로서 기능했을 것으로 추정된다(김영민 1996). 포항 남성리 Ⅱ구역 12호와 13호 목곽묘에서 1점씩 출토된 통형동기는 가야 혹은 왜로부터의 반입품일 가능성이 있다.

이처럼 4세기에 가까워지면서 낙동강을 경계로 신라와 가야가 구별되는 모습이 보이는 한편 전 시기와 마찬가지로 공통적인 요소도 많이 가지고 있다. 즉, 도질토기에 보이는 공통양식이 그것이다. 삼한시기에 와질토기를 공유하던 양 지역은 큰 시차 없이 도질토기를 제작하여 사용한다. 물론 도질토

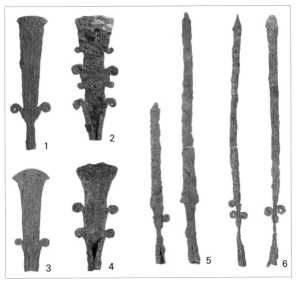

도19. 사로국의 장식철기(1.덕천리 80호 목곽묘, 2.덕천리 3호 목곽묘, 3 · 6. 구어리 1호 목곽묘, 4.중산동 568-7번지 21호 목곽묘, 5.구정동 2호묘)

기의 개시 연대는 3세기로 거슬러 올라가는 것으로 보이지만, 영남 전역에 서 앞 시기와는 달리 도질토기를 본격적으로 제작하여 사용하는 시기는 4세 기이다. 이 시기의 토기문화를 제일적(齊一的)으로 보는 견해(최종규 1982) 와 약간의 지역차를 인정하는 견해(안재호·송계현 1985)가 있다. 물론 지역 에 따라 세부적 차이가 있는 것은 오히려 당연한 일이지만, 5세기의 경우처럼 '○○양식 토기'라 부를 수 있을 정도로 지역성이 현저하지는 않다.

아직도 4세기의 신라 무덤은 조사 예가 적은 편이며 왕릉급 무덤은 아직 발굴된 바 없다. 그 때문에 5세기의 적석목곽묘에 묻힌 왕들이 외부로부터 갑자기 경주로 들어와 큰 무덤을 만들었다는 견해도 제시되었다. 그러나 근 년 쪽샘지구 발굴에서 L17호묘와 같은 4세기 무덤들이 모습을 드러내고 있어 장차 4세기의 대형분이 속속 확인될 것으로 보인다.

4세기 후반이 되면 '신라적'인 요소가 뚜렷한 고고 자료가 새롭게 관찰된 다. 경주 시내에 대형 봉토를 가진 적석목곽묘가 조영되고 그와 함께 금공품 이 출현한다. 또한 그와 거의 비슷한 시기에 앞 시기의 공통양식 토기에서 탈 피하여 가야토기와 양식적으로 구분되는 신라토기가 제작된다.

근래 각지의 발굴조사 성과에 따르면, 적석목곽묘는 목곽묘에서 몇 단계의 변화를 거치면서 형성된 묘제이며, 그 연대는 4세기 후반까지 소급된다. 초 기의 대표적인 무덤이 월성로 가-13호묘, 황남동 109호분 3·4곽 등이다. 적 석목곽묘는 신라 왕경인이 주로 사용한 묘제이며, 지방의 수혈식석곽묘·횡 구식석실묘와는 분포상에서 뚜렷한 대조를 보인다. 이 차이를 신라와 가야의 차이로 보는 견해도 있었지만 그보다는 신라 내 중앙과 지방의 차로 보는 것 이 타당할 것 같다.

경주에서는 월성로 가-13호묘의 금장신구와 금동재갈, 금완처럼 4세기 후 반까지 올라가는 유물이 조금 있지만, 같은 시기의 지방에는 금공품이 분포 하지 않는다. 지방에서 금공품이 출토되는 것은 경주의 황남대총 남분 단계 에 상당하는 5세기 중엽 무렵이다.

임당유형과 옥성리유형

영남 전역의 고고 자료를 살펴보면, 2~3세기에 상당한 규모의 목곽묘가 분포하던 지역들 가운데는 5세기 이후 성장세가 더욱 뚜렷해지는 곳과 그렇지 않은 곳이 있다. 전자를 임당유형, 후자를 옥성리유형으로 개념화하여 설명하고자 한다.

첫째, 경산 임당고총군을 표지로 하는 임당유형이다. 임당고총군[1]은 1세기부터 7세기까지의 무덤이 집중적으로 조영되어 있다. 그중 무덤의 크기가 가장 대형화하는 시기는 5세기부터 6세기 전반까지이다. 누세대에 걸쳐 대형묘가 연속적으로 축조되다가 6세기 중엽을 지나면서 다른 지역과 마찬가지로 대형묘가 소멸된다.

그러나 우월한 묘의 등장은 3세기 후반 혹은 4세기 초반의 무덤인 조영 1B-60호묘에서 찾아볼 수 있다. 이 유구는 일부분이 파괴되었으나 잔존 길이가 4.3m, 너비가 1.35m로 세장한 목곽묘인데, 주곽과 부곽이 같은 묘광 내에 격벽으로 구분되어 있고 내부에서는 유개대부직구호·양이부호 등의 토기와 환두대도·찰갑이 출토되었다.

이 유구를 통해 볼 때 경산에서는 4세기를 전후한 시기가 되면 경주와 공통적 문화요소를 강하게 지니게 됨을 알 수 있다. 아직 4세기 대형묘가 부족하여 단정하기는 곤란하지만 4세기를 전후한 시기부터 다른 지역에 비하여 경주의 영향이 일찍부터 미쳤던 것 같다.

이러한 친연성은 5세기대로 진전되면서 더욱 뚜렷해진다. 4세기 후반 혹은 5세기 전반부터 새로운 묘제인 적석목곽묘가 경산에도 등장한다. 이 묘제의 분포 중심은 주지하듯이 경주이며 지방의 경우 포항, 영덕, 부산, 경산, 대구,

---

1) 이 고총군은 행정구역상 임당동, 조영동, 부적동에 걸치고 있으나 하나의 고총군임을 강조하기 위하여 임당고총군으로 지칭하고자 한다.

창녕, 의성 등지에 산발적으로 분포한다. 그 가운데 포항, 울산, 부산, 경산 등 경주로부터 가까운 곳에서는 상대적으로 이른 시기에 축조되고 영덕, 의성, 창녕 등 원거리에서는 상대적으로 늦은 시기에 축조된다.

경산에서는 적석목곽묘가 도입되는 초기 단계부터 무덤이 대형화하며 그 다음 시기에 암광목곽묘, 수혈식석곽묘, 횡구식석실묘로 변화되면서 무덤의 규모가 더욱 커지고 경주에서 제작된 금공품이 부장된다. 대표적인 무덤으로 임당 5·6·7호분, 조영 CI호분, 조영 EII호분, 조영 EIII호분, 임당 2호분 등을 들 수 있다. 내부에서 금동관, 유리와 곡옥이 장식된 경식, 금이식, 은대금구, 금동식리 등 장신구류와 장식대도, 장식마구류가 출토되었다. 이 고총군의 경우 순장(殉葬)이 유행한 점과 여러 기의 무덤에서 금동관이 출토되고 있는 점이 주목된다. 그런데 임당의 금동관은 대부분 경주의 황남대총 남분과 비슷한 시기인 5세기 중엽경에 집중되고 있고 일부 6세기 전반까지 이어진다.[2]

이처럼 경주에서 제작된 위세품의 소유자가 많은 점은 결국 경산의 위상이 높았기 때문일 것이다. 한편 신라의 입장에서는 복수의 현지 세력을 지원함으로써 그 지역에서의 힘의 집중을 막고 효율적으로 통제하기 위한 방법이었을지도 모른다.

그런데 임당고총군과 같이 5세기 이후 경주에서 제작된 금공품을 소유하는 대형묘가 축조된 곳은 여러 지역에 있다. 즉, 동래의 복천동신라묘군, 양산의 북정리고총군, 대구의 달성고총군, 창녕의 교동·송현동고총군, 성주의 성산동고총군, 의성 금성산고총군, 순흥 비봉산 일대의 고총군 등이 이러한 예에 속한다. 이들 고총군의 매장시설은 일부 적석목곽묘도 있지만, 대부분 수혈식석곽묘·횡구식석실묘이다. 그곳에서는 경주와 동일한 장신구류와 금속품이 출토되는데, 경주의 관심도가 높은 지역일수록 더욱 화려하고 많은 유

---

2) 경산은 대구나 창녕, 양산에 비하면 위세품의 연대가 빠른 편이며 밀집도가 높다.

물이 출토된다.

아직 4세기의 상황을 알 수 있는 유적이 적은 편이어서 단정하기는 곤란하지만, 4세기 신라 지방사회의 유력층은 대체로 임당고총군 피장자들과 비슷한 처지를 겪었을 것 같다. 따라서 이를 임당유형으로 설정하고자 한다. 이 유형의 경우 주로 4세기 신라의 주요 거점지역에 분포하며, 5세기 이후에는 유형이 더 분화된 것 같다. 당시 신라는 지방지배의 주요 거점에 소재한 세력들을 지원하여 그들을 매개로 지방지배를 실시하면서 필요에 따라 지원을 강화하거나 혹은 그들의 힘을 박탈하기도 했던 것 같다.

둘째, 옥성리유형이다. 포항 옥성리신라묘군은 야트막한 능선에 조밀하게 분포하며, 발굴조사 결과 드러난 묘제로는 목관묘, 목곽묘, 적석목곽묘, 석곽묘가 있다.[3] 영남문화재연구원과 국립경주박물관이 1차 조사를 담당했고 그 이후에도 여러차례의 조사가 이루어졌다. 옥성리신라묘군에 인접한 마산리신라묘군과 남성리신라묘군은 크게 보아 동일 세력권으로 볼 수 있다. 현재까지의 자료로 보면 3세기까지의 대형묘는 옥성리신라묘군에서 확인되나 4세기 이후의 대형묘 일부가 마산리나 남성리에서 확인되고 있다. 그러나 4세기의 대형묘는 단발적으로 축조되며 4세기 중엽 이후의 대형묘는 발굴된 바 없다. 여기서는 옥성리신라묘군 1차 발굴 성과만으로 설명하고자 한다.

영남문화재연구원이 조사를 담당한 '나'지구는 3~4세기가 중심 연대이고 목관묘, 목곽묘, 옹관묘 등 131기의 무덤이 남아 있었다. 국립경주박물관에서 조사를 진행한 '가'지구는 '나'지구와 일부 시기적으로 중복되지만 주로 세장방형 목곽묘, 적석목곽묘, 석곽묘 등 140기가 여러차례에 걸쳐 중복 축조되었고 '나'지구에 비하여 후행하는 것으로 밝혀졌다.

옥성리신라묘군의 대다수를 차지하는 묘제는 목곽묘이다. 영남지역에서

---

3) 조사가 진행되기 전에 많은 부분이 이미 파괴되었고 제한된 범위에 한정하여 발굴조사가 이루어졌기 때문에 전모를 알기 어렵다는 약점이 있다.

도20. 옥성리와 남성리의 대형 목곽묘(1.옥성리 나-78호묘, 2.옥성리 산12-1번지 15호 목곽묘, 3.남성리 II -13호 목곽묘, 4.남성리 I -1호 목곽묘)

목곽묘가 등장하는 것은 2세기 중엽 이후로 추정된다. 후기의 목곽묘는 초기의 적석목곽묘와 일정기간 공존한 것 같다.[4] 대체로 보아 옥성리 목곽묘의 시기폭은 2세기 후반에서 5세기 전반까지 약 3세기가량이며 주로 3~4세기대에 집중되는 모습을 보인다.

여기서는 옥성리 '나'지구를 중심으로 살펴보려 한다. 먼저 '나'지구의 3세기대 무덤 중 주목되는 것은 18, 58, 78호묘이다. 이 무덤의 서열은 18호묘→78호묘→58호묘 순으로 파악된다. 보고자가 추정한 역연대는 18호묘가 2세기 후반~3세기 초, 78호묘가 3세기 전엽, 58호묘는 3세기 중엽~후엽이다. 즉약 1세기간 3기의 대형묘가 차례로 조영되는 셈이다. 유구의 평면적인 분포

---

4) 상주나 강릉 등 신라의 변경에서는 5세기 후반대까지 목곽묘가 남아 있지만, 포항의 경우 경주의 황남대총 남분 이전 시기에 이미 석곽묘로 전환하는 것 같다.

상을 보면 대형묘를 중심으로 그 주변에 소형묘 몇 기가 주축 방향을 같이한 채 분포한다. 그러면 이 3기의 장방형 목곽묘를 중심으로 한 3세기대와 세장방형 목곽묘를 중심으로 한 4세기대의 변화상을 제의방식, 농기구 및 무기의 소유방식 변화를 통하여 살펴보면 다음과 같다.

제의방식의 변화가 확인된다. 장방형 목곽묘와 세장방형 목곽묘 단계를 구분짓는 특징 가운데 하나로서 봉토제사의 유무를 들 수 있다. 봉토에 대호(大壺)를 부장하는 무덤은 주로 3세기 중후엽의 것이며, 대호는 아니지만 토기나 철기류를 봉토에 부장하는 무덤도 많다. 이처럼 무덤을 축조하면서 봉토에 유물을 매납하는 현상은 황남대총을 비롯한 5세기 대형분에서도 관찰되는 현상인데 매장과정에서 이루어진 제사의식의 산물일 것이다. 봉토제사의 흔적이 있는 유구의 연대는 장방형 목곽묘의 축조 시기와 거의 중복되며 그 가운데 3세기 후반을 중심으로 대호의 부장이 유행한 것 같다.

그런데 4세기에 가까워지면서 변화가 나타난다. 3세기 후반으로 편년할 수 있는 78호묘 이후 봉토에 물품을 매납하는 현상이 없어진다. 새로이 유구 내에 유자이기의 부장이 현저해진다. 이처럼 제의와 관련된 도구 혹은 물품을 매납하는 현상은 단순히 제사에 사용된 토기나 철기를 부장하던 모습과는

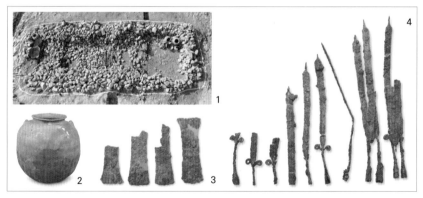

도21. 마산리 149-4번지 적석목곽묘 조사 모습(1)과 출토 유물(2~4)

큰 차이를 보이는 것이며 제의방식, 내용, 체계의 통일성을 보여주는 것으로 추정해 볼 수 있다. 유자이기가 출토된 7·8·17호묘 등 11기는 모두 중복관계상에서 가장 늦은 시기에 만들어진 것이며 4세기 이후의 유물이 출토되고 있다. 이중 17호묘만 큰 무덤일 뿐 다른 무덤은 모두 소형이다. 이 점은 3세기대 봉토내 대호를 부장하는 무덤과는 현격한 차이를 보여주는 것이다.

농기구의 소유방식에서도 변화가 보인다. 옥성리 '나'지구의 131기의 무덤 중 77기에서 농(공)구류가 출토되었다. 종류는 보습, 쇠스랑, 따비, 철부, 겸 등이다. 이 가운데 보습과 쇠스랑은 전체 무덤 중 3기의 대형묘에만 한정적으로 부장되어 있다.

1~2종의 농공구를 부장한 무덤이 총 63기로 대다수를 차지하며 단조괭이를 부장한 무덤도 45기에 달한다. 3세기대의 가장 큰 무덤에서 보습과 쇠스랑을 비롯한 5~6종의 농기구 세트가 부장되는 현상은 옥성리신라묘군에만 한정되는 것이 아니고 울산의 하대진한묘군에서도 동일하게 관찰되는 현상이다. 즉, 이 시기 진한 소국 내에서 지역 수장에 의한 농기구의 관리 혹은 선진 농기구나 기술의 독점현상이 있었음을 잘 보여준다(김재홍 1995). 이 점은 결국 이 지역에 울산의 하대진한묘군에 버금가는 지역 수장이 존재했음을 반영한다. 그런데 4세기가 되면 농기구를 독점하는 무덤이 확인되지 않으며 농기구보다는 무기류의 부장이 많아져 새로운 사회가 전개되는 것 같다.

무기의 소유방식에서도 변화가 보인다. 총 131기 중 82기에서 철모와 철촉이 출토되었다. 이중 16기에서 철모와 철촉이 함께 출토되었고, 51기에서는 철모만, 15기에서는 철촉만 출토되었다. 철모는 모두 67기에서 출토되었는데 그중 철모만 부장한 경우가 많다. 이중 31기에서는 철모 1점만 부장되었고 36기에서는 철모의 복수부장이 이루어졌다. 그러나 6점 이상을 부장한 것은 6기에 불과하다. 철촉이 출토된 무덤은 31기이며 그중 10점 이상 출토된 것은 8기이고 23기는 그 이하의 수량을 부장하였다.

이러한 부장양상에서 보면, 이 시기 무기의 소유에서 보이는 특징으로 철모의 소유가 보편화된 점을 들 수 있다. 그러나 수량은 1~3점이 대다수를 차지한다. 철촉보다 철모의 소유가 많은 점은 철촉의 소모성과 유관할 것이며 소국 내 철모와 철촉의 관리방식이 달랐을 가능성도 있을 것 같다.

위의 상황은 2세기 후반부터 4세기까지의 상황이다. 2세기, 3세기, 4세기로 크게 나누어 몇 기의 부장 양상을 살펴보고자 한다.

2세기의 경우 대형묘에 복수 부장은 되지만 가장 많은 예가 모 8점에 불과하다. 3세기는 대형묘에 집중 부장되며 중급 무덤에는 없거나 1~2점만 부장된다. 4세기대에는 무덤의 규모와 상관없이 대부분 1~3점만 부장하고 있다. 그리고 무덤은 크지만 부장량이 적은 경우가 많다.

2세기에서 3세기로의 변화는 지역 수장층의 성장을 반영한다. 반면에 3세기에서 4세기로의 변화는 지역에서 특정묘의 우세가 없어지는 현상을 보여준다. 이 점은 울산 하대진한묘군의 경우와 동일하나 부산 복천동신라묘군이나 경산 임당고총군의 경우와 큰 차이를 보인다. 아마도 신라에 의한 수장층의 해체 혹은 규제를 반영하는 현상일 가능성이 있다.

무기 가운데 환두대도의 부장양상도 중요한 의미를 지니는 것 같다. 옥성리 '나'지구에서는 6기의 무덤에서 환두대도가 출토되었다. 시기적으로는 3세기 후반부터 4세기 전반까지의 무덤에 한정된다. 이후 환두대도의 부장이 확인되지 않는다. 그리고 환두대도를 부장한 무덤과 철모를 부장한 무덤은 124호묘와 78호묘를 제외하면 중복되지 않는다. 즉 4호, 34호, 58호, 74호묘는 철모 부장 없이 환두대도만 부장되었다. 이 점으로 본다면 환두대도와 철모의 소유 혹은 관리방식이 달랐을 가능성이 있다.

이처럼 옥성리신라묘군의 경우 4세기 전반 이후의 수장묘가 사라지는 것 같다. 이러한 현상을 보이는 신라묘군을 옥성리유형으로 설정하고자 한다. 이는 전술한 임당유형과는 뚜렷한 대조를 보인다.

4세기의 지방통제방식

사로국은 4세기를 전후하여 지방세력들을 확실히 장악하면서 신라로 성장하였을 것이다. 그러나 언제쯤 어떤 과정을 거쳐 주변 소국을 복속시켰는지 구체적으로 알려주는 자료는 없다. 다만 3세기에 찬술된 『삼국지』 위서 동이전의 내용으로 본다면 그보다는 늦은 시점일 것이고, 『삼국사기』의 기년 조정을 통하여 3세기 후반에서 4세기 전반에 걸치는 시기에 이루어진 것으로 보는 견해가 많다(강종훈 1991).

그런데 신라 성장의 이면에는 국제정세의 재편도 중요한 변수가 되었던 것 같다. 오랫동안 한반도 남부지역에 영향력을 행사하던 중국이 동진과 5호 16국으로 분열되어 극심한 혼란기를 맞이하게 되면서 한반도에 직접적인 영향력을 미치지 못하게 된 것이다(전덕재 2000). 이러한 상황은 3세기 중엽까지 거슬러 올라가는 것 같다. 환령(桓靈)연간(147~189)이 되면 한(韓)은 발전을 거듭하여 중국 군현에서도 능히 제어하지 못하는 상황에 도달하였다고 한다.[5]

이러한 국제정세에 잘 대처한 사로국은 진한을 대표하여 진(晉) 무제 태강(太康) 원년인 280년 진에 사신을 보냈다.[6] 견사는 2회 이상에 걸쳐 이루어진 것으로 보이는데, 이 무렵의 변한은 견사행렬에 참여하지 못하고 있어 뚜렷한 대조를 보인다. 『진서』의 진한왕이 곧 사로국왕이며, 진한왕으로 견사하였다는 사실은 사로국에 의한 진한 통합작업이 상당 부분 진전되었음을 반영하는 것이다. 한군현의 영향력 약화가 기존의 교역체계를 붕괴시켰고 그 변화의 와중에서 낙동강 하류의 김해세력은 쇠퇴하고 교역의 중심지가 경주로 옮겨온 것으로 여겨지고 있다(이현혜 1988, 주보돈 1998).

이처럼 사로국의 성장이 본궤도에 올랐음은 국제관계나 교역체계의 변화

---

5) 『三國志』 魏書 東夷傳 韓, '桓靈之末 韓濊彊盛 郡不能制 民多流入韓國'
6) 『晉書』 東夷傳 辰韓, '武帝 太康元年 其王遣使獻方物 七年 又來'

를 통하여 짐작할 수 있지만, 그 성장의 기저가 된 내적인 요인에 대한 설명은 잘 이루어지지 않고 있다. 일반적인 언급처럼 농업생산력이 앞 시기에 비하여 진전되었겠지만, 그 결과가 신라의 성장에 어느 정도 영향력을 미쳤는지 구체적으로 논증하기 어렵다.

경주는 많은 교통로가 집중되어 있는 교통의 요지이고 해안과도 비교적 가까운 지리적인 장점을 가지고 있다. 사로국은 이곳에서 교역품을 비롯한 각지의 산물을 수집하고 또 재분배하는 체계를 갖추었을 것이다. 그런데 국제교역에서 사로국에서 수출하는 물품은 철 혹은 철기였을 것이고 철의 산지가 매우 제한적이었을 것이라는 점을 고려하면, 사로국 만이 엄격한 통제 하에 철을 생산하고 또 철기를 제작하였을 것이다.[7]

사로국은 철을 수출하는 대신 교역 상대국으로부터 동경 등의 위세품이나 국내에서 제작되지 않는 물품을 공급받았을 것이다.[8] 이렇게 수입된 물품과 함께 각종 철기를 주변 소국에 공급하였을 것이다. 4세기대 무덤의 부장품을 분석해보면 철기가 대소의 무덤에 다량으로 부장되고, 수정·유리·마노로 만든 경식도 많이 부장됨을 알 수 있다. 이 가운데 경식의 재료가 되는 양질의 수정이나 마노, 유리 중 일부는 국제교역을 통하여 수입한 것으로 추정되고 있다. 이 때 그 공급처는 연맹체의 중핵을 이루는 사로국이었을 것이다.

이 시기 철생산의 실상은 아직 뚜렷하지 않다. 다만 경주의 황성동유적을 통해 추정해볼 수 있을 뿐이다. 이 유적에서는 소규모로 단조작업을 실시했던 단야로와 주조작업에 관련된 용해로가 집중적으로 드러났다.

진한 12국 중 맹주였던 사로국이 언제쯤 주변소국을 정복하였고 또 그들

---

7) 4세기 후반 이후 경주 이외의 지역에서 망치, 집게, 모루 등 단야구가 출토되고 있다. 그러나 이후 5세기대까지는 단야구의 소유가 수장묘에 한정되기 때문에 지방에서의 철기 생산은 매우 제한적이었을 것으로 보인다.

8) 변진과 왜의 교역시 변진은 철, 왜는 쌀을 교환했을 것으로 보는 견해가 있다(東潮 1995).

을 어떤 방식으로 통제했을까. 이 문제를 구체적으로 알려주는 자료는 없다. 다만『삼국사기』신라본기에 일부 언급되어 있는 내용이 전부이다. 이 기록은 기년의 신빙성에 문제가 있으나 역사적 사실 자체는 인정할 수 있을 것이다.

『삼국사기』초기 기록에 등장하는 소국정복 기사 중 본서의 서술과 관련되는 부분만을 발췌하면 다음의 표1과 같다.

표1. 삼국사기에 기록된 소국 정복 관련 기사[9]

국명	삼국사기의 연대	위치비정	전거	복속형태
우시산국(于尸山國)	탈해왕대(57~80)	울산	열전4, 거도전	정복
거칠산국(居柒山國)	탈해왕대	동래	상동	정복
음즙벌국(音汁伐國)	파사왕 23년(102)	안강	본기1	정복
실직곡국(悉直谷國)	파사왕 23년	삼척	상동	정복
압독국(押督國)	파사왕 23년	경산	상동	내항
	지마왕대(112~134)	경산	지리1, 장산군	정복
비지국(比只國)	파사왕 29년(108)	창녕?	본기1	정복
소문국(召文國)	벌휴왕 2년(185)	의성	본기2	정복
감문국(甘文國)	조분왕 2년(231)	개령	상동	정복
골벌국(骨伐國)	조분왕 7년(236)	영천	상동	내항
사량벌국(沙梁伐國)	첨해왕대(247~261)	상주	열전5, 석우로전	정복
이서국(伊西國)	유례왕 14년(297) 이전	청도	본기2	정복

위의 기년을 그대로 믿기는 어렵지만 이들 지역은 5세기 이전에는 신라에 복속되었을 것이다. 다만 그 이전 어느 시점까지 소급시킬 수 있을지는 현재로서 알기 어렵다. 아마도 경주에서 가까운 곳부터 축차적으로 복속되었을 공산이 크다.

대체적인 경향성으로 본다면 4세기의 어느 시점에 이르면 포항과 울산에

---

9) 선행 연구(선석열 2001)의 내용을 일부 발췌·수정하였다.

서는 수장의 존재를 상징하는 무덤이 없어지는 반면, 동래·경산은 대형의 수장묘가 축조되고 있어 대조를 이룬다. 아직 자료의 축적이 적어 단정하기 어렵지만 소국명이 전하는 청도·안강·영천도 '옥성리유형'에 포함시킬 수 있을 것 같다. 5세기 이후가 되면 동래나 경산보다 더 외곽에 위치한 대구·창녕·선산·성주·의성·안동·영해 등지에 대형 수장묘의 축조가 누세대적으로 이루어지는데, 이것은 4세기의 '임당유형'이 더욱 발전한 것으로 보인다.

4세기의 신라는 경주에 인접한 포항·울산·영천·청도·안강 등지의 수장층을 해체하고 모든 기반을 중앙에서 통제하였을 것 같다. 이 때 경주에서 필요로 하는 각종 물품이나 인력을 이 지역에서 공급받았을 가능성이 있다. 그리고 경산이나 동래를 비롯한 '임당유형'이 존재할 것으로 예상되는 변경 지역에서도 각종 물품이나 인력을 중앙에 공급했을 것이지만 '옥성리유형'이 존재하는 지역보다는 상대적으로 적은 부담을 졌을 것이며, 수장층의 자치권이 일정 정도 보장되었을 것이다. 4세기의 이러한 모습은 5세기로 이어지며, 특히 5세기 중후반부터는 각종 노역에 지방민을 직접 동원하면서 자율보다는 규제가 더욱 강해져 6세기대 영역지배의 단초가 열리게 된다.

제2부 신라의 성장과 복식품

제1장 마립간기의 새로운 요소
제2장 마립간기 이후의 복식품

제2부
신라의 성장과
복식품

제1장
마립간기의 새로운 요소

적석목곽묘의 등장

1970년대에 천마총과 황남대총 등 경주의 초대형 무덤이 발굴되면서 신라의 건국 주체세력에 대한 견해가 제시된 바 있으니 바로 김씨왕조 교체설이다. 즉, 박씨와 석씨 중심의 사로국을 기마민족인 시베리아 유목민족이 정복하고 김씨 왕조를 세웠으며 그들이 남긴 무덤이 바로 적석목곽묘라는 주장이다. 경주의 적석목곽묘는 파지리크 등지에서 발굴된 유목민족의 묘제 쿠르간(Kurgan)과 유사하며, 두 지역 무덤 내부에서는 모두 황금유물이 출토되고 있어 양자 사이에 밀접한 관계가 상정된다고 하면서 4세기에 유목기마민족이 경주로 남하하여 김씨의 나라를 새롭게 세웠다는 주장이다.

이 학설은 기마민족정복왕조설의 범주에 포함되며, 일견 매우 매력적으로 보이지만 세부 논증에서 다소의 문제점이 드러났다. 스키타이족의 주 활동시기는 기원전 8~4세기이므로 신라 고총과는 너무나 큰 시차가 있다. 물론 묘제는 매우 유사하지만 그 속의 황금문화는 격단의 차이가 있다. 스키타이의

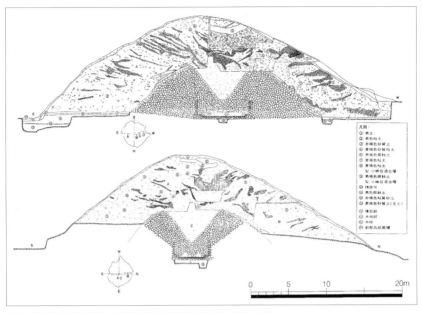

도1. 적석목곽묘의 대표 사례인 천마총 단면도(위: 장축, 아래: 단축)

황금문화는 그리스풍이며 디자인이나 제작기법에 있어 신라 황금과 큰 차이를 보인다. 이와 달리 적석목곽묘의 기원을 고구려와 관련지어 살펴보는 연구가 있다. 경주 적석목곽묘는 원래 전형적인 고구려 적석총이었는데 후대에 봉토를 씌웠다고 주장하였으나 발굴조사 결과 적석과 봉토 성토작업이 동시에 진행되었음이 밝혀졌다.

현재 학계에서 많이 받아들여지고 있는 견해는 재래의 목곽묘에 고구려의 적석 아이디어가 결합하여 적석목곽묘가 출현하였다는 설이다. 적석목곽묘 가운데 초기형인 황남동 109호분 3·4곽이나 황오동 14호분 1곽의 경우 주곽과 부곽이 일자형(日字形)으로 배치되어 있으며 지하식 구조를 갖추고 있는데 이는 이전 시기 목곽묘의 구조와 일치한다는 것이다. 또한 내부에서 출토되는 신라토기는 기형 및 기종에서 연속성을 보이고 있다고 한다. 이 견해는 신라 묘제의 내적 발전 과정을 중시하면서 외래 묘제의 일부 요소를 주체적으로 수용하였다고 본 점이 특징이다. 또한 적석목곽묘 속 금속유물의 계보를 고구려에서 찾아볼 수 있다고 주장하였는데 근래의 조사 성과에 의하여 증명되고 있다.

이처럼 그간 진행된 적석목곽묘 연구는 주로 기원 문제에 집중되었으며 적석목곽묘 축조의 역사적 의미에 대한 관심은 상대적으로 적었다. 왜 신라인들이 그토록 큰 무덤을 만들었고 그 속에 수많은 부장품을 넣어 주었는지에 대한 이해가 필요하다.

적석목곽묘라 하면 적석과 목곽 등 두 요소만이 연상되지만, 실제 발굴 결과에 따르면 이전 시기의 목곽묘와는 판이한 여러 요소를 갖추고 있다. 나무로 짜서 만든 여러 종류의 목곽, 그 속에 배치된 부장품 상자가 우선 그러하다. 그리고 목곽 외곽에 마련된 석단이나 적석 및 봉토 축성을 위해 설치한 각종 구조물, 표형분에서 잘 볼 수 있듯이 분구를 연접하여 만드는 방식 등도 새롭다.

기왕에 발굴된 왕릉급 무덤 가운데 광복 이후 국내 학자들이 발굴한 황남대총과 천마총의 사례를 들면서 적석목곽묘의 구조에 대해 좀 더 자세히 살펴보고자 한다.

황남대총은 경주시 황남동 대릉원에 있는 고총으로 1973년부터 1975년까지 발굴되었다. 두 무덤이 연접해 있어 분형이 마치 표주박처럼 생겼다. 남북 무덤의 높이가 각각 23m와 22m이며, 길이는 남북 합쳐 120m에 이른다. 남분이 먼저, 북분이 나중에 만들어진 것이다.

남분은 주곽과 부곽이 동서로 T자 모양을 이루며 배치되어 있다. 주곽에서는 60세 전후의 남성 유골이 발견되었으며, 목관과 목곽 사이에서는 순장된 것으로 보이는 20대 여성의 유골도 일부 발견되었다. 목곽에서는 각종 장신구와 장식무기와 무구, 장식마구, 외래물품 등이 출토되었다.

북분은 남분과는 달리 목곽이 하나만 설치되어 있다. 목관에서는 각종 장신구류만이 출토되었다. 부장 공간에서는 다양한 장식품과 함께 각종 재질의 용기류, 방추차, 마구류 등이 출토되었다. 남분에 비해 장신구가 많고 무기와 마구가 적다. 은제 대단금구에 '夫人帶(부인대)'라는 명문이 있어 북분의 주인공이 왕비일 가능성이 큼을 알 수 있다.

1973년에 발굴된 천마총은 봉토 지름이 47m이고 잔존 높이 12.7m인 원형분이다. 발굴 조사 결과 황남대총 북분처럼 단곽식(單槨式) 적석목곽묘임이 밝혀졌다. 무덤 주인공의 머리 쪽에는 부장품을 넣은 상자가 배치되어 있었고 그곳에서 다량의 유물이 출토되었다. 온몸에 장식하였던 화려한 금제 장신구와 함께 장식무기와 장식마구, 금속용기류가 다수 출토되었다. 이 무덤의 연대에 대하여 여러 견해가 있으나 6세기 전반으로 보는 견해가 많다.

황남대총에서는 남분이 빠르고 북분이 늦으며, 천마총은 그보다 더 늦은

도2. 황남대총 전경(1.일제시기), 목곽 내부 노출 모습(2.남분, 3.북분), 출토 유물(4·8·9.북분, 5~7·10. 남분)

시기에 축조된 것이다. 황남대총이 5세기를 대표한다면 천마총은 6세기를 대표하는 적석목곽묘라고 할 수 있다. 황남대총 남분, 같은 무덤의 북분 사이에서 확인할 수 있는 변화는 묘곽의 개수가 2개에서 하나로 줄었다는 점이다. 무덤의 규모나 유물의 수량 및 격으로 보아 황남대총 남분을 마립간의 무덤으로 보는데 이견이 적은 편이다. 다만 무덤에 묻힌 인물이 내물마립간(재위 356~402)인지, 눌지마립간(재위 417~458)인지를 둘러싸고 의견이 나뉜다.

현세의 지위가 아무리 높다 하더라도 인간은 죽음을 피할 수 없다. 인간에게 죽음은 숙명인 셈이다. 인류의 출현 이래 인간은 죽음에 대하여 인식하였고 죽음에 대한 두려움에서 벗어나고자 저승의 세계를 창출하거나 장례의식을 성대히 치르기도 하였다. 고대인의 죽음에 대한 인식을 이해하면 그와 표리의 관계에 있었을 삶의 모습도 보다 구체화 시켜 복원해볼 수 있을 것으로

도3. 천마총 발굴 모습(1.봉토 조사, 2.목곽 내부 노출) 및 출토 유물(3~8.장신구, 9~11.마구)

기대된다.

그런데 고대사회의 무덤 가운데 규모가 크고 부장유물이 다량으로 묻힌 것은 삼국시대의 일이다. 경주 시내에 동산처럼 우뚝 솟아 있는 마립간기 신라 왕릉이 전형적 사례이다. 왜 신라인들은 무덤을 거대하게 만들고 그 속에 수많은 물품을 부장했을까. 동서고금을 막론하고 우리 인간은 자신이 살고 있는 삶이 영원하기를 바란다. 그리고 인생의 한정성을 깨닫게 되면서 사후 세계에 깊은 관심을 가지게 된다. 현세의 삶이 내세로 그대로 이어지기를 소망하는 경우도 있고 그 반대의 경우도 있다. 현세의 지위나 경제력이 우월한 왕족과 그 측근들은 특히 전자에 해당될 것이다. 그들은 자신이 사용하던 물품에 더해 각종 물품을 새로이 만들어 무덤 속에 부장했던 것이다. 이러한 장례풍습의 이면에는 새로이 권력을 계승한 국왕의 정치적 의지도 개재되어 있었다. 새로 즉위할 혹은 즉위한 국왕은 그의 왕위계승을 정당화하고 자신의 입지를 강화하기 위해 선왕의 능묘에 대한 치장에 깊은 관심을 가지게 된다.

마립간기 신라 왕릉의 묘제는 적석목곽묘이다. 이 시기의 신라는 4세기대 이래의 내적발전에 더하여 고구려로부터 군사적인 지원을 받으면서 대외적으로 영역을 크게 확장한다. 그 후 5세기 중엽부터는 고구려의 통제에서 벗어나려고 노력하였으며, 보은의 삼년산성처럼 군사적인 요충지에 성을 쌓고 지방민을 각종 노역이나 전쟁에 본격적으로 동원하면서 6세기대 대외팽창의 기초를 다져 나간다.

마립간기의 신라 지배층 모두가 적석목곽묘를 무덤으로 만들지 못했다. 이 시기의 무덤은 경주와 지방 사이에 구조상의 차이가 있었던 것이다. 적석목곽묘는 왕도에 거주한 인물들이 전유한 묘제였다. 그들은 배타적인 자신들의 지위를 대외적으로 과시하고자 노력하였는데, 특히 육안상 위압감을 주는 큰 무덤을 만들었고 장례의식도 성대히 하였다. 그 과정에서 각종 화려한 금제 장식품을 함께 껴묻었다.

이처럼 무덤의 크기가 크다고, 또 무덤 속에서 금관을 비롯한 각종 보화가 쏟아져 나온다고 이 시대가 왕권이 가장 강했던 때일까. 그렇지는 않다. 당시 신라왕은 마립간으로 불렸는데 이는 여러 간(干) 중의 우두머리란 의미이다. 마립간은 절대적인 권력자라기보다는 왕족 가운데 상대적으로 우월한 지위에 있었던 존재로 이해되고 있다. 수많은 인력을 동원하여 이처럼 큰 무덤을 만드는 것은 신라의 성장과 힘을 보여주는 것이기는 하지만 아직 무덤의 크기나 부장품의 화려함만으로 최고 지배자의 지위를 강조하는 단계에 머물러 있었음을 나타낸다. 결국 경주 시내에 군집을 이루고 있는 적석목곽묘는 율령이나 유교적 이념으로 충성을 이끌어내기 이전 단계에서 신라 왕족의 위세를 표상하기 위해 만들었던 기념물이라 규정할 수 있다.

황금문화의 시작

신라는 삼국시대의 여러 나라 가운데 가장 화려한 황금문화를 꽃피웠다. 많은 물건을 무덤에 넣어두는 풍습과 적석목곽묘라는 특이한 무덤의 구조 때문에 많은 금속유물이 오늘날까지 고스란히 전한다. '신라'하면 곧 금관의 황금빛 이미지를 떠올리게 되는 것은 바로 이 때문이다. 8세기에 찬술된『일본서기』에는 신라를 '눈부신 금은채색의 나라' 혹은 '금은의 나라'로 묘사하고 있다. 12세기에 아랍인 알 이드리시는『천애횡단갈망자의 산책』이란 저서에서 이전의 답사기를 인용하여 '신라에는 금이 너무나 흔하다'라고 기술하였다(무함마드 깐수 1992). 외국인들의 눈에 비친 신라의 황금빛 이미지는 실제 유물에서 그대로 되살아난다.

황남대총이나 천마총 등 신라의 왕릉급 무덤 속에는 매우 많은 유물이 부장되어 있는데 특히 주인공의 유해부에서는 황금으로 만든 각종 장신구가 출토된다. 경주 시내에 대형 무덤이 축조되고 그 속에 수많은 황금제 장신구가 부장되는 시기의 신라는 왕위를 김씨가 세습하고 마립간이라는 왕호를 사용

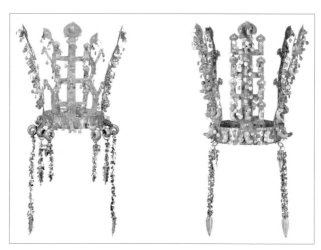

도4. 황남대총 북분(좌)과 천마총(우) 금관

하는 등 비약적 발전의 모습을 보인다. 이 시기에 북방문화권과 교섭한 결과, 선비족 등 유목민족의 황금문화가 신라에 이입된 것으로 보기도 하나 그 양식은 신라에 특유한 것이다.

신라 금속장신구 문화의 전형은 이미 황남대총 남분 출토품에서 확인된다. 그러나 이 시기에 황금장신구를 소유할 수 있는 사람들은 매우 제한적이었던 것 같다. 더 많은 사람이 황금장신구를 소유하고 한층 더 신라적인 디자인으로 탈바꿈하는 시기는 황남대총 북분이 축조되는 시점이다. 금동관을 대신해 새로이 금관을 만들어 죽은 왕이나 왕족의 머리를 장식하기도 하고, 금천을 만들기도 한다. 그뿐만 아니라 이식, 경식, 지환, 식리 등 각종 장식품의 종류가 많아지고 장식 또한 화려해진다.

신라의 장신구 가운데 가장 대표적인 것은 금관이다. 신라 금관은 신라사 가운데 마립간기의 왕족 무덤에서 제한적으로 출토된다. 이처럼 금관의 소유가 매우 제한적이었음은 곧 당시 신라사회에서 그것이 왕족들의 지위를 장엄해주는 대표적인 위세품이었음을 말한다. 금관 대륜 위에는 수지형과 녹각형의 입식 5개가 덧붙여져 있다. 시간의 흐름에 따라 나뭇가지 모양 입식의 형태와 곡옥 및 영락의 수량이 변화하기도 하며 대륜과 입식에 새겨진 무늬 또한 한결 복잡해진다.

신라에 황금문화가 도입된 지 약 1세기가 지나는 시점에 이르면, 절정에 오른 안목과 공예기술이 합쳐지면서 최고조의 장식품이 만들어지게 된다. 바로 보문동합장분 석실 출토 이식이 그것이다. 절정기에 오른 신라의 금속 장신구 문화는 그 이후로는 더 이상 화려하게 꽃피지 못하였다. 6세기 무렵 신라사회는 불교공인 등 마치 큰 소용돌이와도 같은 급격한 변화를 겪었으며 그 과정에서 아주 큰 무덤과 각종 황금장신구가 차츰 만들어지지 않게 되었다.

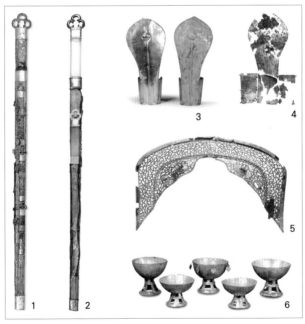

도5. 적석목곽묘 출토 귀금속제 유물(1·3·5.황남대총 남분, 2·4.천마총, 6.황남대총 북분)

신라의 황금문화에는 장신구뿐만 아니라 장식무기와 마구도 포함된다. 장식무기 가운데 대도는 주로 남성의 소유물품이었고 외형이나 제작기법에서 신라적 특색이 현저하게 드러나 있다. 황남대총 남분 주인공의 패용도에 주목해보면, 신라의 장식대도는 무기로서의 기능보다는 의장도로서의 성격이 강함을 알 수 있다. 장식마구 가운데 안장은 소유가 매우 제한적이었고 소유자가 가졌던 생전의 사회적 지위를 잘 보여주는 물품이다. 황남대총 남분 출토품처럼 비단벌레[옥충] 날개를 부착하여 장식성을 배가시키기도 하였고 계림로 14호묘 출토품처럼 금입사(金入絲)로 용문을 표현한 사례도 있다. 신라의 장식무기와 마구 문화는 기본적으로 전연·고구려의 영향을 받아 시작되었지만 황남대총 남분이 축조되는 시점에 이르면 신라적 색채가 현저하게 드러나고 소유층이 넓어진다. 이후 적석목곽묘가 사라지고 횡혈식석실묘가 신 묘제로 채용되는 시점에 이르면 무덤에는 장식무기와 마구가 더 이상 부장되지 않는다.

신라토기의 양식 확산

한국 역사고고학의 오랜 숙제 가운데 하나는 고고학 자료를 근거로 신라와 가야의 영역을 어떻게 나누어볼 수 있을까 하는 점이다. 이와 관련해 현재 영남지방의 삼국시대 유적에서 출토되는 토기 가운데 어떤 것까지 '신라토기'의 범주에 넣을 수 있을지, 혹은 어떤 토기를 '가야토기'로 분류해야 할지 논란이 계속되고 있다. 사실 이 같은 논란이 생겨난 이유는 문헌 기록 연구로 정립된 신라와 가야의 개념이나 성격에 대해 고고학자들의 이해가 부족하기 때문이지만 한편으로 서로 구분되어 나타나는 토기양식 분포권들을 과연 정치적 영역과 관련지어 해석할 수 있을지에 대한 학자들의 견해차 때문이기도 하다.

원론적으로 말하면 신라토기란 문헌기록에서 신라가 건국되었다는 서기전 1세기부터 신라가 멸망한 10세기 초까지 약 천년 동안 존재한 토기를 말한다. 그렇지만 『삼국사기』 초기 기록을 그대로 믿지 않는 연구자들은 신라의 건국 기년을 늦추어보기도 하므로 신라의 기점을 고정하기는 쉽지 않다. 그런데 그간의 영남지방 원삼국~삼국토기에 대한 연구 성과에 따르면 4세기의 이른 시점까지는 영남 전역의 토기가 지역별로 구분이 되지는 않는다. 그러다가 5세기를 전후해 대략 낙동강을 경계로 크게 양식이 양분되어 신라토기와 가야토기를 설정할 수 있으며 그 이후의 토기에서는 신라토기와 가야토기의 특징이 잘 드러난다.

신라토기의 공간적 범위에 대해 살펴보면, 학계에서는 오랫동안 신라토기를 연구하면서 경주지역 신라묘 출토품으로 한정해 연구를 진행하는 가운데 그 외 지역의 토기는 별다른 근거 없이 가야토기의 범주에 넣어버리기도 하였다. 그러나 최근에 이르러서는 문헌사에서 말하는 마립간기 신라의 정치적 영역 내에 존재했던 모든 지역의 토기를 신라토기로 규정하고 있다. 또 경주토기는 이런 신라토기 문화 가운데 중심적 지위를 가지고 양식 변화를 선도하며, 지방의 토기는 앞 시기의 기술적 토대 위에서 경주 토기의 양식 변화를 수용하는 식으로 변화한다고 본다. 그리하여 늦어도 5세기 이후 낙동강을 경계로 그 이동 지역에서는 신라양식의 토기문화가, 그리고 이서 지역에서는 가야양식의 토기문화가 확립된다. 이 두 양식 안에는 다시 몇 개씩의 지역적 특색을 지닌 이른바 소양식이 존재하는데, 신라의 경우 현재의 광역시나 군 정도의 규모에서 지역적 토기문화가 보인다. 대표적인 예는 창녕, 성주, 의성 등이다.

신라양식 토기의 특징은 경주 토기에 잘 표현되어 있다. 경주에서 만들어진 토기는 지방에서 제작된 토기와는 비교가 되지 않을 정도로 능숙한 솜씨가 베풀어졌다. 특히 황남대총 남분 출토품에서 볼 수 있듯이 토기 전면에 걸쳐 화려한 무늬가 새겨지고 마치 기계로 찍어낸 듯 상당히 균일한 두께와 높이, 무늬를 지녔다. 이는 대량의 토기 수요에 맞추어 전업 장인들이 집단적으로 조업하였기에 가능한 일이다.

이 시기 무덤에 부장된 토기는 일정한 종류가 있는데 고배, 장경호, 단경호, 개배, 연질옹이 거의 빠지지 않으며 고총에서는 대부분 기대가 출토된다. 경주에서 그간 확인된 토기가마터로는 경주 분지 남서쪽의 망성리요지, 동북쪽의 물천리요지가 대표적이다. 특히 물천리를 비롯한 천북면 일대에는 대규모 토기 및 후대 기와 가마터들이 집중되어 있다.

신라 토기 가운데 가장 특이한 존재는 토우(土偶)이다. 토우에는 신라인들의 일상, 그리고 그들이 소망했던 여러 가지 일들이 익살스럽게 표현되어 있다. 춤추고 노래하는 사람, 가야금을 타는 여인, 성행위를 하는 남녀, 출산하는 여인, 죽음을 애도하는 여인의 모습 등이다. 비록 가벼운 손놀림으로 흙을 빚어 만든 자그마한 장식품이지만, 표현에 힘이 있으며 신라인의 희노애락이 고스란히 담겨 있다. 토우 가운데 중요한 자료는 1925년 경주 황남동에서 흙 채취 공사를 하다가 발견되었다. 논바닥 깊숙이 숨어있던 신라의 작은 석곽묘가 파괴되면서 안에서 나신(裸身)으로 서로 부둥켜안고 있는 토우가 여러 점 출토되었다. 이후의 발굴조사에서도 토우가 여러 점 출토되었는데, 대표적인 예가 경주 대릉원 내 황남대총 부근에서 출토된 토우부 장경호이다.

마립간기 무덤에서는 토우 이외에 상형토기(象形土器)도 간혹 출토된다. 토우가 대개 토기에 부착된 형태로 제작된 데 비해 상형토기는 단독품으로 만들어졌다. 인물 그리고 특히 말 같은 동물과 더불어 각종 기물을 아주 사실적으로 표현한 것들이다. 그래서 당시의 마장 풍습이나 복식 등을 연구하는 데 귀중한 자료가 된다. 이밖에 토기 표면에 선각으로 말 등의 동물을 표현한 예들도 있는데 이 또한 거의 모두 왕경 무덤 출토품이다.

도6. 황남대총 출토 토기류(1~4·6·7.남분, 5·8.북분)

왕족의 외래품 독점

적석목곽묘에서는 외래유물이 종종 출토된다. 주변국 물품뿐만 아니라 일본, 중국, 그리고 멀리 서역산 물품도 포함되어 있다. 외래유물의 수입 계기에 대해서는 다양한 해석이 가능하다. 주민 이주의 산물로 보기도 하고 교류나 교역의 결과물로 이해하기도 한다. 어떤 해석을 따르더라도 외래유물은 신라의 대외교류를 잘 보여주는 증거이며 신라의 성장 및 국제화 과정을 웅변하는 자료가 된다.

외래유물 가운데 우선 눈에 띄는 것은 중국으로부터 수입한 물품이다. 황남대총 남분과 북분에서 출토된 동진~유송(劉宋)시기에 제작된 동경, 울두, 흑유반구소호가 그에 해당한다. 신라로 전해진 계기는 분명하지 않으나 같은 시기의 백제유적에서 위진남북조시대의 중국 물품이 다량 출토된 점, 그리고 433년 이후 신라와 백제가 소위 '나제동맹(羅濟同盟)' 관계에 있었음을 고려

도7. 적석목곽묘 출토 외래품(1·8.황남대총 남분, 2·3·7.황남대총 북분, 4.계림로 14호묘, 5.금령총, 6.천마총)

한다면 백제를 경유하여 신라에 전해진 것으로 볼 수 있다.

고구려에서 제작된 것도 있고 고구려의 영향을 받아 신라에서 제작한 것도 다수 존재한다. 많이 알려진 호우총 청동합, 서봉총 은합, 금관총 동제사이호는 고구려산 완제품일 가능성이 있다. 황남대총 북분 출토 태환이식은 집안 마선구 1호분 출토품과 유사한 것으로 고구려산 완제품이 전해진 사례이다. 적석목곽묘 축조기의 신라문화 속에 고구려적인 요소가 풍부한 이유는 4세기 후반 이후의 고구려와 신라가 우호적인 관계를 유지한 점에서 찾아볼 수 있을 것이다. 이후 두 나라의 우호관계는 5세기 중엽까지 지속된다. 이 기간 동안 고구려의 공예품이 경주로 다수 이입되었을 것이다.

백제와 가야는 신라와 밀접한 관계를 유지했음에도 불구하고 적석목곽묘에서 이 두 나라산 물품이 출토되는 사례가 매우 적다. 두 나라와의 외교관계가 한결같지는 않았지만 고구려의 남진에는 공동보조를 취하며 대처하기도 했고 국가적인 혼사를 성사시키기도 했다. 그 과정에 당연히 문물 교류가 수반되었을 것이다. 그러나 백제에서 전해진 물품은 식리총 금동식리, 가야에서 전해진 물품으로는 식리총 대도와 호우총 대도가 있을 뿐이다.

적석목곽묘 출토 외래유물 가운데 특이한 사례는 서역계 유물이다. 계림로 14호묘 장식보검은 중앙아시아에서 제작되었을 가능성이 있고 대롱불기법으로 제작한 유리용기는 시리아-팔레스티니안 지역의 어느 곳에서 만들어졌을 것이다. 이 유물의 반입계기를 둘러싸고 주민이동설이 제기되기도 했지만 교역이나 교류의 산물로 보는 것이 더욱 타당할 것 같다.

그밖에 신라와 왜의 교류양상을 파악할 수 있는 자료는 매우 적다. 아마도 400년의 국제전에서 알 수 있듯이 평화보다는 갈등의 기간이 길었기 때문일 것이다. 금령총 출토 동경이 현재까지는 유일한 자료이다.

이처럼 신라유적에서는 고구려, 백제, 가야, 중국, 왜 등 주변국에서 제작된 물품뿐만 아니라 멀리 서역으로부터 전해진 물품도 출토되었다. 그 계보는 시기별로 다소 차이가 있다. 적석목곽묘 출토 금속공예품 가운데는 당시 외교적으로 밀접한 관계를 유지하고 있던 고구려에서 기원한 것이 많다. 그런데 외교관계란 늘 가변적이었기 때문에 백제, 가야, 왜와의 관계가 개선되는 과정에서 최고급의 공예품 입수가 가능했고 그것은 신라문화를 발전시키는 토대로 작용하였다.

적석목곽묘는 신라사 전 시기에 걸쳐 조영된 것은 아니며 5세기를 전후한 시기부터 약 150여 년간 유행한 마립간기 신라 왕경인의 표지적 묘제였다. 무덤의 기본 구조는 앞 시기 목곽묘의 전통을 잇고 있지만 무덤을 구성하는 여러 요소로 보아 목곽묘와는 확연히 구별되는 새로운 묘제라 할 수 있다. 이 무덤 속에는 신라적 색채가 현저한 각종 물품이 묻힌다. 이와 같은 신라 스타일은 황금장식에서 전형을 볼 수 있다. 특히 출자형 입식을 갖춘 금관은 세계 그 어느 곳에서도 찾아볼 수 없는 신라만의 독특한 의장이다.

경주 들판에 조성되던 적석목곽묘도 6세기 중엽에 가까워지면서 차츰 자취를 감추게 되고 그에 대신하여 경주 외곽 산등성이마다 석실묘가 만들어진다. 황금장식 역시 비슷한 시점이 되면 더 이상 무덤에 묻히지 않게 된다. 중고기가 시작된 이후 머지않아 신라사회는 급격한 사회변화를 겪게 되며 그 와중에 죽음과 무덤에 대한 신라인들의 생각이 바뀌게 되는 것 같다. 국가에서도 사회분위기를 일신하고자 했으며 그 과정에서 적석목곽묘와 같은 큰 무덤과 각종 황금장식이 차츰 사라지게 된 것으로 이해할 수 있다.

이처럼 지금도 경주 시내 곳곳에 마치 동산처럼 우뚝 솟아 있는 적석목곽묘는 화석화된 옛 무덤이 아니며, 그것은 곧 마립간기 신라의 정치와 문화를 고스란히 담고 있는 타임캡슐이자 현대에도 미래에도 여전한 생명력을 가지게 될 살아있는 역사 그 자체라 하겠다.

제2장
마립간기 이후의 복식품

마립간기의 복식 기록

마립간기의 복식에 대한 기록은 『삼국사기』뿐만 아니라 중국 사서에도 없다. 신라는 4세기 후반에 이르러 전진으로 사신을 보낸 바 있으나 그 후 대중견사가 이어지지 않았다. 그리고 남조와의 외교관계는 여전히 수립되지 않은 상태였다. 『양서』에 '양 보통 2년인 521년에 신라 법흥왕이 처음으로 사신을 보냈는데 백제 사신을 따라와 방물을 봉헌했다.'[1]라는 기록이 당시의 사정을 보여준다.

『주서』에는 고구려에 대해 '벼슬이 있는 사람은 관 위에 새의 깃 2개를 꽂아 뚜렷하게 차이를 나타낸다.'[2]라고, 백제에 대해 '조회나 제사지낼 때는 관의 양쪽 곁에 새의 깃을 덧달았다.'[3]라고 기록했다. 『수서』에는 '신라의 의복

---

1) 『梁書』東夷傳 新羅, '普通二年 王姓募名秦始使 使隨百濟 奉獻方物'
2) 『周書』東夷傳 高句麗, '又揷二鳥羽於其上 以顯異之'
3) 『周書』東夷傳 百濟, '若朝拜祭祀 其冠兩廂加翅'

이 고구려나 백제와 유사하다.'고 한다. 『주서』와 『수서』의 기록이 마립간기의 사정을 보여주는 것인지 의문이 있을 수 있지만 실제 유물에서 조우관이 확인되므로 마립간기까지 소급시켜볼 수 있다. 결국 이 시기의 신라 남성은 중요한 행사에서 조우관(鳥羽冠)을 썼을 가능성이 있다.

그밖에 충주고구려비의 기록이 주목된다. 즉, 충주고구려비의 전면(前面)에 '매금의 의복을 내리고 … 제위에게 교하여 상하의 의복을 내려주었다.'[4]라는 문장이 새겨져 있다. 충주고구려비의 건비연대에 대해 5세기 전반설과 후반설이 있으나 어느 것을 받아들이더라도 이 기록은 신라와 고구려 사이의 상하관계를 잘 보여준다.[5] 고구려 태자가 신라왕과 그 수종자에게 의복을 하사하는 모습을 표현하고 있는데, 이 비문에서 고구려는 중국왕조 특히 북위가 고구려에 하사했던 것처럼 신라의 지배층에게 의복을 사여하였다. 여기서의 의복은 일상복이 아니라 고구려의 관복일 것이다(노태돈 1988).

금속제 관

신라의 관은 재질에 따라 금관, 금동관, 은관, 동관으로 나뉘며 대륜의 유무 등 형태에 따라 대관과 모관으로 구분할 수 있다(함순섭 2001). 이 가운데 은관은 초기에, 동관은 말기에 일부 보이므로 전형적인 신라 관은 금관과 금동관이라 할 수 있다.

현재까지 발굴된 금관은 황남대총 북분, 금관총, 서봉총, 금령총, 천마총 출토품 등 5점이다(도8).[6] 관의 맨 아래쪽에 대륜이 둥글게 돌려져 있고 그 위

---

4) 『忠州高句麗碑』, '賜寐錦之衣服 … 教諸位賜上下衣服'
5) 이 기록의 중요성에 대해 저자가 인식하게 된 계기는 1994년 현 삼강문화재연구원 최종규 원장님의 교시에 의한 것이었음을 밝혀두고자 한다.
6) 이외에도 경주 교동 출토로 전하는 금관 1점이 알려져 있다. 경찰의 발표에 따르면 이

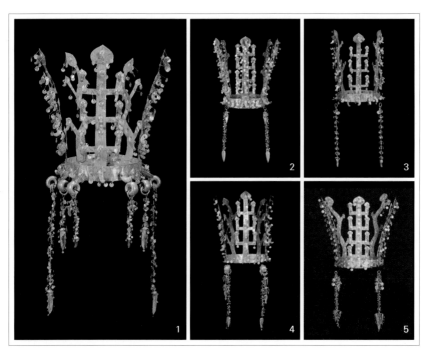

도8. 발굴된 신라 금관(1.황남대총 북분, 2.천마총, 3.금관총, 4.서봉총, 5.금령총)

에는 수지형과 녹각형 입식을 덧붙인 전형적인 형태이다. 금관에 표현된 장식들은 천상과 지상을 잇는 매개체로서의 나무와 사슴을 상징화한 것으로 보인다. 5점의 신라 금관이 지닌 특징을 소개하면 다음과 같다.

첫째, 황남대총 북분 금관이다. 황남대총은 두 무덤이 서로 잇대어져 있는데 길이는 120여 m에 달한다. 그중 남분에서는 금동관과 은관이 출토되었고, 조금 늦은 시기에 만들어진 북분에서는 금관이 원형을 유지한 채 출토되었다. 현재까지 출토된 '출(出)'자형 입식을 갖춘 금관 가운데 가장 오래된 것이다.

금관은 1969년에 경주 교동 76번지에서 도굴된 것이라고 하며 1972년 12월에 공개되었다.

이 금관은 3개의 수지형 장식과 2개의 녹각형 장식을 갖추었다. 대륜과 입식의 고정에는 금못 3개가 사용되었는데 ∴모양으로 배치되었다. 대륜 상하의 가장자리에 2줄의 점열문과 파상문이 새겨져 있고 그 가운데에 곡옥이 달려 있다. 입식의 곁가지는 3단이며 각 단마다 5개씩의 곡옥이 달려 있다. 대륜에 6개의 태환수식이 드리워진 채 출토되었다.

둘째, 금관총 금관이다. 이 금관은 대륜 위에 3개의 수지형 입식과 2개의 녹각형 입식을 덧붙인 전형적인 모습이며 수지형 입식의 곁가지는 3단으로 황남대총 북분 및 서봉총 금관과 같다. 대륜에는 상하 가장자리에 송곳 같은 도구로 찍어내어 2줄의 점열문과 1줄의 파상문을 베풀었다. 중앙에는 둥근 볼록 장식을 줄 지어 표현하고 곡옥과 영락을 매달았다. 입식 중 수지형 장식은 줄기가 넓고 크며 곁가지가 작은 편이어서 천마총 금관보다 고식의 특징을 보여준다.

셋째, 서봉총 금관이다. 서봉총은 정식으로 발굴 조사되었기 때문에 유물의 출토 정보를 비교적 정확히 파악할 수 있었다. 먼저 머리 쪽에서는 곡옥과 영락을 가득 장식한 금관이, 허리춤에서는 각종의 장식이 화려하게 달린 순금대금구가 출토되었다.

그중 단연 주목되는 것이 금관이다. 금관은 대륜에 3개의 수지형 입식과 2개의 녹각형 입식을 부착한 점은 황남대총 북분이나 금관총 금관과 같지만 특이하게도 내면에 길쭉한 금판을 십자형으로 교차시켜 모자 모양의 골격을 만들고 그 위에 3가닥의 나뭇가지 모양과 나뭇가지의 끝에 3마리의 새 장식을 가미한 점이 특이하다.

대륜의 상하 가장자리에는 송곳 모양의 도구로 찍어낸 점열문과 파상문이 베풀어져 있는데, 이 문양은 금관총 출토품과 같다. 그러나 둥근 볼록 장식이 2줄인 점은 황남대총 북분이나 금관총의 1줄보다는 늦고 천마총 금관의 3줄보다는 빠른 요소이다. 좌우에는 태환에 길쭉한 코일(coil) 모양의 중간식과 펜촉 모양 수하식을 이어 붙인 수식을 매달았다.

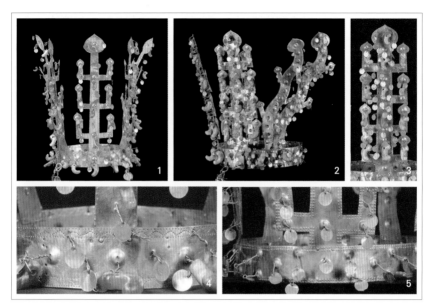

도9. 신라 금관의 세부(1·4.금관총, 2·3.천마총, 5.금령총)

넷째, 금령총 금관이다. 금령총에서 출토된 장신구는 모두 크기가 작은데 특히 금관도 지름이 16.5cm에 불과하다. 대륜에 3개의 수지형 입식과 2개의 녹각형 입식을 부착한 점은 여타 금관과 같으나 곡옥이 없고[7] 크기가 작은 점이 특징적이다.

대륜에는 상하 가장자리를 따라가면서 2줄의 점열문과 둥근 볼록 장식이 베풀어져 있다. 대륜의 내면에 덧대어 앞쪽에 3개의 수지형 입식을, 뒷면에는 2개의 녹각형 입식을 덧대고 금 못 2개를 ‥모양으로 박아 고정하였다. 수지

---

7) 신라 금관 가운데 금령총 금관만 곡옥이 장식되어 있지 않다. 그 이유에 대하여 무덤 주인공이 후사가 없었기 때문이라고 보면서 소지왕으로 특정하는 견해가 있다. 그러나 금령총은 봉황대의 배묘이며 관의 소유자가 왕자일 가능성이 있어 소지왕릉으로 보기는 어려울 것 같다.

형 입식의 곁가지는 4단인데, 이 점은 천마총 금관을 비롯한 6~7세기 금동관의 특징과 같다. 입식의 가장자리에도 2줄의 점열문이 베풀어져 있고 둥근 볼록 장식과 영락이 장식되어 있다. 녹각형 입식 중 일부분을 별도로 만들어 못으로 접합하였는데 이 금관만의 특징적인 모습이다. 이 금관도 출토될 당시에는 입식의 윗부분이 가운데로 모여 있어 고깔과 같은 모습이었으며 피장자의 턱 부근까지 대륜이 내려와 있었다. 이 금관은 천마총 금관과 더불어 금관 가운데 마지막 단계의 것으로 볼 수 있다.

다섯째, 천마총 금관이다. 신라의 금관 중 금관총 출토품이 가장 정제된 것이라면 천마총 금관은 가장 화려한 것이다. 전면에 걸쳐 곡옥과 영락이 가득 달려 있다. 넓은 대륜에 3개의 수지형 입식과 2개의 녹각형 입식을 접합한 것이다.

대륜에는 상하의 가장자리에 2줄씩의 점열문과 파상문이 장식되어 있는데 파상문 사이에는 둥근 무늬를 찍어 표현하였다. 영락은 금령총과 마찬가지로 3줄이며 수지형 입식의 작은 가지도 4단이며 각 단마다 곡옥과 영락이 매달려 있다. 작은 가지의 좌우가 90도에 가깝게 각지며 입식의 가장자리에도 2줄의 점열문이 베풀어져 있다. 앞쪽에는 세환에 코일 모양의 중간식과 펜촉 모양의 수하식을 매달았다.

이상 5점의 금관은 다음과 같은 공통점과 차이점을 보여준다. 공통점으로는 대륜 위에 수지형 장식 3개, 녹각형 장식 2개 등 모두 5개의 입식을 덧붙여 못으로 고정한 점을 들 수 있다. 또한 둥글게 말은 대륜 끝(후면에 위치)에 각각 둥근 구멍이 뚫려 있으며 못이나 금속선으로 고정되어 있지 않다. 금동관 가운데는 금속선이나 못으로 고정한 예가 있어 금관과는 양상이 다소 다르다. 금관의 경우는 아마도 가죽이나 끈으로 연결하였으나 썩어 없어진 것 같다.

차이점으로는 수지형 장식의 형태가 조금씩 다르다는 점을 우선 주목할 수 있다. 황남대총 북분, 금관총, 서봉총 금관은 산자형 곁가지가 3단이지만 금령총이나 천마총 금관은 4단이다. 이러한 도안의 차이는 아마도 금관 제작의 시기 차를 반영해주는 것으로 여겨진다. 뿐만 아니라 영락이나 곡옥의 수량과 금판에 베풀어진 무늬도 다른데 이 또한 금관이 유행하던 시기마다 세부적인 양식차가 존재함을 보여주는 것이며 그 변화는 간단한 것에서 복잡, 화려해지는 방향이었던 것으로 상정해볼 수 있다. 그리고 5점의 금관 가운데 유독 금령총 금관에만 곡옥이 달려있지 않으며 녹각형 장식 역시 1매의 금속판으로 만들지 않고 세부 장식을 별도로 만들어 붙였다는 점이 특이하다.

이처럼 5점의 신라금관은 세부적인 측면에서 차이는 있지만 주변국의 관까지 시야에 넣어서 살펴보면 매우 정형화된 특징을 공유하는 것으로 이해할 수 있다.

금동관은 경주의 왕족, 귀족묘 뿐만 아니라 지방 소재 수장급 인물의 무덤에서도 많이 출토된다. 신라 금동관의 외형은 금관과 대동소이하지만 수지형 입식 3개만을 갖춘 것, 수지형 입식 3개와 녹각형 입식 2개를 함께 갖춘 것으로 구분된다.

금동관의 여러 특징 가운데 시간의 변화를 반영하는 것은 수지형 입식 곁가지의 각도와 녹각형 입식의 유무 등이다. 금동관 가운데 초현기의 자료로는 의성 탑리고분 I 곽과 부산 복천동 10·11호분 출토품을 들 수 있다. 복천동 금동관은 입식의 곁가지 모양이 다른 금동관보다 고식으로 생각된다. 즉, 가장 늦은 금동관의 곁가지는 직각에 가까운데, 이 관은 나뭇가지에 더욱 가깝기 때문이다. 특히 입식 꼭대기에는 삼엽문이 투조로 표현되어 있다. 이러한 장식은 요령성박물관 소장 전 집안 출토 고구려 금동관식과 비교해볼 수 있다. 의성 탑리고분 I 곽 출토품은 수지형의 입식을 갖추고 있지는 않으나 입식의 가장자리에 우모형 장식(박보현 1995)이 베풀어져 있어 역시 고구려 관의 영향을 받아 제작된 것으로 추정할 수 있는 자료이다.

금동관 가운데 녹각형 장식이 표현된 것은 드문 편이다. 대구 달성 37호분 1실과 양산 부부총, 양산 금조총 출토품 등 일부에 한정되며 금동관 가운데

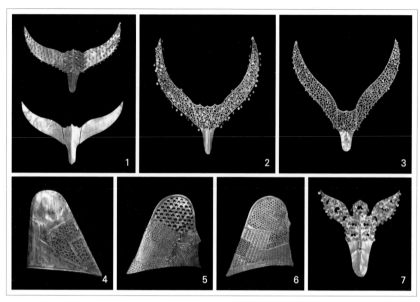

도10. 신라 모관(1·4.황남대총 남분, 2·5.금관총, 3·6·7.천마총)

상대적으로 늦은 시기의 자료이다. 이로 보면 경주 또한 마찬가지인데 초기 금동관에는 녹각형 장식이 없는 경우가 많다가 차츰 녹각형 장식이 많아지는 쪽으로 변화한 것으로 추정할 수 있다. 다만 같은 시기의 금동관 가운데도 녹각형 장식이 있는 것과 없는 것이 있다고 생각되는데 이것은 동 시기 금동관의 격, 아마도 소유자의 사회적 지위와도 관련될 것 같다.

금동관 가운데 곡옥이 부착된 것은 황남대총 남분 피장자 유해부에 출토된 것이 유일하며 여타 금동관에는 곡옥이 부착되어 있지 않고 대신 영락만이 장식된다. 금동관의 출토 위치를 살펴보면 경주와 지방이 다름을 확인할 수 있다. 경주의 금동관은 주로 성인 남성의 머리 쪽에서 출토됨에 비하여 지방은 다양한 출토양상을 보여준다. 즉, 의성 탑리 I 곽이나 양산 금조총처럼 머리 쪽에서 출토되는 경우도 있으나 이와는 다른 모습을 보이는 경우도 많다. 임당 EⅢ-8호분처럼 목관 위에 순장된 여인의 골반에 덮인 채 출토된 예도 있다. 이 경우 원래는 목곽 상부에 부장했던 것으로 추정하고 있다. 이외에 부산 복천동 금동관은 바닥에 정치된 채로, 대구 달성 37호분 1실이나 양산 부부총처럼 관위에 부장했을 가능성이 있는 곳도 있다.

신라묘에서 출토되는 관 가운데 금관과는 형태적으로 다른 사례가 있다. 그것을 통상 모관이라 부른다. 이 관으로는 금·은·금동·백화수피제가 있다. 모관을 구성하는 관모와 관식 가운데 모의 경우 백화수피제가 가장 많고 금·금동과 은제품도 일부 있다. 관모에 끼워지는 관식의 경우 경주에서는 금·금동·은제가 있으나 지방의 경우 은이 대부분이고 일부 금동제품이 있다.

황남대총 남분과 양산부부총 남성의 관모에는 관식이 끼워진 채 출토되었고, 대구 달성 34호분, 37호분 2실, 양산 부부총 부인의 관은 각각 백화수피 관모에 은제 조익형 관식이 결합되어 있다. 즉, 천마총 금관모처럼 금제 조익형 관식을 끼워넣기 어려운 것도 있지만, 원래는 관모에 관식을 착장하는 것이 기본이었던 것 같다.

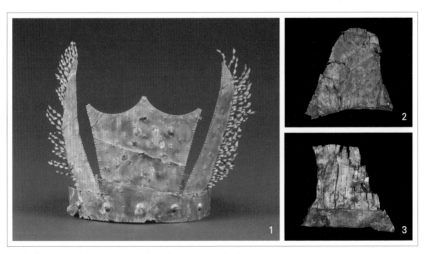

도11. 신라 은관(1.황남대총 남분) 및 백화수피제 관모(2·3.천마총)

무덤에서 출토되는 백화수피관은 형태에 따라 2가지로 나뉜다. 황남대총 남분과 북분에서는 위가 둥근 원정형(圓頂形)만 출토되었으나 금관총과 금령총, 천마총에서는 원정형과 함께 윗면이 수평면을 이루는 방정형(方頂形)이 조합을 이룬다. 방정형의 경우 모자의 형태가 더 곡선적이며 아래쪽 가장자리에 대륜 모양의 테두리를 덧대어 만들었다. 그리고 황남대총 남분이나 금령총의 관모 표면에는 무늬가 그려져 있고, 황남대총 남분 출토품의 경우 표면에 붉은 색 직물 흔적이 남아 있으며 전립식(前立飾)으로 장방형의 투조판이 사용된 예가 있다.

관모와 관식이 조합을 이루는 경우도 있고 단독으로 출토되는 경우도 있으나 원래는 조합되는 것이 기본이었던 것 같다. 금제품은 금관총과 천마총에 한정되며 은제와 금동제품은 지방에도 넓게 분포한다. 형태적으로 보면 조익형을 띠는 것이 많다. 조익형 관식의 변화상은 금관식에서 살펴볼 수 있다. 황남대총 남분과 금관총 금관식은 중앙 상부의 돌출부가 5개이고 천마총 금관식은 3개이다. 대체로 돌출부가 5개인 것이 3개인 것에 비하여 고식으로 보인다. 그리고 투조한 것과 투조하지 않은 것은 공존하지만 투조한 것이 더 늦은 시기에 등장한다.

이식

초현기의 신라 이식은 고구려 이식을 모델로 제작되었다. 주환의 굵기에 따라 태환이식과 세환이식으로 구분되며 이 가운데 태환이식은 종류가 단순한 편임에 비하여 세환이식은 여러 종류의 이식이 공존한다(주경미 1997).

태환은 도넛 모양인데 속이 비어 있다. 태환의 표면에는 접합선이 관찰된다. 즉, 단면 반원형의 금판 2매를 땜으로 접합하여 만든 것임을 알 수 있다. 황남대총 북분 단계에 이르면 태환이 커지면서 태환의 제작에 사용하는 금속

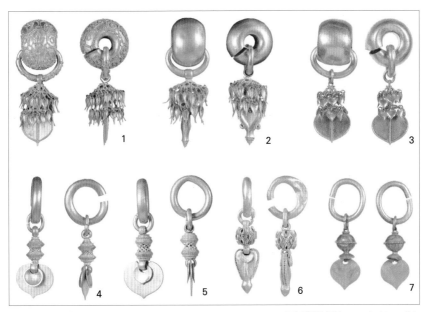

도12. 신라 태환이식(1.보문동 합장분 석실묘, 2.황오동 52호분, 3.서봉총)과 세환이식(4.보문리고분, 5.서봉
총 남분, 6.황오동 100번지 2호묘, 7.황남대총 남분)

판의 숫자도 늘어난다. 유물을 살펴보면 태환의 맨 바깥 쪽 측면의 중앙에 세
로로 접합선이 하나, 다시 환의 안쪽에 두 개의 선이 살펴지는 경우가 있다.
주로 왕족묘로 추정되는 대형 무덤 출토품이 해당된다. 이 경우는 단면이 반
원형으로 휜 금판 2매와 단면이 직선적인 금판 1매를 땜으로 접합하여 속 빈
고리를 만든 것이다. 대체로 이러한 태환이식은 태환의 양 끝에 동그란 금판
을 붙여 막았다. 그리고 열을 가할 때 태환접합부가 터지는 경우를 대비하여
자그마한 구멍을 뚫어 가스가 분출되도록 하였다.

태환이식과 세환이식을 막론하고 주환 아래에 유환을 거는 것이 보통이다.
이식이 길어보이도록 함과 동시에 중간식과 수하식의 유동성을 좋게 하는 기
능도 고려한 부품이다. 유환은 구리에 금판을 덧씌운 것이 많고 일부 순금제
품도 확인된다. 그런데 신라 이식의 절정기로 평가되는 6세기 전반의 태환이

식을 보면, 유환은 속이 비어 있는 것도 있고 아래로 늘어뜨려지는 중간부분이 배부른 모양으로 만들어진 것도 있다. 이식의 모든 요소를 최대한 화려하게 꾸미려는 의도에서 고안된 장식일 것이다.

신라 태환이식의 중간식은 매우 정형화되어 있다. 맨 위쪽에는 소환구체 1개를, 그 아래에는 구체의 윗부분만 제작한 반구체를 연접한 것이다. 고구려의 이식은 구체 1개를 끼워 중간식으로 삼았다는 점에서 차이가 있다.[8] 소환구체를 만드는 기법 또한 차이가 있다. 신라의 경우 대부분 12개의 소환을 접합하여 만들었는데 장식의 효과를 내기 위하여 구체의 상하에 동일한 크기의 소환을 1~2개 더 덧붙이는 경우가 많다. 그리고 상하의 소환이 대칭을 이루는 경우가 많고 상하 소환열의 중간에 각목대를 넣는다. 중간식의 기본 구조는 시간이 흐름에 따라, 혹은 이식의 격에 따라 약간의 다양성을 지닌다. 즉, 구체와 반구체 사이에 소환을 겹쳐 쌓거나 스프링처럼 감아서 만든 장식을 끼워 넣기도 한다. 고식의 이식은 구체와 반구체가 바로 연결되거나 2개 내외의 소환이 끼워 넣어졌으나 후기로 가면서 이식이 길어지는 경향과 더불어 구체 사이의 장식도 길어진다. 가장 긴 경우 금사를 7~8회 이상 감은 것도 있다.

이러한 변화와 궤를 같이 하는 것이 영락이다. 고대 이식 가운데 유독 영락이 많이 달린 것은 신라 태환이식이다. 황남대총 북분 단계 이후 본격적으로 장식되며 차츰 그 수량이 많아진다. 고구려 이식의 경우 영락이 부착된 예가 알려져 있지 않고 백제의 경우는 무령왕비 이식 정도가 손꼽힌다. 가야 역시 6세기 초의 이식에 몇 예가 있지만 영락이 장식된 예는 소수이다.

신라의 세환이식은 태환이식에 비하여 그 종류가 다양하다. 그렇지만 초기에 유행한 형식은 중간식이 소환구체나 입방체로 구성되어 있어 태환이식의 중간식과 유사함을 알 수 있다. 그런데 세환이식이 더 다양해지는 것은 5

---

8) 황남대총 북분 출토품처럼 구체 여러 개를 연결한 것도 있지만 예외적인 사례이다.

세기 후반 이후이다. 이 무렵이 되면 매우 작은 소환과 각목대 등을 조합하여 만든 원통형 장식이 중간식으로 이용되며 이후 6세기까지 지속적인 변화를 겪으며 제작된다. 이러한 유형의 이식이 신라 세환이식 가운데 가장 유행한 것이다. 그 외에 중간식 없이 사슬로 수하식을 매다는 간소한 형식도 등장한다. 신라 세환이식의 전성기는 6세기 전반으로 볼 수 있는데, 계란 모양의 공구체 표면에 좁은 금판과 금립을 붙여 무늬를 표현한 예도 있고 펼친그림이 십자 모양을 이루는 장식을 상하로 대칭되게 끼워 만든 이식도 유행한다. 원통체의 경우 상하로 여러 줄의 작은 고리를 연접시킨 예도 있는데 대체로 지방의 무덤에서 출토된다. 경우에 따라서는 금판을 둥글게 말아 끼우기도 하고 경주 노서동 138호분 이식처럼 호박을 끼워 넣기도 하였으며 나무 등 유기물로 장식한 예도 있다.

고대의 이식은 주환과 중간식, 수하식을 각기 만들어 이를 조합한 점이 특징이다. 그 때문에 반드시 연결금구가 필요한데 금사나 가늘고 좁은 금판을 활용하였다. 고구려 이식의 경우 금판이 이용되거나 혹은 연결금구 없이 유환과 중간식, 수하식을 땜으로 접합하여 연결하였음에 비하여 신라의 이식은 대부분 연결금구가 사용되었다. 초기에는 금사가, 5세기 후반 이후 금판이 주로 활용된다. 금판의 너비는 중간식을 구성하는 소환구체의 소환 직경보다 좁다. 이것은 고구려 이식과 다른 점이다. 신라의 소환구체는 정원형을 띠는 예가 많음에 비하여 고구려의 경우 횡타원형을 띠는 예도 있다. 금판으로 만든 연결금구는 두 종류가 있다. 하나는 금판 전체의 너비가 균일한 것이고 다른 하나는 아래쪽의 너비가 보다 넓은 것이다. 전자가 시기적으로 선행한다. 후자와 같은 연결금구가 개발된 것 또한 이식의 화려함을 강조하기 위한 고려로 보인다. 연결금구는 기본적으로 각 부분을 연결하는 용도를 가지고 있고 각 부품의 속으로 끼워지는 것이 보통이다. 다만 외부로 드러나는 것은 유환에 거는 부분과 수하식을 매다는 곳에 한정된다. 이처럼 드러나는 부분을 넓게 만들었던 것이다. 그런데 위와 아래 두 부분 모두를 넓게 만들면 중간식

속으로 끼워 넣을 수 없다. 그 때문에 수하식을 매다는 아래쪽만 넓게 만들었던 것이다. 다만 천마총이나 서봉총 남분, 보문리고분의 세환이식은 연결금구의 위쪽이 좁게 드러나는 것을 보완하기 위하여 별도로 만든 금판으로 표면을 감싸 장식하였다. 이러한 기법은 백제 무령왕의 이식에서도 확인된다. 태환이식의 경우 영락이 아래쪽으로 드리워져 수하식을 매다는 부분의 연결금구가 밖으로 드러나지 않는다. 이런 경우에는 아래쪽을 좁게 만들고 유환에 거는 부분을 넓게 만들기도 한다.

고대의 이식에 가장 흔하게 사용되는 수하식은 심엽형 장식이다. 그 가운데 신라적이라고 지적할 수 있는 것은 중간에 세로로 장식을 부가한 것이다. 가장 고식은 황남대총 남분 이식에서 찾아볼 수 있는데 절반을 접었다가 펴서 중간부분을 돌출시킨 것이다. 대구 달성 51호분 2곽 이식의 경우 끌을 이용하여 세로로 볼록한 장식을 두드려 장식하였다. 이후 이에 대신하여 각목대(刻目帶)를 부착한 예가 많아지며 6세기 중엽에 가까워지면서는 금 알갱이를 붙이거나 여러 줄의 각목대를 붙여 화려하게 꾸민 이식도 만들어진다.

6세기대 자료 가운데는 황오동 52호분(有光敎一·藤井和夫 2000, 주경미 2018)이나 창녕 계성Ⅱ지구 1호묘, 그리고 양산 금조총 태환이식처럼 외형이 펜촉 모양을 띠는 것도 있다. 이러한 수하식은 신라에서만 확인되는 것이며 가장 이른 시기의 자료는 황남대총 북분에서 보인다. 다만 북분 출토품 등 5세기 자료는 금판을 펜촉 모양으로 오린 다음 중간부분을 세로로 조금 접어 완성한 것임에 비하여 6세기 자료는 2매의 펜촉 모양 금판을 접합하여 중공(中空)의 장식을 만든 점에서 차이가 있다. 신라 이식 가운데는 금색에 청색의 유리가 덧붙여져 화려함을 배가시킨 예가 있다. 금령총이나 금관총, 서봉총, 그리고 창녕 계성Ⅱ지구 1호묘 출토품이 대표적이다. 중간식과 수하식에 유리옥을 끼워 넣거나 영락 표면에 칠보기법으로 유리를 녹여 붙여 장식한 것이 있다.

태환이식은 기본형이 정해져 있기 때문에 변화양상이 비교적 명확하다. 그 변화의 모습을 정리하면 다음과 같다. 첫째, 주환이 커진다. 황남대총 남분 이식과 보문리부부총 석실묘 이식 사이에는 크기에서 현격한 차이가 보이는데 소형에서 대형으로 변화한다. 둘째, 연결금구가 변한다. 초기에는 금사를 사용하다가 차츰 금판을 사용하기 시작한다. 금판은 좁은 것에서 넓은 것으로 변화한다. 셋째, 중간식의 구조와 길이가 변한다. 중간식을 구성하는 구체와 반구체 사이의 장식이 길어진다. 처음에는 구체와 반구체가 바로 붙어 있지만 차츰 그 사이에 금사를 여러 바퀴 감아 넣어 장식하게 되는데 그에 따라 길이가 길어진다. 넷째, 영락이 장식되는 부위가 넓어진다. 영락이 없는 것에서 중간식에만 있는 것으로, 다시 수하식까지 장식되는 것으로 그 범위가 넓어진다. 아울러 영락의 숫자도 늘어난다. 다섯째, 심엽형 수하식의 제작기법이 변화한다. 처음에는 장식 없는 판이 사용되는데, 중간에 타출로 돌대를 표현하는 단계를 거쳐 판 앞뒤에 세로로 돌대를 접착하는 방식으로 변화한다. 후기에는 테두리에 각목대와 금 알갱이 붙임장식이 추가된다. 태환이식에서 관찰되는 이러한 변화는 세환이식에서도 살펴진다. 초현기의 세환이식은 간소하다. 상하 길이가 짧고 영락장식이 없다. 이에 비하여 6세기 이식은 종류가 다양해지며 금립을 붙이거나 옥을 끼워 장식하는 예가 생겨난다.

대금구

대금구란 허리띠에 장식한 금속 부품을 말한다. 고대사회에서 허리띠는 매우 중요하게 생각되었던 듯하다. 이 때문인지 허리띠의 표면을 금은보화로 장식하였다. 당시 허리띠는 기능이 요즘처럼 바지나 치마를 고정하기 위한 것이라기보다는 관복을 장식하는 성격이 짙었다. 『삼국사기』 직관지를 보면 신라에서는 관위에 따라 허리띠는 재질과 색깔이 달랐음을 알 수 있다. 오랜 세월이 지나 유기물 허리띠는 썩어 없어졌고 대금구만이 출토되곤 한다.

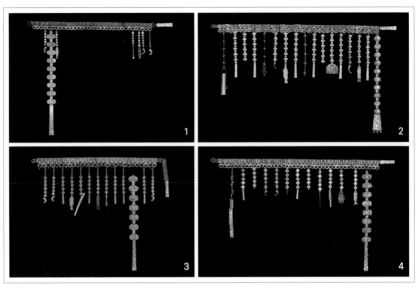

도13. 신라 금제 대금구(1.황남대총 남분, 2.금관총, 3.황남대총 북분, 4.천마총)

신라의 대금구 가운데 적석목곽묘 출토품의 과판에는 삼엽문이 표현된 예가 많다(윤선희 1987, 박보현 1991). 현재까지의 자료로 보면 경주 황오동 14호분 1곽 출토품이 가장 오래된 것이다. 은제품이며 위에는 혁대에 부착하는 네모난 장식이 있고 그 아래에 심엽형 장식이 매달려 있다. 네모난 판에는 좌우대칭의 무늬가 베풀어져 있고 가운데에 삼엽문이 표현되어 있으며 9개의 못을 박아 혁대에 고정하고 있다.

이에 후속하는 자료는 황남대총 남분 출토품이다. 이 무덤에서는 모두 6점 이상의 대금구가 출토되었다. 과판에 베풀어진 무늬를 기준으로 보면 용문과 삼엽문 계열로 대별할 수 있다. 용문을 표현한 경우 2점은 은제품이고 1점은 금동제품이다. 이중 은제품은 과판에 매우 형식화된 용문이 표현되어 있고, 금동제품의 경우 내부에는 용문이, 가장자리에는 파상점열문이 베풀어져 있다. 이 무덤의 가장 전형적인 대금구는 주인공이 착장하고 있던 금제품이다. 그간 신라에서 출토된 6점의 금대금구 가운데 가장 오래된 것이다. 특이한 점은 교구가 2개라는 점이다.

그간의 발굴조사에서 5세기를 전후한 시기에 축조된 것으로 추정되는 황남동 109호분 3·4곽이나 월성로 가-13호분에서는 대금구가 출토되지 않았다. 대신 그보다 늦은 시기에 축조된 것으로 보이는 황오동 14호분 1곽이나 황남대총 남분에서는 출토되고 있다. 앞으로 이 시기의 자료가 더욱 보강되어야 하겠지만 지금 추정대로라면 신라에 금속제 대금구가 처음으로 출현하는 것은 5세기 전반의 어느 시점이 아닐까 한다.

금제품은 황남대총 남분과 북분, 금관총, 서봉총, 금령총, 천마총 등 경주 소재 적석목곽묘 6기에서 출토되었다. 이중 황남대총 남분을 제외하면 모두 금관과 함께 출토되었다. 금관은 왕만이 소유한 것이 아니라 왕과 그 일족이

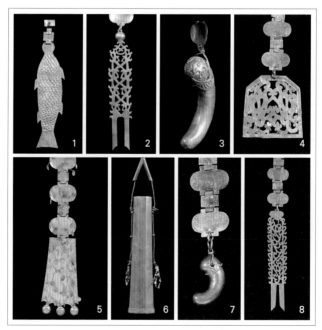

도14. 신라 대금구의 요패(1~3·5·6.금관총, 4·7·8.서봉총)

제한적으로 소유한 물품이었는데 대금구 역시 마찬가지였을 것으로 추정된다. 황남대총 남분과 금관총, 천마총, 금령총에서는 남성 소유물로 추정되는 환두대도와 함께 나왔다. 그러나 황남대총 북분이나 서봉총 등 여성묘로 추정되는 무덤에서도 금대금구가 출토되고 있어 금관과 마찬가지로 소유에 있어서는 성별의 구별이 없었음을 알 수 있다.

금동제품은 매우 적은 편이다. 그간 황남대총 남분, 금관총에서 출토되었을 뿐이다. 경주를 벗어난 지방에서는 의성 탑리고분Ⅰ·Ⅲ곽 출토품과 칠곡 구암동 56호분, 경산 임당 5D1·7D호분 출토품이 알려져 있다. 이중 황남대총 남분 출토품은 교구가 D자형이고, 용문을 베푼 과판 2종류가 교대로 배열되어 있다. 특히 과판 가장자리에 점열문과 파상문이 베풀어져 있으며 뒷면에 비단벌레의 날개를 붙여 특히 화려하다. 다른 대금구는 모두 삼엽문을 베풀었다.

은제품 역시 경주와 지방에서 함께 출토된다. 은제품은 1점만 출토될 경우 매장된 주인공의 허리춤에서 발견되지만 금제품과 함께 있을 경우에는 유물만 별도로 넣은 공간에서 출토된다. 은제 삼엽문투조대금구는 금제품을 반출하는 무덤에 비해 규모도 작고 출토유물도 훨씬 적다. 이중 식리총이나 호우총, 은령총, 노서동 138호분은 왕족과 같은 묘역에 위치하고 있으며 천이나 지환 등의 장신구류가 다수 출토되고 있어 상대적으로 피장자의 신분이 우월하다고 생각된다. 시신 쪽에서 출토되는 장신구는 금동관, 천이나 지환, 환두대도의 출토 예는 적은 편이고 이식과 경식을 부장하는 경우가 일반적이다.

신라 대금구 가운데 금제품 전부와 은제품 일부에 요패가 부착되어 있다. 요패는 향낭, 약통, 물고기, 숫돌, 집게, 곡옥, 도자 등을 형상화한 장식물로 구성되어 있다(권준희 2001). 원래 허리띠에 물건을 주렁주렁 매달고 생활하는 것은 북방 유목민족의 풍습과 연관된다. 북방 유목민족은 도자나 약통 등 평소에 즐겨 사용하는 물건을 매달고 다녔는데 이들 유목민족이 중국 대륙을 장악한 남북조시대에 중국 본토나 한반도로 전래되었을 것으로 추측된다. 그 뒤에 원래 지녔던 실용성이 사라지면서 비실용품화한 것으로 생각된다. 이 중 숫돌과 집게는 철기를 만들 때 사용하는 도구이며, 약통은 질병 치료와 관련되는 것이며, 곡옥은 생명을, 물고기는 식량 또는 다산을 상징한다고 여겨진다. 이로써 본다면 허리띠의 요패에는 당시의

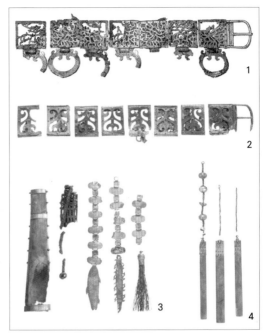

도15. 황남대총 남분 출토 대금구(3·4. 세트관계 불명)

왕이나 제사장이 관장하였을 많은 일이 상징적으로 표현되어 있다고 할 수 있다.

이처럼 적석목곽묘에서 출토되는 전형적인 대금구는 과판에 인동초가 간략화된 삼엽문이 베풀어진 형태이다. 그 기원은 직접적으로 고구려에서 찾을 수 있으나 선비족 왕조인 삼연 문물의 영향을 받았을 가능성도 있다. 왕이나 측근 왕족의 무덤에서는 황금으로 만든 대금구가 패용된 채 출토된다. 그런데 제작의장으로 보면 이 대금구는 금관과 마찬가지로 장송용품일 가능성이 높으며, 각종 상징적인 물품이 도안화되어 표현된 요패가 매달려 있다. 이 대금구 가운데는 은제품이 가장 많고 경주의 귀족묘, 각 지방 수장묘에서 출토되는데 금동관의 분포범위와 대체로 비슷하다. 다만 금동관만 소유하거나 은제 대금구만을 소유하는 경우도 있고 양자를 모두 소유하는 경우도 있다.

식리

고총 속 장신구 가운데 식리는 당시의 장례풍습을 가장 잘 보여주는 물품 가운데 하나이다. 식리는 크기가 크고 구조가 취약하며 지나칠 정도의 장식성을 갖추고 있어 일상의 복식품으로 보기는 어려우며 그 때문에 장송용품으로 보는 견해가 많다. 이외에 식리를 도교(道教)의 등선(登仙) 도구로 해석한 연구 성과도 나와 있다(김태식 2003).

삼국시대 식리 가운데 신라 고총 출토품이 가장 많다. 그간 발굴된 식리의 절반 이상이 왕도 경주에 분포한다. 황남대총 남분과 북분, 금관총, 서봉총, 금령총, 천마총이 해당한다. 이외에 식리총, 호우총과 은령총, 황오동 16호분 1곽, 황오동 4호분, 인왕동고분(영남대박물관 조사), 황남동 120-2호분에서도 식리가 출토되었다. 대체로 한 무덤에서 한 켤레 씩 출토되지만 금관총에

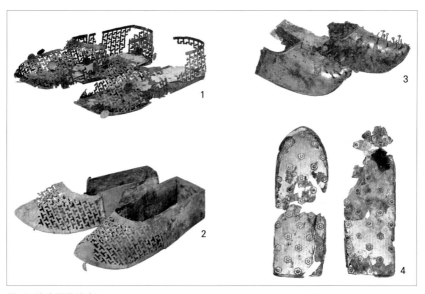

도16. 신라 금동식리(1.황남대총 남분, 2.탑리고분 II곽, 3.임당 6A호분, 4.금관총)

서는 두 켤레가 출토되었다. 신라의 지방 가운데 5~6세기 고총군이 존재하는 경산, 의성, 대구, 안동, 양산, 창녕에서 식리가 출토되었다. 경산 임당동 6A호 분과 조영동 EⅡ-2호분과 EⅡ-3호분, 대구 달성 37호분 2곽·51호분 2곽· 55호분, 의성 탑리고분 Ⅱ곽과 대리리 2호분 B-1곽, 양산 부부총, 창녕 교동 7 호분에서 각 한 켤레 씩 출토된 바 있다.

신라 식리는 백제 식리에 비하여 문양이 간소한 편이다. 황남대총 남분, 황 남대총 북분, 금관총, 천마총, 의성 탑리고분 Ⅱ곽 식리처럼 凸형 문양을 투조 로 표현한 것이 있으며 금령총, 호우총, 은령총, 황오동 16호분 1곽, 황오동 4 호분, 임당동 6A호분, 양산 부부총 출토품처럼 문양이 없는 것도 있다. 신라 식리에 종종 활용된 凸형문은 고구려나 백제에서도 유행한 것이며 특히 백제 한성기 식리에 유행한 도안이다. 그런데 신라와 백제의 凸형문 도안의 패턴 에 현저한 차이가 있어 주목된다. 탑리고분 Ⅱ곽 출토품 등 신라의 식리는 문 양대가 각 1줄씩 상하반전(反轉)된 모습으로 배치되어 있다. 이에 비하여 백 제 식리의 문양은 철자문이 동일한 방향으로 배치되어 있다. 현재까지의 자 료에서는 아직 이러한 구분에서 벗어나는 자료는 없으므로 신라와 백제 식리 를 판별하는 주요 속성 가운데 하나로 볼 수 있다.

신라 식리 가운데 특이한 문양을 갖춘 것도 2점 있다. 대표적인 예가 식리 총 식리이다. 이 식리는 밀랍성형에 의한 정밀주조로 각 판을 만들었고 각 판 에는 귀갑문 도안 내에 서수문, 식물문 등 다양한 문양이 표현되어 있다. 신 라의 식리 가운데는 유례가 없고 각 판의 결합방식이나 바닥판에 금동 못이 박혀 있는 점 등으로 보면 외래 식리로 볼 수 있다. 금관총 출토품 가운데 바 닥판만 알려져 있는 식리는 바닥판 저면에 연꽃장식이 베풀어져 있어 특이하 나 기본 형태는 황남대총 북분 식리나 집안지역 출토 고구려의 식리와 유사 하다.

신라 식리는 금속판 3매를 조립하여 완성한다. 백제의 식리 역시 금속판 3 매를 조립하여 완성한 것이지만 측판의 결합 위치에서 차이를 볼 수 있다.

즉, 백제의 식리는 좌우 측판의 양단을 신발의 전후면에서 결합하였다. 이에 비하여 신라의 식리는 신발의 좌우 측판 중위에서 두 판을 겹친 다음 세로로 금동 못을 박아 고정하였다. 이러한 결합 방식의 차이 또한 위 凸형문의 도안 패턴과 마찬가지로 백제 식리와 신라 식리를 구별해낼 수 있는 주요 속성 가운데 하나이다.

삼국시대 식리는 국가나 지역에 따라 몇 가지 부장 유형을 보여준다. 크게 보아 착장형과 비착장형으로 나뉘며(이희준 2002) 그것은 곧 장송의례의 차이를 보여주는 징표가 될 수 있다. 신라의 식리는 경주의 왕족, 귀족묘에 주로 부장되며 지방 거점지역의 수장묘에서도 일부 출토된다. 신라 고총 출토 금공품 가운데 소유자가 극히 제한된 금관, 금관모와 관식, 금대금구는 황남대총 남분과 북분, 금관총, 서봉총, 금령총, 천마총에서 출토되었는데 이 무덤에서 식리가 출토된다.

이외에 노서동과 노동동의 왕족묘역에 포함된 호우총, 은령총, 식리총 출토품이 있고 귀족묘일 것으로 보이는 황오동 16호분, 인왕동고분, 황오동 4호분에서도 출토되었다. 이 정도의 수량이면 경주 시내에서 발굴된 주요 고분 가운데 일부에 한정되는 것이다. 경주의 신라 고총에서 금공품의 부장양상은 매우 유형화되어 있다. 즉, 목관 내 유물 배치상태를 보면 관-이식-경흉식-대금구-장식대도(남성 한정)가 무덤 주인공의 유해부에서 가지런히 출토된다. 아마도 염습의 과정에서 착장시켜 매장한 것으로 이해할 수 있다.

황남대총 북분의 경우 목관 내 피장자의 머리부위에서 금관이 고깔 모양을 이룬 채 출토되었고 대륜과와 겹쳐서 경흉식이 있으며 그 아래쪽에 금대금구가 배치된다. 이보다 선행하는 황남대총이나 후행하는 금령총, 천마총의 경우도 대개 이와 유사한 유물 배치를 보인다. 다만 남성일 경우 추가적으로 허리춤 좌측에서 장식대도가 출토된다. 그런데 황남대총 북분의 경우 식리는 피장자의 발치 쪽에서 출토되지 않고 머리 위쪽 유물 부장궤에서 출토되었다.

의성 탑리Ⅱ곽의 경우 신라의 지방 무덤 가운데 장신구 세트를 온전히 갖추고 있다. 머리에서 발치 쪽으로 가면서 관식-이식-대금구-식리의 순으로 배치되어 있다. 황남대총 북분과는 식리 부장위치가 다르며 백제 수촌리백제묘군이나 무령왕릉의 사례처럼 금동식리를 피장자에게 착장시켜 매납한 것으로 보인다.

신라 금동식리의 부장유형을 살펴보면 황남대총 북분의 사례처럼 무덤 주인공 머리 쪽 부장궤에서 출토되는 경우는 황남대총 남분, 금령총에서 찾아볼 수 있다. 주지하듯 황남대총은 신라 왕과 왕비의 무덤일 가능성이 높으며 금령총은 식리총과 함께 봉황대고분에 인접해 있어 왕족의 무덤일 것으로 추정된다. 이와는 달리 천마총에서는 피장자의 발치 쪽 목관 밖의 석단에서 출토되었다. 피장자에게 착장하지 않은 점은 황남대총이나 금령총 출토품에 비견할 수 있으나 출토 위치에서 현저한 차이를 보여준다. 식리총 식리의 경우 출토 양상이 다소 애매한데 목관 내에 부장되었을 가능성이 있다. 신라 식리 가운데 가장 많이 확인된 부장유형은 목관 내 발치 쪽에서 출토되는 것이다. 황오동 16호분 1곽, 은령총, 양산부부총, 달성 51호분 2곽, 달성 55호분, 달성 37호분 1곽, 탑리고분Ⅱ곽, 대리리 2호분 B-1곽 식리가 그것이다. 지방 무덤에서는 모두 착장형임이 주목된다. 이 경우 백제의 사례처럼 무덤 주인공의 발에 착용시켰던 것으로 이해하여도 좋을 것 같다.

학계에서는 식리를 장신구의 범주에 넣어 설명하고 있다. 여기서 말하는 장신구란 현대의 장신구와는 약간의 개념차가 있으며 복식품이라는 의미가 더 강하다. 관, 이식, 대금구, 식리 등 금속장신구 가운데 특히 식리는 일상품으로 보기에는 무리가 있다.

사료에 보이는 장례풍습 가운데 고고자료에서 검증할 수 있는 것은 빈[9]과

---

9) 백제 무령왕릉은 백제 25대 무령왕과 무령왕비의 합장 무덤이다. 왕릉에서는 지석이

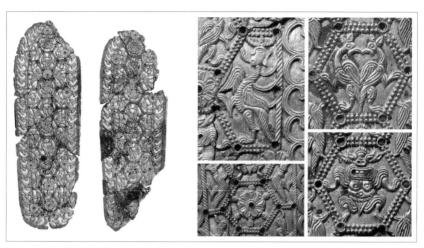

도17. 백제산일 가능성이 있는 식리총 금동식리(좌: 저판, 우: 저판 문양 세부)

순장이다. 사서에 기록은 없지만 무덤 속에 묻혀 있는 화려한 금공품, 특히 식리와 같은 장신구도 이 시기 장송의례를 이해하는데 좋은 자료가 된다. 삼국시대 식리의 기능을 추론하기 위하여 식리가 유행한 시기와 공간적인 분포의 특징을 검토하면 다음과 같다.

　신라의 식리 가운데 가장 연대가 올라가는 것은 황남대총 남분 출토품이다. 이 무덤의 연대에 대해서는 논란이 있지만 저자는 이 무덤은 수촌리 1호분보다는 조금 늦은 시기에 축조된 것으로 보고 있다. 신라 식리 가운데 가장 늦은 시기의 자료는 호우총과 은령총 출토품이다. 이 두 무덤의 연대를 대개 6세기 전반의 늦은 단계로 보는 점에는 많은 연구자들이 견해를 같이 하고 있다. 결국 신라고분에서 출토되는 식리는 마립간기와 중고기 초 제작된 물

출토되었는데 그 기록에 따르면, 왕이 세상을 뜬 것은 523년 7월 7일이고 무덤에 매장된 것은 525년 8월 12일의 일이다. 이 기간이 殯이라 한다. 왕비는 526년에 사망한 후 도성의 서쪽[酉地]에서 빈을 치른 다음 529년 2월 12일에 무덤에 합장되었다.

품임을 알 수 있다.

신라 식리의 주 분포지역은 경주인데 이 지역에서 식리는 금관, 금대금구가 출토된 왕족 무덤에서 주로 출토된다. 그간 발굴된 신라묘 가운데 식리가 출토된 무덤은 적은 편이다. 주로 봉황대 주변, 황남대총과 천마총, 팔우정 로터리 부근 등 3개소에 밀집되어 있다. 천마총, 황남대총 북분, 금관총, 서봉총, 금령총에서는 금관 및 금대금구와, 황남대총 남분에서는 금대금구와 함께 출토되었다. 지방에서는 경산, 대구, 의성, 창녕, 양산 등 주요 거점지역의 수장급 무덤에서 출토된다. 그런데 식리는 관이나 이식, 대금구 등의 장신구에 비한다면 소유가 보다 제한적이다. 이러한 양상으로 보면 신라의 식리는 무덤 속 많은 유물 가운데 무덤 주인공의 사회적 지위를 가장 잘 보여주는 물품 가운데 하나임에 분명한 것 같다.

신라에서 식리는 여타 장신구와 마찬가지로 왕도가 유행의 중심지였을 것이다. 현재까지의 자료에서 본다면 식리 제작 및 사여의 주체를 왕실로 볼 수 있다. 그렇다면 지방에 분포하는 식리는 중앙으로부터 사여받은 것으로 이해할 수 있을 것이다. 이러한 물품은 보유하는 것만으로도 효과가 있었겠지만 의복과 함께 착용했을 때 위세는 더욱 드러났을 것이다.

그런데 식리의 경우 구조상 일상생활에서 착용할 수는 없는 것이므로 장례의식에서 망자에게 착장하였을 가능성이 있는데 고대의 장례의식에서 식리의 소유자 혹은 그의 권위를 계승하는 인물의 위세를 드러내는데 활용되었을 것으로 추정해보고자 한다. 지방의 인물이 식리를 소유하였음은 곧 지방에서 왕실의 장송용품을 장례에 활용할 수 있었음을 의미한다. 이러한 현상은 각국의 왕실이 당시 지방을 지배하는 과정에서 지방의 유력자를 의제적인 친족으로 지배체제 내로 편입시키고 그들을 매개로 지배를 실현하였음을 보여주는 증거로 해석할 여지가 있다.

중고기의 복식품

마립간기와는 달리 중고기 이후가 되면 신라의 복식에 대한 기록이 많아진다. 가장 주목할 필요가 있는 것은 법흥왕대의 율령 반포에 수반한 복제(服制)의 정비이다.『삼국사기』와 중국 정사, 그리고『일본서기』에 6세기대 신라의 복식에 대한 기록이 남아 있다.

ⓐ 봄 정월에 율령을 반포하였다. 처음으로 백관 공복의 붉은색 · 자주색 등 위계를 만들었다.[10]

ⓑ 제 23대 법흥왕 때에 이르러 처음으로 6부인의 색복존비제를 정했으나 여전히 동이의 풍속 그대로였다.[11]

ⓒ 법흥왕 때의 제령에는 태대각간에서 대아찬까지 자색 옷을 입고, 아찬에서 급찬까지 붉은 옷에 상아홀을 들며, 대나마와 나마는 푸른 옷, 대사에서 선저지까지 황색 옷을 입는다고 한다. 이찬과 잡찬은 비단 관을 쓰고, 파진찬 · 대아찬 · 금하는 비관을 쓰며, 상당 대나마와 적위 대사는 베로 만든 갓끈을 맨다.[12]

ⓓ 그들은 관을 유자례라 하고 저고리를 위해, 바지를 가반, 신을 세라 한다.[13]

ⓔ 복색은 흰빛을 숭상하고, 부인들은 머리를 땋아 목에 둘렀고 머리 위로 감아올린 다음 여러 색조의 비단과 구슬로 장식한다.[14]

---

10)『三國史記』新羅本紀 法興王 7년,'春正月 頒示律令 始制百官公服 朱紫之秩'

11)『三國史記』雜志 色服,'至第二十三葉法興王 始定六部人服色尊卑之制 猶是夷俗'

12)『三國史記』雜志 色服,'法興王制 自太大角干至大阿飡 紫衣 阿飡至級飡 緋衣並牙笏 大奈麻奈麻 青衣 大舍至先泪知 黃衣 伊飡迊飡 錦冠 波珍飡大阿飡衿荷 緋冠 上堂大奈麻赤位大舍 組纓'

13)『梁書』東夷列傳 新羅,'其冠曰遺子禮 襦曰尉解 袴曰柯半 靴曰洗'

14)『北史』列傳 新羅,'服色尚畫素 婦人辮髮繞頸 以雜綵及珠爲飾'

ⓕ 왕과 부모처자의 상에는 1년간 상복을 입는다.[15]

ⓖ 가라왕이 신라 왕녀를 맞아 혼인하여 마침내 아이를 낳았다. 신라가 처음 왕녀를 보낼 때 백 명을 함께 보내어 왕녀를 따르도록 하니, 받아들여 여러 현에 나누어 배치하고 신라 의관을 착용하도록 명했다.[16]

ⓐ~ⓒ는『삼국사기』의 신라본기와 잡지 색복조에 실려 있는 기록이다. 주지하듯 법흥왕 재위 7년(520)은 율령이 반포된 해이다. 율령의 주된 내용은 백관의 공복을 제정한 것이다. 관위의 높고 낮음에 따라 자, 비, 청, 황 순의 복색을 규정한 점이 핵심이다. 신라본기에서는 이를 '주자지질(朱紫之秩)'이라 표현했고, 잡지에서 김부식은 공복 제정을 '유시이속(猶是夷俗)'이라 평가했다. 즉, 김부식은 당송(唐宋) 복식을 비롯한 중국 중원왕조의 복식을 화(華)로, 법흥왕대의 복식을 이(夷)의 복식으로 여겼던 것 같다. 또 하나 주목할 필요가 있는 것은 색복 존비제 시행의 대상이 6부 주민이라는 점이다. 6세기 전반까지만 하더라도 지방민에 대한 차별적 인식이 매우 현저했고(노태돈 1989) 왕경의 6부 주민들이 신라를 이끌어가는 주체였으며 그들 가운데서 관리가 선발되었을 것이라는 현실을 감안한다면 당연한 조치였다. 더 구체적으로는 색복과 지물, 관의 재질까지 규정하였다. 첫째, 태대각간에서 대아찬까지는 자색 옷을, 아찬에서 급찬까지는 비색 옷을, 대나마와 나마는 청색 옷을, 대사에서 선저지까지는 황색 옷을 입게 했다. 이 중 아찬에서 급찬까지는 상아홀를 들게 했다. 둘째, 이찬과 잡찬은 금관(錦冠)을, 파진찬·대아찬·금하는 비관(緋冠)을, 상당 대나마와 적위 대사는 베로 만든 갓끈을 매도록 했다.

---

15)『北史』列傳 新羅, '王及父母妻子喪 居服一年'

16)『日本書紀』繼體紀 23년, '加羅王娶新羅王女 遂有兒息 新羅初送女時 并遣百人 爲女從 受而散置諸縣 令着新羅衣冠'

ⓓ는 『양서』의 기록이다. 신라인들은 관을 유자례라 하고 저고리를 위해, 바지를 가반, 신을 세라 불렀다고 한다. 이 기록은 『삼국지』 단계와는 차이를 보여준다. 즉, 『삼국지』에는 삼한사회 전체에서 천 명 가량이 중국풍의 책을 썼다고 했지만 『양서』 단계가 되면 신라사회에서 관을 쓰는 인물이 더 많아진 것 같다. 그리고 관을 지칭하는 신라인들의 발음이 특이하다고 여겨 기록으로 남긴 것 같다.

ⓔ와 ⓕ는 『북사』의 기록이다. 그 내용은 흰빛을 숭상하고 부인들은 머리를 땋아 목을 둘렀으며 머리 위로 감아올린 다음 여러 색조의 비단과 구슬로 장식하였다는 점, 왕과 부모처자의 상에는 1년간 상복을 입었다는 내용이다. 고구려의 상복에 대한 기록은 『주서』, 『북사』, 『통전』에 '부모나 남편이 죽으면 3년 동안 상복을 입고 그 나머지 친척의 경우 장례가 끝나면 상복을 벗었다.'고 하며, 『수서』 고려(고구려)조에는 '사람이 죽으면 옥내에 빈(殯)하고 3년이 지나 길일을 택하여 장사지낸다.'라고 기록되어 있다. 신라에서 아직 빈

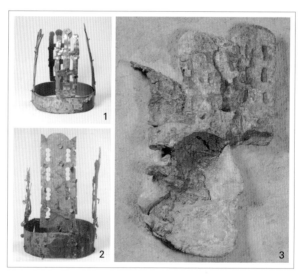

도18. 퇴화형 관(1.지동 2호묘, 2.하리, 3.추암동 가-21호묘)

의 기록이나 증거가 확인되고 있지 않으나 고구려와 신라는 상복제도와 상장의례에서 다소 차이가 존재했을 가능성이 있다.

⑧는『일본서기』계체기 23년(529)조의 대가야와 신라간 혼인 기사이다. 즉, 대가야 왕이 신라의 왕녀와 결혼하여 아이를 낳았지만 변복(變服)이 꼬투리가 되어 두 나라 사이의 외교관계가 파국을 맞이하는 과정이 비교적 상세하게 남아 있다. 신라가 처음 왕녀를 보낼 때 백 명을 함께 보내어 따르도록 했는데, 대가야왕은 그들을 받아들여 여러 현에 나누어 안치하였으며 신라 의관을 입도록 했다고 한다. 위 기사 중의 '신라의관'이란 표현을 보면 신라와 대가야의 의관이 외견상 꽤나 차이가 있었음을 알 수 있다.

이 시기의 유물 가운데 복식의 일부로 볼 수 있는 자료가 있다. 첫째, 관이다. 6세기 중엽이 되면 무덤에서 금관이 사라진다. 금동관이나 동관이 발굴되긴 하나 지방의 중소형 무덤에서 출토되며 형태나 제작기법이 일변한 것이다. 대륜의 너비가 매우 넓어지고 곁가지의 단수는 6세기 전반의 금동관처럼 4단이지만 입식이 상하로 길쭉해진다. 녹각형 입식이 없어지고 입식의 숫자가 4개 혹은 5개로 늘어나기도 한다. 그 대표적인 예는 국립

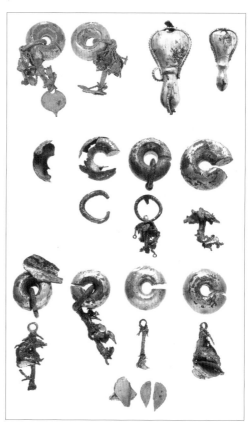

도19. 황룡사지 출토 금동제 이식

중앙박물관 소장 전 상주 출토 금동관, 안동 지동 2호묘 금동관, 동해 추암동 가-21호묘 동관, 단양 하리 유적 동관이 있다. 5~6세기대의 금관과 금동관이 대형분에서 출토되는 점과는 달라진 것이며 형태 또한 통일적이지 않고 제작 수법도 조악하므로 각 지역에서 만들어 사용한 것으로 추정된다. 인골이 출토된 추암동 동관의 경우 여성의 소유물이며 소형묘에서 출토된 것이므로 샤먼과 같은 종교적 직능자의 소유물로 볼 수 있겠다. 그밖에 울진 덕천리 34호 석실묘에서 출토된 금동관은 형태가 매우 특이하다. 거치문과 점열문이 시문된 넓은 대륜 위에 8개의 입식이 금동사로 고정되어 있다. 입식은 세장방형과 Y자형으로 구분된다.

둘째, 6세기 후반 이후의 유적에서 수식부이식이 출토되는 사례가 거의 없다. 적석목곽묘에서 그토록 빈번하게 출토되던 화려한 이식이 여타 금속제 장신구와 함께 자취를 감추었다. 다만, 황룡사지에서 출토된 금동제 태환이식, 경주 동천동 산13-2번지 37호묘에서 출토된 금동제 세환이식이 있을 뿐이다. 황룡사지 이식은 7세기 전반 무렵에 제작된 것으로, 6세기에 크게 유행하던 태환이식이 '간략화, 형식화'되는 과정을 거치면서 7세기 전반까지 계속

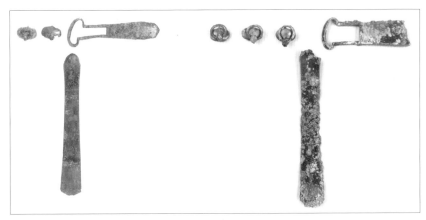

도20. 누암리형 대금구(좌: 청리 A-나19호묘, 우: 동천동 354번지 1호석실묘)

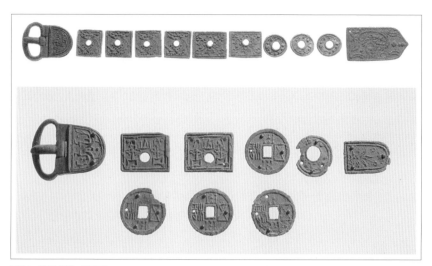

도21. 황룡사형 대금구(상: 황룡사지 목탑지, 하: 예안리 49호묘)

제작되었음을 밝혀주는 중요한 자료이다.

　셋째, 신라 무덤에서 황금이 사라지는 시점, 대개 6세기 중엽을 전후한 시기가 되면 누암리형 대금구라 불리는 새로운 유형의 대금구가 유행한다. 앞시기와는 달리 비교적 작은 규모의 무덤에서 출토되고 있는 이 대금구는 교구, 과판, 대단금구 등 간단한 부품으로 구성된다(도20). 이어 7세기 전반의 어느 시점이 되면 누암리형 대금구에 이어 새로운 유형의 대금구가 등장한다. 645년에 완성된 경주 황룡사지 목탑지 심초석 하부 출토품이 전형이므로 이를 황룡사형 대금구라 부른다. 황룡사지의 일괄 유물 가운데는 누암리형 대금구도 있지만 새로이 모습을 보이는 것도 있다. 양자는 형식변화가 연속적이지 않고 이질적이다. 이 새로운 대금구는 중국 수의 대금구와 상통하는 점이 있다.

당식 의관제의 도입

7세기 전반은 삼국간의 대립이 격화한 시기였고 신라는 대중관계를 통해 자국의 안위를 지키는 한편 일통삼한의 꿈을 키워갔다. 이 무렵의 복식에서 가장 눈에 띄는 것은 진덕여왕 3년(649)에 당식 의관제를 도입한 일이다. 관련 사료는 다음과 같다.

ⓐ 춘추는 또한 관리들의 장복을 바꾸어 중국의 제도를 따르겠다고 청했다. 이에 궐내의 진귀한 의복을 내어 춘추와 그 종자에게 내려주었다.[17]

ⓑ 진덕여왕 2년에 김춘추가 당에 들어가서 당 의례 도입을 청하였다. 태종 황제가 조서를 내려 허가했고 아울러 의복과 관대를 내려주었다.[18]

ⓒ 그 이듬해 아들 문왕과 함께 이찬 춘추가 내조하니 문왕에게 좌무위장군, 춘추에게 특진 직위를 내려주었다. 이어 중국 제도를 따르고자 청하니 궁궐 안의 진귀한 의복을 내어 내려주었다.[19]

ⓓ 3년 봄 정월에 처음으로 중국 의관을 착용했다.[20]

ⓔ 4년 여름 4월에는 교서를 내려 직위를 지닌 진골은 상아홀을 들게 했다.[21]

ⓕ 교서를 내려 부인들 또한 중국 의상을 입게 했다.[22]

---

17) 『三國史記』 新羅本紀 眞德王2년, '春秋又請改其章服 以從中華制 於是 內出珍服 賜春秋及其從者'

18) 『三國史記』 雜志 色服, '至眞德在位二年 金春秋入唐 請襲唐儀 太宗皇帝詔可之 兼賜衣帶'

19) 『新唐書』 東夷列傳 新羅, '明年 遣子文王及弟伊贊子春秋來朝 拜文王左武衛將軍 春秋特進 因請改章服 從中國制 內出珍服賜之'

20) 『三國史記』 新羅本紀 眞德王3년, '春正月 始服中朝衣冠'

21) 『三國史記』 新羅本紀 眞德王4년, '夏四月 下教 以眞骨在位者 執牙笏'

22) 『三國史記』 新羅本紀 文武王4년, '下教婦人亦服中朝衣裳'

ⓖ 마침내 돌아와서 시행하니 이속이 화풍으로 바뀌었다. 문무왕 4년에는 또 부인의 의복을 개혁했는데 이후로 의관이 중국과 같아졌다.[23]

ⓐ~ⓒ는 김춘추가 당에 사신으로 가서 당 황제를 만나 중국 의관제를 도입하는 과정을 보여준다. 세 사료의 큰 줄거리는 비슷하지만 서로 간에 약간의 첨삭이 있으므로 아울러 정리할 필요가 있다. 선덕여왕이 세상을 뜬 것이 647년 8월의 일이고 김춘추가 당에 들어간 것은 당 정관 22년인 648년 윤12월의 일이다. ⓒ에는 입조자에 대하여 기술되어 있는데 자구를 있는 그대로 해석하여 '진덕여왕의 아들 문왕과 아우 이찬의 아들인 춘추'가 내조했다고 해석하기도 하나 이는 사료에 착오가 있는 것이다. 즉,『신당서』열전에는 '22년에 진덕이 그 아우 국상 이찬 김춘추와 그의 아들 문왕을 보내 내조하였다. 조서를 내려 춘추를 특진으로, 문왕을 좌무위장군으로 삼았다[24]'라고 기록되어 있다.

이 사료에 근거할 때 ⓒ의 '이찬자(伊贊子)'는 '이찬간(伊贊干)'의 오자임을 알 수 있다. 비슷한 오자는 『구당서』본기에도 보인다. '계미일에 신라왕이 재상인 이찬 김춘추와 그의 아들 문왕을 보내 내조하였다[25]'라는 기록이다. 이 사료의 '이찬천(伊贊千)' 역시 '이찬간(伊贊干)'의 오자이다. 자획이 유사하므로 판각자의 실수일 수도 있다. 특진은 정2품 상당의 산관이고 좌무위장군은 정3품에 해당하는 고위 관직이다. 당 태종은 신라의 요청을 받아들여 당 의관제의 도입을 허가했으며 관복과 관대를 내려주었다.

---

23) 『三國史記』雜志 色服, '遂還來施行 以夷易華 文武王在位四年 又革婦人之服 自此已後 衣冠同於中國'

24) 『新唐書』東夷列傳 新羅, '二十二年 眞德遣其弟國相伊贊干金春秋及其子文王來朝 詔授春秋爲特進 文王爲左武衛將軍'

25) 『舊唐書』本紀 太宗 李世民 貞觀 22년, '癸未新羅王遣其相伊贊千金春秋及其子文王來朝'

ⓓ~ⓕ는 그에 따르는 후속조치이다. ⓓ에 따르면 김춘추가 귀국한 후 신라에서는 곧바로 당의 의관을 착용하였다고 한다. 그 이듬해에는 진골로서 현직에 있는 이들에 한하여 상아홀을 들게 하였는데 차츰 의관제가 정비되는 모습을 보여준다. ⓕ는 문무왕 4년(664)에 관리들 뿐만 아니라 부인들의 복식까지 바꾼 것으로 신라 복식 변천에서 중요한 획기 가운데 하나가 된다. ⓖ는 김부식의 평가를 담고 있다. 법흥왕대의 복식을 '유시이속(猶是夷俗)'으로, 진덕여왕대의 복식을 '이이역화(以夷易華)'라 표현했다.

김춘추가 당으로부터 받아온 의복과 관대가 어떤 형태였는지 알 수는 없으나 경주 황성동석실분이나 용강동석실분 토용의 관복과 유사했을 것이다. 관복의 부속품 가운데 하나인 관대에는 학계에서 당식과대 혹은 당식대금구라 부르는 허리띠 부품이 부착되었을 것이다. 유물에서 볼 수 있는 이 시기의 복식은 다음과 같다.

첫째, 토용에 표현된 복식이다. 토용이란 당초부터 매장용으로 만들었다는 점이 토우와 다르다. 이 시기의 무덤은 석실묘이다. 그 속에 죽은 이의 가족이나 관리, 병사, 시종 등을 작게 흙 인형으로 만들어 함께 묻어주었다. 이 풍습은 당으로부터 전해진 것이다. 대표적인 예는 경주 황성동과 용강동석실분 출토품이다.

황성동석실분에서는 6점의 인물상이 출토되었다. 그 중 문관상이 3점, 무관상이 1점, 여성상이 2점이다. 머리에는 복두를 썼고 몸에는 바지와 외투를 갖추어 입었는데 당의 복식에 해당한다. 신발은 옷에 가려 전체가 보이지 않으나 가죽신인 것 같다. 문관상과 무관상 모두 표현이 간략한 편이며 발굴 당시부터 표면에는 아무런 채색이 남아 있지 않았다. 인물상 가운데 완형으로 출토된 여성상이 주목된다. 술병 혹은 물병을 한 손에 들고서 미소 짓고 있다. 이 여성의 의복이 당식이 아니라는 점 때문에 부인들로 하여금 중국 의상을 입도록 규정한 664년 이전에 제작된 것으로 편년하기도 한다. 그런데 이 토용을 무덤 주인공의 부인상으로 보기에는 어려움이 있으며 혹 기녀와 같은 특수신분의 인물상일 가능성을 배제할 수 없다. 남성상 가운데는 특이한 모자를 쓴 눈이 깊고 코가 큰 호인상(胡人像)이 있다. 외모가 동아시아인과 달라 서역인의 모습으로 추정하는 견해가 많다.

용강동석실분에서는 28점의 토용이 출토되었다. 그 중 남성상이 15점이고 여성상이 13점이다. 바탕에는 흰색이, 복두나 입술에는 붉은 색이 칠해져 있다. 아마도 지위의 고하를 구분하려한 듯하다. 남성상에는 복두와 관복이 표현되어 있다. 소매가 넓은 편이며 두 손으로 홀을 잡고 있는 모습이 있다. 소형이고 표현이 간략하지만 복두의 뒤쪽에 두 줄의 띠를 늘어뜨리거나 허리춤의 요패 등은 일부 사실적으로 표현되어 있다. 여성상의 헤어스타일과 의상은 모두 당식을 따르고 있다. 남성상과 마찬가지로 여성상에서 토용 간에 크기차가 존재한다. 높은 신분의 인물을 표현한 것으로 보이는 토용은 몸집이 크다. 이 무덤의 연대에 대하여 7세기 말~8세기 초로 보는 견해가 많다.

둘째, 당식대금구다. 당식대금구는 축약된 교구와 대단금구, 순방, 환병으로 구성된다. 중국에서 출토되는 사례가 많지만 주변국에서도 그것을 모방해 만든 예가 더욱 많다. 중국 내 출토품 중 비교적 연대가 오래된 것이 요령성

도22. 용강동석실분(1·2)과 황성동석실분(3·4) 출토 토용

도23. 경주 장군로 1호묘 출토 당식대금구

조양시 장수묘(張秀墓) 출토품이다. 이 무덤에서 출토된 대금구는 동제 주조
품이다. 과판의 모양으로 보면 전형적인 당식대금구라 부를 수 있는 자료이
다. 묘지에 따르면 장수는 당 정관 9년(635)에 사망했다고 하므로 이 대금구
는 당 태종 재위 초반에 만들어진 것으로 볼 수 있다. 역시 요령성 조양에서
는 643년에 사망한 채수달묘(蔡須達墓)가 발굴되었다. 이 무덤에서도 전형적
인 당식대금구가 출토되었지만 그와 함께 수 대금구의 특징인 원환형 과판도
포함되어 있다. 수의 대금구는 수량도 적고 연대를 확실히 알 수 있는 것도
드물다. 그 중 주목되는 예가 섬서성 서안의 희위묘(姬威墓) 출토품이다. 이
무덤에서는 옥제와 금동제 대금구 각 1벌씩이 출토됐다. 옥제품은 교구와 과
판이 당식대금구와 유사하다. 이 무덤에서는 수 대업 6년(610)에 사망한 희
위의 묘지가 출토됐다. 그러므로 이 대금구 제작의 하한 연대가 610년이다.
영하 고원현 남교향(南郊鄕)의 사사물묘(史射勿墓, 609)에서는 금대금구가
출토되었는데 교구와 과판의 형태가 당식대금구에 가깝다. 결국 당이 건국될
무렵이면 신라고분에서 종종 출토되는 당식대금구와 비슷한 형태의 대금구
가 제작되고 있었고 그것이 신라로 전해졌음을 알 수 있다. 경주 장군로 1호
묘 출토품은 정형화된 단계의 당식대금구이다. 띠에 고정하기 위한 못이 금
이므로 고급품에 속한다.

흥덕왕의 복식금령

『삼국사기』잡지 색복조에는 흥덕왕 9년(834)에 골품별로 복식을 제한하는 내용의 교서가 반포된 것으로 기록되어 있다. 흥덕왕이 복식금령을 반포하기 전인 831년부터 833년까지 신라에서는 지진이 발생했고 가뭄이 있어 기근이 들었으며 전염병으로 많은 백성이 목숨을 잃는 등 사회불안의 요소가 쌓여갔다. 그와 같은 사회적 불안정은 834년에 이르러 회복된다. 왕은 군대를 사열하고 주군을 돌며 백성을 위문했다. 흥덕왕대 복식금령을 올바르게 이해하려면 이와 같은 시대배경을 염두에 둘 필요가 있다. 복식금령 관련 사료의 일부를 제시하고 여타 내용을 표로 정리하여 설명하면 다음과 같다.

ⓐ 흥덕왕 9년인 태화 8년에 교서를 내려 "사람에는 상하가 있고 지위에도 높고 낮음이 있어 법 규정이 같지 않고 의복 역시 다르다. 풍속이 차츰 각박해지고 민들은 사치와 화려함으로 경쟁한다. 다른 나라 물건의 진기함만을 숭상하고 토산품은 수준이 낮다며 싫어한다. 예의는 자주 분수 넘침에 빠지고 풍속은 차츰 쇠퇴하는 지경에 이르렀다.[26]

ⓑ 진골 대등. 복두는 임의로 한다. 겉옷, 반소매 옷, 바지에는 모두 계수금라를 금한다. 요대에는 연문백옥을 금한다. 화(靴)에는 자피 사용을 금하며 화의 끈에는 은문백옥을 금한다. 버선은 능 이하를 임의로 사용한다. 리(履)는 피, 사, 마를 임의로 사용한다. 포는 26승 이하를 사용한다.[27]

ⓒ 진골 여성. 겉옷은 계수금라를 금한다. 내의, 반소매 옷, 바지, 버선, 리는 모두 계수라를 금한다. 목도리는 금은실, 공작꼬리, 비취털로 장식한

---

26) 『三國史記』雜志 色服, '興德王卽位九年 太和八年 下敎曰 人有上下 位有尊卑 名例不同 衣服亦異 俗漸澆薄 民競奢華 只尙異物之珍寄 却嫌土産之鄙野 禮數失於逼僭 風俗至於陵夷'

27) 『三國史記』雜志 色服, '眞骨大等 幞頭 任意 表衣半臂袴 並禁罽繡錦羅 腰帶禁研文白玉 靴禁紫皮 靴帶禁隱文白玉 襪任用綾已下 履任用皮絲麻 布用二十六升已下'

계수를 금한다. 빗에는 슬슬전, 대모를 금한다. 비녀에는 무늬를 조각하거나 구슬 다는 것을 금한다. 관에는 슬슬전을 금한다. 포는 28승 이하를 사용한다. 9색 가운데 자황을 금한다.[28]

ⓐ는 복식금령의 배경을 설명한 것이다. 흥덕왕은 당시 신라사회에서 신분질서가 무너지고 진귀한 외래품만을 선호하는 등 사치풍조가 만연해 있음을 지적했다. ⓑ와 ⓒ는 각기 진골 대등과 진골 여성의 복식에 대한 규정이다. 진골로서 현직에 있는 경우 복두는 소재의 제한 없이 임의로 하며, 각종 옷에 고급 소재인 계수금라[29]의 사용을 금하였다. 복두와 함께 관복의 주요 부품에 속하는 것이 요대와 화이다. 요대에 부착하는 장식물로 무늬를 조각한 백옥을, 자색가죽으로 만든 화의 사용을 금했다. 그밖에 화의 끈, 버선, 리, 베의 승 숫자까지 제한하였다. 진골 여성의 경우 진골 대등과 공통하는 요소도 있으나 여성 항목에만 기술된 목도리, 빗, 비녀, 관, 색깔에 대한 제한도 포함되어 있다. 진골뿐만 아니라 6두품, 5두품, 4두품, 평인에 이르기까지의 남녀 복식에 대해 상세히 규정하였다.

표1은 관인인 남성에게만 해당하는 복두, 요대, 화와 그것의 끈 항목을 비교해본 것이다. 이 세 가지는 관복을 구성하는 필수 품목이다. 표1~3에 표기한 것처럼 흥덕왕대 복식금령의 특징 가운데 하나가 임의, 금(禁), 지용(只用), 단용(但用), 임용(任用), 용(用)으로 규정하고 있다는 점이다. 임의와 임

----

28) 『三國史記』雜志 色服, '眞骨女 表衣禁罽繡錦羅 內衣半臂袴襪履並禁罽繡羅 裱禁罽及繡用金銀絲孔雀尾翡翠毛者 梳禁瑟瑟鈿玳瑁 釵禁刻鏤及綴珠 冠禁瑟瑟鈿 布用二十八升已下 九色禁赭黃'

29) 복식금령의 원전을 해석할 때 어려움을 겪는 것이 바로 직물의 명칭이다. 학자들마다 다양하게 끊어 읽고 있어 직물을 전공하지 않은 저자로서는 어느 견해를 수용할지 주저된다. 여기서는 일단 사료의 표현을 그대로 옮기는 정도에서 그치고자 한다. 신라 직물명칭을 둘러싼 제 연구자의 여러 견해는 선행 연구(전현실·강순제 2013)에 이미 잘 정리되어 있어 참고할 수 있다.

용은 무엇이든 사용해도 좋다는 의미일 것이고 금은 금지한다는 말이다. 지용과 단용은 그것만을 사용하라는 말이고 용은 사용하라는 의미이므로 큰 차이가 없는 표현이다.

표1. 흥덕왕대 복식금령-관인(남성)에만 해당하는 것

골품	복두	요대	화(靴)와 화대(靴帶)	
진골대등	任意	禁 硏文白玉	禁 紫皮	禁 隱文白玉
6두품	只用 繐羅, 絁, 絹, 布	只用 烏犀, 鍮, 鐵, 銅	禁 烏麑皺文紫皮	用 오서, 유, 철, 동
5두품	用 羅, 시, 견, 포	只用 철	禁 오경추문자피	只用 유, 철, 동
4두품	只用 紗, 시, 견, 포	只用 -철, 동	禁 오경추문자피	只用 철, 동
평인	只用 견, 포	只用 동, 철	禁 오경추문자피	只用 철, 동

첫째, 복두이다. 복두는 중국 북주 무제 때의 사각(四脚)[30]에서 기원한 것이며 수와 당에 이르러 관리의 공식적인 관이 되었다. 얇은 천의 표면에 칠을 도포하여 단단하게 만든다. 진골은 여러 재료를 임의로 사용할 수 있지만 6두품 이하는 특정 포만을 쓰도록 제한되었다. 6두품은 세라시견포, 5두품은 라시견포, 4두품은 사시견포, 평인은 견포를 쓰게 했다. 세라(繐羅), 사(紗), 시(絁), 견(絹), 포(布)는 모두 직물의 종류이다.

둘째, 요대의 장식품이다. 진골은 연문백옥(硏文白玉)을 사용할 수 없었다고 하므로 연문백옥을 부착한 요대는 왕의 전유물이었던 것 같다. 6두품은 오서유철동, 5두품은 철, 4두품은 철동, 5두품은 동철을 장식품으로 쓰게 했

---

30) 『隋書』志 禮儀, '故事 用全幅皁而向後襆髮 俗人謂之襆頭 自周武帝裁爲四脚 今通於貴賤矣'

다. 오서(烏犀)란 검은 코뿔소의 뿔로 수입품이다. 유(鍮)는 동과 아연을 합금한 황동을 지칭한다. 이 두 가지 재료는 철이나 동에 비해 고급이었다. 끈 항목의 내용을 참고하면 5두품의 철은 유철동의 탈자, 평인의 동철은 철동의 오자일 가능성이 있다.

셋째, 화(靴)이다. 진골은 자주색 가죽을 쓰지 못하나 6두품 이하는 검은 순록가죽에 자색으로 염색하고 물결무늬를 베푼 특정 재질의 화를 신지 못하게 했다. 아마도 신라 관인의 선호품으로 볼 수 있다. 문장대로 해석하면 진골은 자색만 아니라면 검은 순록가죽신에 물결무늬가 베풀어진 것도 신을 수 있었던 것이 된다. 그러나 상세한 내용은 알 수 없다. 그 끈에도 규제가 있었다. 진골은 백옥에 옅게 무늬를 새긴 은문백옥(隱文白玉)을 쓸 수 없었다. 요대와 마찬가지로 은문백옥은 왕의 전유물이었을 것이다. 6두품은 오서유철동, 5두품은 유철동, 4두품과 평인은 철동을 각각 쓸 수 있었다.

이상의 규정은 주로 복식을 만드는 재료를 규정한 것이다. 복두, 요대, 가죽신과 끈의 재료에서 차이가 존재한다고 하더라도 그것만으로 골품차에 따른 복식의 차이가 가시적으로는 잘 드러나지는 않았을 것이다. 물론 그와 같은 재료로 만든 물품을 소유한 사람이나 왕경에서 함께 생활하는 사람들의 경우 쉽게 인지할 수도 있었겠으나 일반 평인들의 눈으로 쉽게 구분하기는 어려웠을 것이다. 따라서 골품에 따른 색복의 차이를 현저하게 드러내는 데는 표1의 내용보다는 이미 법흥왕대 이래 신라사회에서 지속되어온 관복의 색깔 차이가 더욱 중요한 기준이 되었을 것임은 쉽게 짐작할 수 있다.

표2는 여성에게만 해당하는 목도리, 겉과 속치마, 빗, 비녀, 관, 버선목에 대한 규정이다. 표에 기록하지는 않았지만 배자, 저고리, 허리끈, 옷고름에 대한 규정도 있다.

첫째, 목도리다. 진골 여성이 계수금라(罽繡錦羅) 바탕에 금은실, 공작꼬리, 비취털로 장식한 것을 사용하지 못하게 했다. 6두품 여성이 계수금라 바탕에 금박과 은박 붙인 것을 사용하지 못하게 했다. 5두품은 능견 이하를, 4두품은 견 이하를 사용하도록 했다. 평인에 대한 규정은 없는 것으로 보아 목도리 자체를 사용하지 못했을 수도 있다.

둘째, 치마이다. 규제가 없는 것으로 보아 진골 여성은 임의대로 사용할 수 있었던 것 같다. 겉치마에 대하여 6두품 여성은 계수와 금라, 세라, 야초라, 금은니 장식의 채색비단을 금했다. 5두품 여성은 6두품과 큰 차이는 없다. 4두품 여성은 시견 이하를, 평인 여성은 견 이하를 사용하도록 했다. 속치마도 비슷하나 4두품 이하는 속치마 입는 것을 금했다.

셋째, 빗이다. 진골 여성에게는 슬슬(瑟瑟)을 붙인 것과 대모(玳瑁)로 만든 것을, 6두품 여성에게는 슬슬 붙인 것을 사용하지 못하게 했다. 5두품 여성은 무늬 없는 대모제품을, 4두품 여성과 평인은 무늬 없는 상아와 뿔·나무제품을 쓸 수 있었다.

표2. 흥덕왕대 복식금령-여성에만 해당하는 것

골품	표(裱)	표(表)·내상(內裳)		소(梳)	채(釵)	관(冠)	말요(襪袎)
진골 女	禁 闖繡에 金銀絲, 孔雀尾, 翡翠毛 장식			禁 瑟瑟鈿, 玳瑁	禁 刻鏤, 綴珠	禁 슬슬전	
6두품 女	禁 계수금라, 金銀泥	禁 계수금라, 繐羅, 野草羅, 금은니, 綱纈	禁 계수금라, 야초라	禁 슬슬전	禁 순금은각루, 철주	用 세라, 紗, 絹	禁 계라, 세라
5두품 女	用 綾,絹 이하	禁 계수금, 야초라, 세라, 금은니, 협힐	禁 계수금, 야초라, 금은니힐	用 素대모 이하	用 白銀 이하	無冠	禁 계수금라, 세라
4두품 女	只用 絹 이하	只用 絁絹 이하	無內裳	用 素牙, 角, 木	禁 각루, 철주, 순금	무관	只用 小文綾 이하
평인 女		用 絹 이하		用 소아, 각 이하	用 鍮石 이하		用 무문

넷째, 진골 여성과 6두품 여성이 순금에 은으로 장식하거나 구슬 매다는 것을 금했다. 5두품 여성은 백은 이하, 평인 여성은 유석 이하의 소재로 만든 비녀를 사용할 수 있었다. 4두품 여성에 관한 금령[31]은 후대에 잘못 들어간 것일 수도 있다.

다섯째, 관이다. 색복조에서는 관인이 머리에 쓰는 것을 복두로, 진골 여성과 6두품 여성들이 머리에 쓰는 것을 관이라 표현했다. 진골 여성은 관에 슬슬전을 장식할 수 없었고 6두품 여성은 세라와 사견으로 만들 수 없었다. 그밖에 버선은 남녀 공용이나 여성 복식에 대한 설명에는 버선목의 재료에 대한 규정이 있다. 버선과 큰 차이가 없다.

표3은 남녀에 공통하는 복식이다. 겉옷, 내의, 반비, 바지, 버선까지는 골품에 따라 옷감에서 차이가 있다. 진골에게는 계수금라를 금하였다. 6두품은 시견, 면주, 주포를 사용해도 되나 계수금라, 야초라, 금니장식을 금하였다. 5두품은 옷의 종류에 따라 쓸 수 있는 재료가 달랐다. 겉옷은 포나 직을, 내의는 소문능·시·견포를, 바지와 버선은 면주포를 쓸 수 있었다. 여성의 경우 반비, 바지, 버선 등 눈에 덜 띄는 옷에 대해 계수금라, 야초라, 금니 등을 쓸 수 없도록 규정하였다. 평인의 반비에 대한 규정은 없다.

표3에 정리한 신은 리(履)이며 앞에서 언급한 화(靴)와는 달리 일상용 신발을 말한다. 진골은 피, 사, 마로 만든 것 가운데 임의로 사용할 수 있었지만 계수금라로 만든 것은 사용할 수 없었다. 평인은 가죽으로 만든 신을 신을 수 없었다. 베에 대한 규정은 다소 특이하다. 같은 명칭의 옷감이라 하더라도 베의 승 숫자가 다르다. 같은 골품에서는 남성에 비해 여성의 승수가 많다.

그 외에 여성에 대해서는 색깔을 제한하는 규정이 별도로 마련되어 있다. 남성의 경우 이미 복색에 대한 규정이 있었을 것이므로 여성에 한정하여 별

---

31) 『隋書』 志 禮儀, '故事 用全幅皁而向後樸髮 俗人謂之襆頭 自周武帝裁爲四脚 今通於 貴賤矣'

도로 복색 규정을 마련한 것 같다. 진골 여성은 자황(赭黃)을 금했고 6두품 여성에게는 자자분금설홍(紫紫粉金屑紅)을 금했다. 5두품 여성은 6두품 여성에게 금한 색깔에 비색을 추가했다. 4두품과 평인 여성은 5두품 여성에게 금한 색깔에 멸자(滅紫)를 더 추가했다.

표3. 흥덕왕대 복식금령-남녀에 공통하는 것

골품		표의(表衣)	내의(內衣)	반비(半臂)	과(袴)	말(襪)	리(履)	포(布)
진골	남	禁 罽繡錦羅		禁 계수금라	禁 계수금라	任用 綾 이하	任用 皮, 絲, 麻	用 26升 이하
	여	禁 계수금라	禁 계수라	禁 계수라	禁 계수라	禁 계수라	禁 계수라	用 28승 이하
6 두품	남	只用 綿紬,紬,布	只用 小文綾, 絁, 견, 포		只用 시, 견, 면주, 포	只用 시, 면주, 포	只用 피, 마, 포	用 18승 이하
	여	只用 中小文綾, 시, 견	禁 계수금, 野草羅	禁 계수라, 繐羅	계수금라, 세라, 金泥	계수금라, 세라, 야초라	禁 계수금라, 세라	用 25승 이하
5 두품	남	只用 布	只用 소문능 시, 견, 포	只用 소문능, 시, 견, 포	只用 면주, 포	只用 면주	用 피, 마	用 15승 이하
	여	只用 無文獨織	只用 소문능	禁 계수금, 야초라, 세라	禁 계수금라, 세라, 야초라, 금니	禁 계수금라, 세라, 야초라	但用 피 이하	用 20승 이하
4 두품	남	只用 포	只用 시, 견, 면주, 포	只用 시, 견, 면주, 포	只用 포		用 牛皮, 마 이하	用 13승 이하
	여	只用 면주 이하	只用 소문능 이하	只用 소문능, 시, 견 이하	只用 소문능, 시, 견 이하	只用 소문능, 시, 면주, 포	用 피 이하	用 18승 이하
평인	남	只用 포	只用 견, 포		只用 포		用 마 이하	用 12승 이하
	여	只用 면주, 포	只用 시, 견, 면주, 포		用 시 이하	用 시, 면주 이하		用 15승 이하

이 장에서 살펴본 것처럼 중고기 이후의 신라 복식은 마립간기에 비하여 일변한다. 즉, 신분과 관등의 고하에 따른 의관제의 정비가 이루어졌다. 법흥왕대 율령 반포와 진덕여왕대 당 의관제 도입이 각기 큰 획기가 되며 흥덕왕대의 복식금령은 문란해지는 복식제도를 다시금 정비하기 위한 특단의 조치였던 것으로 이해할 수 있다. 그런데 김부식이 법흥왕대의 복식을 '이속'이라 평가한 것처럼 전통적인 요소가 남아 있었지만, 김춘추가 주도한 복식 개편은 당의 복식뿐만 아니라 문화까지도 전면적으로 수용하려는 새로운 시도였다. 그것은 삼국통일 이후에도 지속된다. 그리고 흥덕왕대의 복식금령은 사회 전반에 만연한 사치풍조를 배격하고 골품제로 표상되는 신분질서를 유지하려는 고육책이었다.

제3부 | 복식사여체제의 설정

제1장 사여체제의 전제
제2장 사여체제의 전개
제3장 사여체제의 종언과 그 이후
제4장 주변국 사례와의 비교

—

제3부
복식사여체제의
설정

—

제1장

사여체제의 전제

제작지 논의

신라의 중앙과 지방에서 활용되었던 장신구를 복식품으로, 그것을 신라의 왕이 사여한 것으로 보려면 몇 가지 전제가 필요하다. 즉, 신라 장신구가 중앙에서 제작된 것인지, 장신구의 분포범위를 신라의 영역으로 볼 수 있을지, 중앙과 지방의 장신구 공유현상을 사여라는 정치적 행위의 산물로 설명할 수 있을지, 사여된 것이라면 이런 물품의 용도는 무엇이고 왜 사여한 것인지에 관한 문제가 그것이다.

신라의 장신구가 경주 소재 공방에서 만들어진 것으로 볼 수 있을까. 장신구를 만들려면 금은 등 귀금속 재료를 확보하여야 한다. 세계 각지의 초기 문명에서 이미 다양한 금속을 장식품의 소재로 활용하였다. 소재 선택의 기준은 가공의 용이성, 내구성, 그리고 아름다운 색채였다. 이러한 조건을 모두 갖춘 것이 황금이다. 금은 눈부신 황금색채를 지녔고 화학 변화에 강하다. 게다가 전성(展性)과 연성(延性)이 좋아 원하는 그 어떤 조형물로도 가공할 수 있다. 은은 금에 견줄 수 있을 정도의 색채를 지녔으나 산화되면 검게 변하며 부식이 발생하기 때문에 금보다는 가치가 낮은 것으로 여겨졌다.

금은 산금(山金)과 사금(砂金)으로도 구분한다. 산금은 암석에 포함된 금을, 사금은 금광상(金鑛床)이 파괴되어 하천 등에 퇴적된 금을 말한다. 지하에 금광상이 있는 산이 풍화와 침식을 거치면서 금광상 혹은 금광맥 속의 금립(金粒)이 지표에 노출된다. 그것이 빗물에 쓸려 하천으로 흘러 들어가 모래나 자갈과 함께 하천 바닥에 쌓인 것이 사금이다. 금 입자가 많은 경우 사금광상(砂金鑛床)이라고도 부른다.

세계 각지의 사금 채취법은 비슷하다. 괭이 등의 도구를 이용해 하천 바닥의 모래와 자갈을 파서 바구니에 담는 것에서 시작한다. 이어 그것을 홈통에 채운 다음 물을 흘려보내 모래와 자갈에 붙어 있던 금립이 씻겨 내려가 아래쪽에 받쳐둔 천에 걸리도록 한다. 금이 많이 들어 있는 부분과 천에 묻어 있는 흙을 재차 통에 옮겨 담는다. 마지막은 흐르는 물에서 모래를 씻어내 금립을 채취하는 단계이다. 이때 곡식을 까불 때 사용하는 키[箕]처럼 생긴 도구를 사용해 반복적으로 흔들어주면 한쪽 끝에 금립이 모인다.

산금을 채취하는 방법은 이와 다르다. 단단한 암벽을 파고들어가야 하므로 끌과 망치를 사용한다. 전근대 시기의 채굴 흔적은 마치 너구리굴처럼 갱도가 좁다. 채굴한 광석은 등짐을 져 밖으로 옮기거나 포대에 넣은 다음 끈을 이용해 옮기는 방법이 사용된다. 외부에 대기하던 작업자들은 광석을 잘게 부순 다음 육안으로 살펴 금을 포함한 광석과 그렇지 않은 것을 선별한다. 이어 광석을 돌절구에 넣어 가루로 만든다. 이렇게 만들어진 가루를 물과 섞은 다음 비스듬히 시설한 홈통을 통해 흘려보내면 무거운 금립은 아래로 가라앉고 가벼운 암석 가루는 흘러내린다. 가라앉은 금립과 그 주변의 흙을 키처럼 생긴 전용도구에 올려 흔들면서 흙을 제거하면 최종적으로 금립이 남게 된다. 마지막 단계는 사금 채취 공정과 동일하다.

선광(選鑛) 이후 제련과 정련을 거쳐 순금을 획득하게 된다. 제련과 정련의

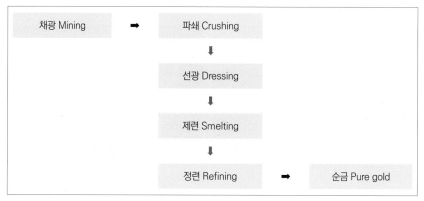

도1. 채광에서 순금 산출에 이르는 공정

기본 원리는 열을 가해 불순물을 제거하는 과정이다. 모든 금속은 용융점에 차이가 있다. 선광을 거쳤다 하더라도 금에는 다양한 금속이 섞여 있다. 조금씩 가열해 온도를 높여가는 과정에서 용융점이 낮은 금속부터 녹아내린다. 통상의 금속 가운데는 주석, 납, 은, 금 순으로 녹게 된다. 이 과정을 통해 최종적으로 순금을 얻게 되며, 중간 과정에서 차례로 다양한 금속을 얻게 된다 (小浪博 1934, 倉橋藤治郎 1938).

국내에는 전근대 시기의 귀금속 광산이 남아 있거나 발굴된 사례가 없다. 그와 달리 일본열도의 경우 17세기 이후의 자료이긴 하지만 금광 및 은광 자료가 잘 남아 있어 참고할 수 있다.[1] 일본 에도시대 막부 재정의 근간은 귀금속 광산이었다. 니가타현 사도가섬의 사도금산(佐渡金山), 시마네현 오다시의 이와미은산(石見銀山), 효고현 아사고시 이쿠노은산(生野銀山)이 대표적

---

1) 저자는 2018년 삼강문화재연구원 최종규 원장님과 우지남 실장님의 도움을 받아 일본열도의 금광, 은광, 경옥 및 마노산지를 둘러볼 수 있었다. 이하 그 때 얻은 지견을 서술한 것이다.

도2. 일본 사도금산 전경(좌) 및 금은광석(우)

사례이다(小葉田淳 1968).

사도금산의 광석에는 석영 사이에 은이 끼어 있는 것과 자연금 미립자가 금맥을 이룬 것이 함께 존재한다. 금광맥은 동서 3km, 남북 0.6km, 깊이 0.8km에 달한다. 이 금산의 심볼로 불리는 것이 '도유노와레토(道遊の割戶)'이다. 산 중앙을 관통하며 진행하는 금광맥이 노두로 드러난 것을 에도 초기부터 채굴해 뾰족한 산이 두 조각으로 절단되었다(도2-좌). 이곳에서 채굴된 광석(도2-우)의 경우 흰 석영맥 가운데에 은흑(銀黑)이라 불리는 검은 띠가 있는데, 금은 이 은흑 속에 조금씩 들어 있다(磯部欣三 1992).

이쿠노은산은 807년에 발견되었다고 전해지며 본격적으로 채굴이 시작된 것은 1542년이다. 그 후 오다 노부나가, 도요토미 히데요시, 도쿠가와 이에야스의 직할지로 운영되었다. 이 은광에는 노두를 채굴했던 갱이 길게 남아 있고, 암맥을 뚫고 들어가 작업로를 확보하며 종횡으로 채광하던 갱도가 미로처럼 남아 있다. 이와미은산은 전국시대 후기부터 에도시대 전기에 걸쳐 전성기를 맞이했다. 초기에는 은봉산 산정 부근에서 은광석 노두를 채굴했다. 그 시기 세계 은의 1/3가량을 산출한 일본의 은 가운데 상당량이 이와미은산의 은이다. 이와미은산의 기술 혁신을 불러온 것은 1533년 조선에서 도입한 회취법(灰吹法)이다. 이 기법은 광석에 들어 있는 금과 은을 우선 납에 녹인

도3. 에도시대 사도금산의 운영 체계

다음 재차 금과 은을 추출하는 방식이다(山根俊久 1974).

도쿠가와 막부는 사도금산을 효율적으로 운영하기 위해 체계적 조직(도3)을 만들었다. 1603년 막부의 직할지가 되어 아이카와(相川)에 사도봉행소가 설치되었다. 그 산하에 광산 관리를 담당하는 산방역(山方役)과 제련 업무를 담당하는 근금역(筋金役)을 두었다. 산방역 아래에는 광산 경영 실무를 담당하는 산사(山師)를 두어 광부 등을 관리했고, 근금역 아래에는 제련업자에 해당하는 매석을 두어 제련과 관련한 직인들을 관리했다(磯部欣三 1992).

이러한 방식은 조선시대와 다르다. 기록에 따르면 조선의 경우 지방 수령의 책임 하에 일정한 양의 금을 확보해 공출하는 방식이었다. 황금문화가 만개해 금의 수요가 많았을 삼국시대의 경우 어떠한 방식으로 채금하였을지 현재까지의 자료로 알 길이 없다. 이처럼 금을 얻으려면 산금이나 사금 산지가 있어야 하고 복잡한 공정을 이해하는 기술자들이 필요하다. 신라에서 언제부터 금을 산출했는지는 아직 알 수 없지만 신라에서 많은 금이 산출되었음은 고대의 기록을 통해 충분히 알 수 있다.[2] 당시 사회에서 금을 비롯한 귀금속은 왕실 구성원이나 귀족의 전유물이었기에 금의 산출과 유통 과정에 국가의 권력이 강하게 개입되어 있었을 것이다. 신라에서는 6세기 이후가 되면 각지로 지방관이 파견되므로 그 시점 이후에는 체계적인 금 산지 관리가 가능하지 않았을까 추정해볼 수 있다.

장신구를 만들려면 귀금속 재료와 함께 상당한 기술력을 보유한 장인과 공방이 필요하다. 최소한의 금을 들여 최대의 효과를 내야했을 것이므로 귀금속 장신구는 토기나 기와처럼 여러 번의 시행착오를 통하여 시제품을 완성할 여유가 없으며 최고의 장인으로부터 직접적인 지도를 받아야 가능했던 것이다. 이는 6세기 이후 일본열도 내에 귀금속공방이 유지되었음에도 불구하고 목탑의 노반(鑪盤) 제작을 위한 기술자를 백제에 요청한 일[3]이나 수십 년

도4. 무령왕비의 다리작명 은천

---

2) 『日本書紀』卷8 仲哀天皇 8년, '有向津國 眼炎之金銀彩色 多在其國 是謂栲衾新羅國焉'

3) 『日本書紀』卷21 崇峻天皇 원년, '百濟國遣恩率首信 德率益文 那率福富味身等 進調 并獻佛舍利 … 寺工太良未太 文賈古子 鑪盤博士將德白昧淳 瓦博士麻奈文奴 陽貴文 陵貴文 昔麻帝彌 畫工白加'

이 지난 다음에 안작부 출신 도리(止利)가 호류지 석가삼존불 등의 정교한 공예품을 비로소 제작하는 모습에서 유추할 수 있다.[4]

신라 금공품에서는 아직 유례가 없지만 백제 금공품에는 금공 소재의 규격과 관련한 자료가 있다. 즉, 무령왕릉에서 출토된 은제 화형장식 이면에는 '一百卌(일백사십)'이라는 명문이 있는데 글자의 형태가 찌그러진 것을 보면 명문은 은제 지판의 표면에 새겨졌던 것임을 알 수 있다. 다리작(多利作)명 은천(도4)에 새겨진 '庚子年二月多利作大夫人分二百卅主耳(경자년이월 다리작대부인분 이백삼십주이)'의 주(主)가 무게단위이고 제작에 소요된 은의 양이 230주임을 아울러 검토해본다면 백제에는 무게에 따라 세분된 단위의 금속판이 공예의 소재 또는 재화의 단위로 존재하였을 가능성이 있다. 현대처럼 연판(延板)도구가 발달하지 않은 시점이므로 망치로 두드리고 갈아내어 균일한 두께의 금속판을 만들어내려면 연판을 전문으로 하는 장인이 필요했을 것이고 고도의 기술이 요망되는 누금 역시 별도의 장인이 담당했을 가능성이 높다.[5] 신라의 경우도 백제와 크게 다르지 않았을 것이다.

5~6세기 신라의 장신구 가운데 온전히 같은 것을 찾기 어렵다. 주조품이 없기 때문이다. 금의 경우 근래 비파괴분석법을 통해 금의 순도나 조성성분을 확인할 수는 있으나 청동기처럼 산지를 추정하기에는 어려움이 있다. 그에 따라 외형 및 제작기법을 분석하여 양식론의 입장에서 연구하는 방법이 주로 사용된다.

그간 신라의 무덤에서는 다량의 장신구가 출토된 바 있다. 그것의 제작기법이나 도안을 살펴보면 고구려, 백제, 대가야 등 주변국 장신구와 현격히 구별되는 특징을 보이고 있다. 이것을 신라양식이라 규정할 때 그 중심지가 왕

---

4) 『日本書紀』卷22 推古天皇 13년, '以始造銅繡丈六佛像各一軀 乃命鞍作鳥爲造佛之工'
5) 칠지도 등 도검에 글자가 새겨진 경우 단조장인과 명문을 새겨 넣는 장인 등 공정별로 복수의 장인이 분업을 통해 제품을 완성한 것으로 보기도 한다(김창석 2008).

도 경주일 가능성을 우선적으로 고려할 수 있다.

신라의 장신구가 한 지역에서 제작된 것인지 혹은 각지에서 다원적으로 제작되었는지를 둘러싸고 논의가 있었다. 즉, 경주를 중심지로 설정하는 '분배론'(최종규 1983)과 경주의 물품을 지방에서 모방하여 제작하였다는 견해(박보현 1987)가 그것이다. 그 외에 금동관의 형식이 획일화되는 현상을 신라가 지방의 장인집단을 장악한 결과로 보기도 하였다(전덕재 1990a).

'분배론'은 금속공예품을 제작하려면 원료산지의 확보를 비롯하여 복잡한 제작공정과 전문화된 장인의 존재가 필요하며 장인집단을 움직일 수 있는 생산조직이 갖추어져야 가능하다고 보는 입장이다. 낙동강 이동과 경북내륙지역의 물품 사이에는 도안과 크기에 있어 일치점이 나타나는 점으로 보아 이들 집단이 독자적인 생산조직을 편성, 유지한 것이 아니라 한 곳에서 제작하여 각 지역으로 배포하였을 가능성을 추론하고 있다.

지역모방제작설은 제작기법이나 외형상에서 보이는 몇 가지 다양한 요소를 기준으로 제작지가 다원화되었던 것으로 이해하였다. 특히 관의 경우 한 곳에서 제작·분배되었다기보다는 지역마다 존재했던 재래의 제작기술을 바탕으로 현지에서 제작한 것으로 보았다. 한편, 장신구 가운데 대관(帶冠)은 초기부터 중앙에서 분배된 것이 아니었고 지방에서 모방제작한 것이며 이를 통해 보면 6세기 전반까지 소국은 자치적 성향을 지닌 채 경쟁적으로 성장하였다고 하였다.

'분배설'에서 문제가 될 수 있는 사례로는 관과 대금구가 있다. 지방 출토 관 가운데 강릉 초당동 B16호묘 관은 대륜 상변이 거치상(鋸齒狀)으로 돌출되어 있어 경주 출토품과는 차이를 보인다. 그러나 현재까지 경주에서 출토된 금동관의 실례가 많지 않기 때문에 경주 제작품인지 여부는 자료의 증가를 기다려야 할 것 같고, 대금구 중 창녕 교동·송현동이나 경산 북사리에서 출토된 예는 경주 출토품과 꽤 다른 모습을 보이고 있다. 예를 들어 교동89호분 출토품처럼 수하부에 많은 수의 엽문이 투조된 예는 창녕에서만 출토되기 때문이다. 이 경우 경주의 대금구를 모방하여 제작했을 가능성을 고려해 볼 수 있다. 이식 가운데는 창녕 교동 12호분 출토 태환이식은 황오동 34호분 등 경주 출토 이식과 기본형은 유사하지만 중간식을 구성한 구체나 구체간식(球體間飾)의 제작기법에 차이가 있고 기법상 합천 옥전 M6호분 등 대가야권 이식과 연결되는 요소를 지닌 것이므로 창녕 소재 공방에서 제작된 것으로 추정된다.

이처럼 신라의 장신구 가운데 대부분은 경주에서 제작되었을 가능성이 높으며 일부 제작이 용이한 물품은 지방에서도 제작할 수 있었던 것으로 보인다. 창녕 세력은 비록 기술 수준은 경주에 미치지 못하지만 자체 공방을 가지고 일부 물품을 제작하였음을 알 수 있다. 지방 제작 장신구의 존재로 보면, 신라에서는 장신구를 비롯한 금공품의 제작 자체를 금지하기 보다는 소재의 유통을 통제했거나 착용자의 범위를 제한하였던 것으로 이해할 수 있다.

지역색의 의미

고고학 자료에서 살펴지는 신라양식이나 지역색을 신라 영역과 관련하여 어떻게 해석하면 좋을까. 문헌사료에 반영된 신라의 영역과 고고학 자료에서 살펴지는 양식의 분포권은 차이가 있다. 이 양자를 제대로 조합하는 작업이 쉽지 않아 학자들 사이에서 논란이 있다(김태식 외 2008).

첫째, 다양성이다. 묘제는 각 집단의 고유한 장례풍습이 구현된 것이며 외부로부터 새로운 묘제가 전해진다고 하더라도 기왕의 전통이 오랫동안 유지되는 속성을 지닌다. 묘제의 변화가 반드시 지배층에서부터 시작하는 것은 아니며 다양한 변수가 개재하는 것으로 보인다. 신라의 경우 약 2세기에 가까운 기간 동안 왕족을 비롯한 왕경인은 적석목곽묘를 사용하였음에 비하여 지방에서는 수혈식석곽묘, 횡구식석실묘가 목곽묘를 대신하여 유행하였고,

왕도에서 멀리 떨어진 곳에서는 오랫동안 목곽묘가 그대로 축조되기도 한다. 지방 세력 가운데 극히 일부는 왕경의 묘제를 모방하기도 하였음은 잘 알려진 사실이다. 5~6세기 한반도에서 일본의 대화박장령처럼 율령으로 무덤의 규격을 규제하는 모습은 찾아보기 어렵다. 따라서 해당 지역의 정치적 귀속 문제를 묘제라는 척도만으로 살펴볼 수는 없다.

5세기 이후 신라의 지배력이 미치는 공간을 경북, 울산·부산, 경남 일부, 강원 일부, 충청 일부로 볼 경우 이러한 공간 범위에 포함된 지방 유력자는 장신구와 장식대도 등 금공품을 공유한다. 그렇지만 각지의 묘제는 다양하다. 중앙에서는 적석목곽묘가 주로 만들어졌지만 지방사회에는 목곽묘, 수혈식석곽묘, 횡구식석실묘 등 여러 묘제가 존재했다. 이것은 이 무렵 지방 세력이 신라 중앙과 일정한 정치적 관계를 맺고 있었지만 자기의 문화적 전통 또는 정체성을 근본적으로 변화시킨 것은 아니었던 것으로 해석할 수 있다. 아울러 금공품으로 보면 지방사회의 유력자는 신라 중앙에 대한 귀속의식이 높아진 것으로 보이지만 그 실태는 왕도에서의 거리나 집단 내 위상 등 여러 요소에 따라 다양했을 것이다.

다음으로 고고학 자료 가운데 가장 출토 사례가 많은 토기양식의 분포를 통하여 정치체의 공간적 범위를 인지할 수 있을까 하는 점이다. 각 정치체의 중심지에서 토기의 양식이 먼저 형성되어 정치력이 미치는 곳으로 확산되었으므로 토기양식의 분포는 곧 정치 세력의 범위와 일치한다고 보는 견해가 많다(최병현 1992, 이희준 1996). 그와 함께 토기의 확산은 단순한 영역 확대 이상의 경제적 통합을 반영하는 것이므로 지방에 중앙양식의 토기가 등장하였다는 것은 국가 지배력이 이미 적극적으로 관철되고 있었음을 나타낸다고 보기도 한다(성정용 2008). 이외에 토기양식 관련 논고에 의하면 삼국시대 토기양식의 분포가 곧 정치체의 공간적인 범위와 일치할 가능성이 높다는 경향성은 인정하지만 그 이유나 과정에 대한 연구가 필요하다고 하면서 '정치 시스템이 생산과 분배시스템을 어떻게 조정했는지 하는 점이 진정한 문제이고 토기양식의 분포는 부산물에 지나지 않는다.'라는 평가를 내리기도 한다 (이성주 2008).

토기는 금공품이나 철기와 달리 중심지에서 제작하여 넓은 범위로 유통한 것이라 보기 어려우며 지역마다 생산지가 존재한 것으로 보인다. 그렇지만 신라토기에서 살펴지는 이러한 양식차는 신라토기와 고구려토기, 신라토기와 백제토기, 신라토기와 가야토기를 대비했을 때 볼 수 있는 양식차에 비하면 미미한 수준이다. 여기서 인지할 수 있는 신라토기란 대양식의 개념이며 그 하부에 여러 개의 지역양식이 포괄될 수 있을 것이다. 물론 이러한 지역양식은 6세기 중엽 이후가 되면 소멸하는 것으로 이해되고 있다.

신라토기는 고분에서 출토되는 수량이 매우 많으며 각 토기 사이에 제작기법의 유사도가 현저하다. 그리고 크기나 두께, 문양 등 토기의 주요 속성이 일정한 방향성을 보이며 변화하는데, 이러한 변화는 지방의 토기에도 연속하여 반영되는 양상이 확인된다. 그러한 변화는 경주에서 가까운 곳의 토기에 더욱 민감하게 반영되고 있으며 경주에서 멀리 떨어진 의성, 성주, 창녕 등지에서는 지역양식의 토기문화가 존재한다. 그러나 이 지역양식이란 어디까지나 신라토기라는 대양식 내에 포함된 개념이라 할 수 있다(최병현 1992).

결국 묘제가 다르다고 하더라도 신라토기의 지역양식이 발현된 토기문화를 가지고 있거나 신라 중앙에서 제작된 장신구를 소유하고 문헌사료에서 별도의 정치체 존립의 기록이 보이지 않을 때 이를 신라의 지배력이 미치는 영역으로 판단할 필요가 있을 것이다. 다만 집권력의 한계 때문이거나 지배방식의 특징 때문에 묘제나 토기의 다양성이 존재할 수 있었다.

복식품으로서의 장신구

신라의 장신구는 어떤 용도로 활용되었을까. 사서의 기록에 보이는 고구려의 소골,[6] 백제의 은화[7]는 고분에서 출토되는 조우관, 은관식(도5)일 개연성이 있으며 관인이라도 관과 허리띠의 사용에 엄격한 규제가 있었다는 기록[8]과 무덤 출토 장신구의 재질, 도안, 소유에 일정한 제한이 보이는 고고학적 양상을 결합시켜 본다면, 장신구 가운데 일부는 관복의 구성품에 포함될 것이다. 『수서』에는 '신라의 의복이 고구려나 백제와 유사하다.'고 한다. 이 기록이 마립간기의 사정을 보여주는 것인지 의문이 있을 수 있지만 실제 유물에서 조우관이 확인되므로 마립간기까지 소급시켜볼 수 있다. 결국 이 시기의 신라 남성은 중요한 행사에서 조우관을 썼을 가능성이 있다.

중앙으로부터 사여 받은 화려한 도안의 관과 대금구는 물품 자체를 보유하는 것만으로도 효과가 있었겠지만 의복과 함께 착용했을 때 위세는 더욱 드러났을 것이다. 더욱이 단위 지역의 범위를 넘어서서 보다 많은 사람이 모이는 의례의 공간에 장신구를 착용하고 참석하거나 망자의 신체에 착장시켜 매장하는 일련의 장례과정을 통하여 장신구의 소유자 또는 그의 권위를 계승하는 인물의 위세를 드러내기도 했을 것이다. 이러한 측면에서 보면 신라의 장신구는 관복이나 예복을 구성하는 물품으로 이해할 수 있는데 소유자가 극히 제한적이었다는 점, 그리고 중앙의 지배층과 지방 유력자 사이의 구별이 현저하지 않은 점 등을 고려하면 통일기 이후와는 다소 성격이 달랐던 것으로 이해할 수 있다.

신라의 장신구 가운데 실용품으로 보기 어려운 것도 있다. 금동식리에서

---

6) 『周書』 卷49 列傳 異域上 高麗, '其冠曰蘇骨 多以紫羅爲之 雜以金銀爲飾 其有官品者 又插二鳥羽於其上 以顯異之'

7) 『舊唐書』 卷199 列傳 東夷 百濟國, '其王服大袖紫袍青錦 烏羅冠 金花爲飾'

8) 『周書』 卷49 列傳 異域上 百濟, '官有十六品 左平五人一品 達率三十人二品 恩率三品 德率四品 扞率五品 奈率六品 六品已上 冠飾銀華 將德七品紫帶 施德八品皂帶 固德 九品赤帶 季德十品青帶 對德十一品 文督十二品 皆黃帶 武督十三品 佐軍十四品 振武 十五品 克虞十六品 皆白帶'

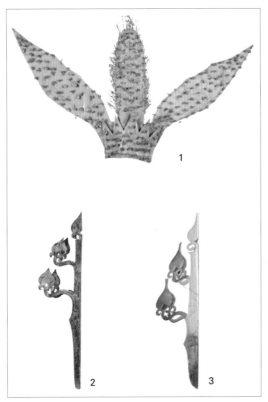

도5. 고구려의 조우관(1.전 집안)과 백제의 은관식(2.육곡리 7호
묘, 3.미륵사지 서탑)

전형을 볼 수 있듯이 장송의례용품이 포함된 것이다. 금동식리는 장식성은
뛰어나지만 지나치게 크고 너무나 취약한 구조를 지니고 있어 실용품으로 사
용할 수 없다. 더욱이 『삼국사기』나 『구당서』 등 사서에는 공식석상에서 가죽
신을 신은 것으로 기록되어 있으므로 더욱 그러하다. 금동식리는 여타 장신
구와 사여 시점이 달랐을 가능성도 고려해볼 만하다. 고대사회의 장례식, 특히
권력을 소유한 인물의 장례식은 망자를 추모하는 본래의 기능에 더하여 장례
의식을 주관하는 인물이 망자의 권위를 잇는 의식으로서의 성격도 지녔다.

복식을 사여하는 모습은 중국 중원 왕조와 주변국의 관계에서도 볼 수 있고 고구려와 신라의 관계에서도 확인된다. 다음의 사료는 그러한 예의 일부이다.

ⓐ 그 풍속은 의책을 좋아한다. 하호가 군현에 조알할 때는 모두 의책을 내려준다. 스스로 인수와 의책을 착용하는 자가 천명 이상 있다.[9]

ⓑ 매금의 의복을 내리고 … 제위에게 교하여 상하 관리의 의복을 내렸다.[10]

ⓒ 진덕왕 재위 2년에 김춘추가 당에 들어가 당의 의례에 따르기를 청하니 태종이 조를 내려 허가하면서 관복을 내려주었다. 마침내 돌아와 시행하였다.[11]

ⓓ 춘추가 또 관복을 고쳐 중국의 제도를 따르고자 청하니, 이에 진귀한 의복을 내어 춘추와 그 종자에게 내려주고 …[12]

ⓐ는 한군현이 하호에게도 의책을 사여하였으며 『삼국지』가 찬출된 3세기 중엽 이전의 마한사회에서는 인수와 의책의 착용이 유행하였음을 보여준다. 이러한 유행은 다음 시기까지 지속되었을 가능성이 있다. 한풍 인수·의책의 소유는 그 사회에서 지배층의 일원임을 시각적으로 보여주는 장치 가운데 하나였을 것이다.

ⓑ는 고구려 태자가 신라왕과 그 수종자에게 의복을 하사하는 내용이다.

---

9) 『三國志』 卷30 魏書 烏丸鮮卑東夷傳 東夷 韓, '其俗好衣幘 下戶詣郡朝謁 皆假衣幘 自服印綬衣幘千有餘人'

10) 『忠州高句麗碑』, '賜寐錦之衣服 … 教諸位 賜上下衣服'

11) 『三國史記』 卷33 雜志 色服, '至眞德在位二年 金春秋入唐 請襲唐儀 太宗皇帝詔可之 兼賜衣帶 遂還來施行'

12) 『三國史記』 卷5 新羅本紀 眞德王2年, '春秋又請改其章服 以從中華制 於是 內出珍服 賜春秋及其從者 …'

이 비문에서는 신라를 동이로 표현하고 있고, 중국왕조가 조공국에게 작호, 인장, 조복을 하사하는 것처럼 의복을 사여하고 있다. 여기서의 의복은 일상복이 아니라 고구려의 관복으로 여겨지며(노태돈 1988), 이 책에서 다루게 될 장신구는 이와 관련이 있을 것으로 생각된다. 충주고구려비의 건립 연대에 대해서는 여러 논의가 있지만 광개토왕릉비 영락 10년조에 이미 신라의 조공기록이 있고, 고구려와 신라의 본격적인 교섭이 4세기 말에 시작된 이래 5세기 전반에는 고구려의 강한 영향력 아래에 신라가 놓여 있었다는 점을 감안한다면, 의복의 수수관계가 4세기 말~5세기 초에 이미 이루어졌을 가능성이 있다.

ⓒ와 ⓓ는 진덕여왕 2년인 648년에 김춘추가 입당하여 당의 의복제도를 수용하는 모습을 기록한 것이다. 김춘추의 요청을 받은 당태종은 보관 중이던 관복과 그에 부속한 관대를 사여하였다. 김춘추는 귀국 후 진덕여왕의 재가를 얻어 진덕여왕 3년인 649년부터 당식으로 복식을 바꾸게 된다.

위 사서의 기록처럼 고대사회에서는 신속의 징표로 복식을 사여하는 방식이 활용되었다. 마립간기 신라에도 이러한 방식이 존재하였을 가능성이 있다. 앞서 살펴본 것처럼 장신구 가운데는 복식의 구성품이 존재하는 바, 양자가 조합을 이루어 사여라는 행위를 통하여 중앙의 귀족 및 지방 유력자들에게 전해졌을 것으로 추정할 수 있다.

제2장
사여체제의 전개

왕도의 복식품 소유 양상

경주 황남동 120-2호분은 전형적인 적석목곽묘이며, 망자의 유해부에서는 각종 장신구가 매장 당시의 위치에서 크게 벗어나지 않은 채 드러났다. 금동관, 금이식, 은대금구, 은천과 은지환, 금동식리 등은 모두 신라양식 복식품이다. 출토 유물로 보면 이 무덤은 금령총이나 천마총과 비슷한 6세기 초에 축조된 것으로 보인다.

이 무덤의 사례처럼 경주 시내에 분포하는 적석목곽묘에서는 무덤 주인공의 생전 지위를 보여주는 복식품이 상당 부분 원상을 유지한 채 출토되곤 한다. 기왕의 발굴 사례를 검토해보면 그러한 복식품의 착장방식에는 일정한 정형(定型)이 존재한 것 같다(이희준 2002). 그런데 이와 같은 정형성은 주로 왕도인 경주에서 보이며, 지방의 경우 복식품 착장방식에서 다소 다른 양상이 확인된다.

고고학적 시각에서 보면 신라 마립간기는 매우 특별하다. 경주 시내에 거

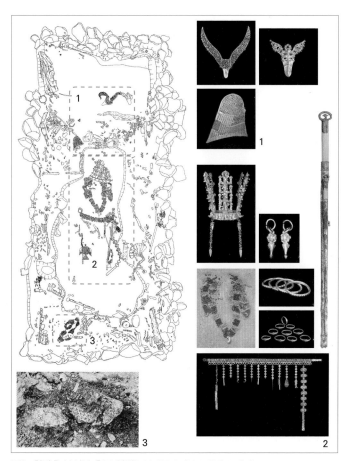

도6. 천마총 복식품 출토 위치(1.부장품 수장부, 2.목관, 3.석단)

대한 적석목곽묘가 축조되고 그 속에는 금관, 금이식, 금대금구, 금천과 금지
환, 금동식리, 장식대도, 장식마구, 금속용기 등 화려한 금공품이 묻히기 때문
이다. 그리고 경주에서 만들었을 것으로 보이는 각종 물품이 낙동강 이동지
역, 경북 내륙지방, 동해안 등으로 확산하는 양상이 확인된다.

신라 적석목곽묘 가운데 왕족묘로 특정할 수 있는 무덤은 많지 않다. 복식품 가운데 가장 희귀한 것은 금관과 금대금구이다. 금관이 출토된 무덤은 황남대총 북분, 금관총, 서봉총, 금령총, 천마총 등 5기, 금대금구가 출토된 무덤은 이 5기와 황남대총 남분이다. 금관과 금대금구가 출토된 6기의 무덤을 분류하면 천마총 유형과 황남대총 북분 유형으로 나눌 수 있다.

천마총 유형에는 천마총, 금관총, 금령총이 포함된다. 3기에서는 금관, 금이식, 경흉식, 금대금구, 금천, 금지환, 장식대도가 착장된 모습으로 출토되었다. 황남대총 남분은 천마총 유형과 비슷하지만 금관과 금천이 결락되었다. 금관이 출토되는 위치에서 금동관이 출토되었다. 다만 이 경우 신라 금동관 가운데 유일하게 금수식을 갖추었다. 별도의 유형으로 나눌 수도 있지만 하나의 사례 밖에 없고 천마총 유형과 유사한 면모를 갖추고 있어 천마총 유형의 아유형(亞類型)으로 분류할 수 있다.

황남대총 북분 유형에는 황남대총 북분과 서봉총이 포함된다. 금관, 금이식, 경흉식, 금대금구, 금천, 금지환을 갖추었다. 천마총 유형과 다른 점은 장식대도가 착장되지 않은 점이다. 황남대총 북분의 경우 피장자의 머리맡 부장품 수장부에 장식대도가 묻혔으므로 착장품은 아니다.

이상 6기의 무덤에서는 모두 금동식리가 출토되었다. 따라서 금동식리 역시 무덤의 위계를 구분하는 주요 물품에 속하는 것임을 알 수 있다. 황남대총 남분에서는 주곽 내 부장품 수장부, 황남대총 북분과 금령총의 경우 피장자의 머리맡에 위치한 부장품 수장부, 천마총의 경우 주곽 내 서쪽 석단에서 출토되었다. 4기의 무덤에서 출토된 금동식리는 모두 착장품이 아니다. 그밖에 금관총과 서봉총에서 출토된 금동식리는 착장품일 가능성이 있으나 단정적으로 이야기하기는 어렵다.

천마총 유형과 황남대총 북분 유형의 차이를 학계에서는 성별의 차이로 이해한다. 장식대도가 패용된 경우 남성묘로 특정하고 있다. 천마총, 금관총, 금령총에서는 모두 인골이 확인되지 않았다. 그에 비해 황남대총 남분의 경우 주인공 유해부에 60대 남성의 인골이 남아 있었고, 장식대도를 패용하였다는 점이 피장자를 남성으로 보는 근거가 되고 있다.

황남대총 북분의 경우 남분에 잇대어 축조된 대형분이고 내부에서 인골은 검출되지 않았으나 남분과 표형분을 이루는 점, 장식대도를 착장하지 않은 점, 화려한 장신구가 많이 출토된 점, 은제 대단금구에 '夫人帶(부인대)'명이 있는 점 등에 근거하여 왕비 무덤으로 추정하는 견해가 많다. 서봉총에서도 인골은 확인되지 않았지만 황남대총 북분과 마찬가지로 화려한 장신구가 다수 출토되어 여성의 무덤으로 추정되고 있다.

천마총 유형을 남성 무덤, 황남대총 북분 유형을 여성 무덤으로 볼 경우 신라 왕족묘의 복식품 착장 정형에서 남녀 사이의 차이가 현저하지는 않다. 다만 장식대도를 착장했는지의 여부에서만 차이가 존재한다. 이 점은 백제의 경우와 다르다.

무령왕릉은 백제 무령왕 부부가 합장된 전축분이다. 왕은 523년 세상을 떠 525년에 매장되었고, 왕비는 526년 세상을 떠 529년에 왕릉에 추가로 묻혔다. 왕과 왕비의 유해부에서 복식품이 여러 점 출토되었다. 왕의 유해부에서는 금관식, 금채(金釵), 금이식, 금은대금구, 금동식리, 장식대도가 출토되었다. 그에 비해 왕비의 유해부에서는 금관식, 금이식, 금경식, 금천과 은천(多利作銘), 금동식리가 출토되었다. 왕과 왕비가 공유한 것은 금관식, 금이식, 금동식리이다. 왕만이 착장한 것은 금채, 금은대금구, 장식대도이고 왕비만 가진 것은 금경식, 금천과 은천이다. 비록 백제의 사례는 무령왕릉 하나이지만 신라에 비하여 남녀 사이의 복식품 차이가 더 현저하다.

신라 왕족묘에서 무덤 주인공의 유해에 착장한 복식품으로는 관, 이식, 경흉식·경식, 천, 지환, 장식대도가 있다. 금동식리의 경우 귀족묘에서 착장된 채 발굴된 사례가 있고 금관총이나 서봉총 목관 내에서 파편이 출토된 것으로 보고된 바 있어 포함시킬 수도 있다. 이 가운데 착장방식에서 신라적 특색이 현저한 사례로 관과 천을 들 수 있다.

신라의 관은 재질에 따라 금관, 금동관, 은관, 동관으로 나뉘며 이 가운데

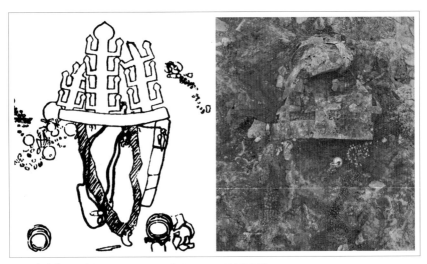

도7. 관의 출토 모습(좌: 금령총 금관, 우: 황남동 120-2호분 금동관)

전형적 신라 관은 금관과 금동관이라 할 수 있다. 현재까지 발굴된 금관은 황
남대총 북분, 금관총, 서봉총, 금령총, 천마총 출토품 등 5점이다.

5점의 금관은 모두 착장된 모습으로 출토되었다. 금관총의 경우 정식 발굴
이전에 수습되어 정확한 양상은 파악하기 어려우나 착장품으로 보아 무리가
없다. 최초로 정식 발굴된 금령총 금관은 5개의 입식이 위로 오므려진 모습
으로 출토되었다. 그런데 주목되는 것은 금관 대륜과 경흉식의 상단이 겹친
채 출토되었다. 즉, 피장자의 턱까지 대륜이 내려와 있었다(도7-좌).[1]

이러한 착장방식이 대해 학계에서는 망자를 염할 때 금관을 펼쳐 머리 전

---

1) 신라 금관의 이같은 부장 양상에 주목한 연구자는 현 삼강문화재연구원의 최종규 원
   장이었다. 그는 1990년대 초반 고대연구회 월례발표회에서 금관 출토 상태의 도면을
   제시하면서 금관을 무덤 주인공의 머리에 씌워준 장송의례용품이라 지적하였다. 다
   만 이 글은 논문의 형식으로 공간되지 않아 학계의 관심을 끌지는 못하였다. 비슷한
   견해가 1995년 일본에서도 발표되었다(馬目順一 1995).

체를 감싼 다음 후면에서 1차로 묶고 재차 입식의 위쪽을 모아 끈으로 묶었을 것으로 추정해왔다.

그런데 황남동 120-2호분에서 출토된 금동관의 경우도 위 금관의 경우와 유사한 모습을 갖추고 있어 주목된다. 금동관의 대륜은 금령총의 경우와 마찬가지로 경흥식의 윗부분과 겹쳐 있고 입식의 윗부분이 모인 채 출토되었다. 수식도 늘어뜨리지 않고 둥글게 말린 채 드러났다(도7-우).

신라의 지방에서는 금동관의 출토 사례가 많으며 그 가운데는 양산 부부총 남성의 경우처럼 착장한 사례도 있지만 착장하지 않고 부장한 사례도 있다. 부산 복천동 10·11호분 금동관은 무덤 주인공의 머리 우측에 놓인 철정(鐵鋌) 위에서, 복천동 1호분 출토 2점의 금동관은 석실의 남벽 쪽에서 모두 정치된 채 출토되었다. 강릉 초당동 B16호묘 출토품도 한쪽에 별도로 매납되어 있었고 경산 임당 EⅢ-8호분처럼 목관 위에 부장한 예가 있다.

신라 왕족묘의 천 착장방식은 정형화되어 있다. 황남대총 북분, 금관총, 서봉총, 금령총, 천마총에서 모두 금천이 출토되었고 일부 무덤에서는 은천이 조합을 이루어 출토되기도 하였다.

황남대총 북분 피장자의 유해부에서는 11점의 금천이 수습되었다(도8). 이 중 10점은 무늬가 없고 단면이 둥글지만 1점은 단면이 판상을 띤다. 후자는 감옥(嵌玉)천이라 불리며 표면에 터키석 등 준보석이 감장되어 있어 신라의 여타 팔찌와 확연히 구별된다. 좌완 부위에서 무문 금천 5점과 감옥천 1점, 우완 부위에서 무문 금천 5점이 출토되었다. 금천 주변에 은천도 있었으나 유존상태가 좋지 않아 수습하지 못했다고 한다. 감옥천을 제외한 10점의 팔찌는 대동소이하다. 다만 금봉의 속이 채워진 것과 빈 것으로 나뉜다.

금관총에서는 금천 12점, 은천 17점 등 모두 29점의 천이 수습되었다. 피장자의 좌완 부위에서 금천 4점과 은천 1점, 우완 부위에서 금천 3점과 은천 2점이 출토되었다. 천은 모두 외연에 각목문이 장식되어 있다. 좌우측에 각각 금천과 은천을 함께 착장한 양상이다.

천마총의 경우 피장자의 좌완과 우완 부위에서 금천과 은천이 2점씩 출토되었다. 금천은 모두 속이 비어 있고 표면에 돌기장식이 있다. 은천은 유존상태가 좋지 않아 1점만 수습되었고 금천과 형태가 같다.

금령총의 경우 피장자의 좌완과 우완 부위에서 동형의 금천이 2점씩 출토되었다. 4점 모두 속이 비어 있고 외연에 40개의 유리옥이 감장되어 있다.

이와 같이 신라 왕족묘에서는 천이 복수로 출토되었다. 특이한 점은 천에서 좌우의 구분을 찾아보기 어렵다. 즉, 동일 유형의 천을 여러 점 만든 다음 좌우에 나누어 착장하는 양상이다. 이는 백제의 천 착장 방식과 다른 점이다.

무령왕릉의 경우 왕의 유해부에는 천이 없었고, 6쌍의 천 모두가 왕비의

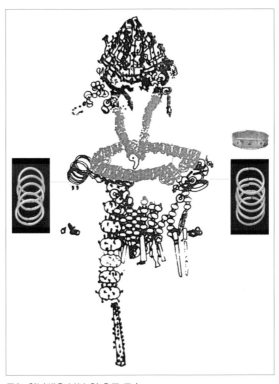

도8. 황남대총 북분 천 출토 모습

유해부에서 출토되었다. 그 가운데 다리작 은천 1쌍은 좌완, 각목문 금천 1쌍은 우완에 착장되었던 것 같다. 천을 세트별로 모아 착장시킨 점이 주목된다. 신라의 지방에서는 천의 출토 사례가 많지 않고 신라 왕족묘처럼 동일한 천을 좌우에 나누어 착장시키기도 하고 백제처럼 좌우 천의 형태가 다른 경우도 있다.

이처럼 신라 복식품 착장의 정형은 왕족묘에서 찾아볼 수 있고 지방의 경우 일부 그것을 모방했으나 왕도와 같은 정형은 성립되지 않았던 것 같다. 그리고 신라는 백제에 비하여 남녀 복식품의 구성에서 차이가 현저하지 않았다.

지방의 복식품 소유 양상

지방은 왕도에 비하여 정형화된 모습이 덜 확인된다. 양산 부부총의 남성 유해부에서만 관, 이식, 경식, 대금구, 천, 지환, 식리, 장식대도가 출토되었고 그 외는 부분적으로 출토된다. 지방에서 가장 중요한 금은장신구는 관이었던 것 같다.

관을 중심으로 보면 대관과 모관을 부장하는 경우로 크게 나뉜다. 모관을 부장한 예는 황남대총 북분과 평행하는 시기에 집중되고 대관과 모관이 함께 부장된 예는 양산 부부총 남성 유해부와 창녕 계남리 1호묘 뿐이고, 그 외에는 대관과 모관이 각기 부장되어 있다. 지방에서 비교적 많은 유형으로는 이식과 대금구를 부장하는 것이다. 경식은 경주에 비해 매우 소략하며, 천과 지환을 부장한 예는 거의 없고 식리의 부장도 소수인데 착장한 예가 많다.

이처럼 관을 비롯한 금은장신구를 세트로 부장하는 장례풍습은 신라 왕족이나 귀족의 무덤에서 전형적으로 보이며, 5세기를 전후하여 시작되어 6세기 중엽에 소멸하는 것 같다. 지방 무덤에서 금속장식품이 보이는 것은 5세기 전반이라고 생각되며 수량이 증가되면서 관, 이식, 대금구, 식리, 장식대도의 전

세트가 부장되는 것은 5세기 후반에서 6세기 전반까지이다. 신라양식 금공품의 공간적 분포 양상을 살펴보면 『삼국사기』 등의 사서에 소국(小國)이 존재했던 것으로 기록된 곳과 상당 부분 겹치는 양상이 확인된다. 아마도 신라 중앙이 그런 소국적 기반을 가진 세력을 지방지배에 활용한 것으로 추정할 수 있다.

또 하나 주목되는 것은 각 지역마다 금공품의 소유 내지는 분포 양상에 차이가 있다는 점이다. 경산, 대구, 의성, 창녕, 양산지역에서는 관, 이식, 대금구, 식리 등의 주요 복식품이 다수 출토되고 있음에 비하여 언양, 울산, 부산, 밀양, 성주, 상주, 안동, 순흥, 포항, 삼척, 강릉은 종류가 적고 양적으로도 열세이다. 조사가 균등하게 이루어진 것은 아니나 이러한 차이는 신라 중앙의 각 지역에 대한 관심도, 바꾸어 말해 각 지역이 지닌 중요도와 관련될 것 같다. 신라의 중앙에서는 경산, 대구, 의성, 창녕, 양산 지역에 대하여 상대적으로 높은 관심을 가졌고 그 지역의 유력자들에게 더 많은 복식품을 제공한 것으로 추정할 수 있다.

신라 지방의 중심 고총군 및 그곳에서 출토된 복식품의 현황을 권역별로 구분하여 설명해보면 다음과 같다.

낙동강 중상류 방면

영천은 골벌국(骨伐國)의 고지로 알려져 있다. 골벌국이란 『삼국사기』에 국명이 기록된 소국 가운데 하나이다. 236년 골벌국왕 아음부(阿音夫)가 무리를 이끌고 신라에 항복하자 그 땅을 군으로 삼았다는 기록이 있다. 골벌국의 실체 해명에 필요한 고고학 자료는 여전히 부족하지만 기원을 전후한 시기에 축조된 것으로 보이는 어은동 유적이나 용전리 목관묘의 존재를 통해 소국 성립 과정의 일단을 엿볼 수 있다. 아마도 이런 유적을 남긴 유력 집단의 뒤를 잇는 세력이 금호강에 인접한 영천 일원에서 상당한 세력을 유지하며 소국을 성립시켰을 것이다.

영남 각지에 소재한 진한 소국의 고지에는 통상 5~6세기에 만들어진 고총이 존재한다. 그러나 영천에서는 아직 경주산 복식품이 집중적으로 출토되는 무덤이 발굴되지 않았다. 다만, 지표조사와 부분적 발굴조사 결과를 토대로 완산동고총군이 이 지역의 중심 고총일 것으로 추정하는 견해가 많다. 기왕의 발굴 성과 가운데는 완산동고총군에서 적석목곽묘가 확인되었다는 점, 화남리신라묘군에서 금동관과 금이식 등 복식품이 출토되었다는 점을 주목해 볼 수 있다.

경산은 초기철기시대 이래 유력한 세력의 존재가 확인된 곳이다. 『삼국사기』 신라본기의 압독국(押督國)이 바로 이 지역에 존재하였다. 이곳은 경주에서 낙동강 방면으로 나아갈 때 통과해야 하는 요충지였을 뿐만 아니라 왕경에서 멀지 않은 지리적 여건을 갖추고 있어 신라 중앙의 관심을 받기에 충분한 조건을 갖춘 곳이다.

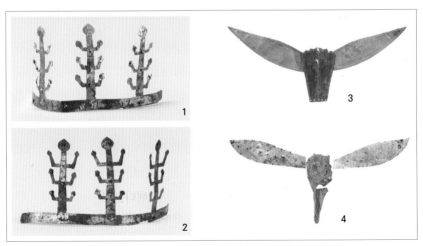

도9. 경산 출토 대관(1.임당 7A호분, 2.조영 CⅡ-1호분)과 모관(3.전 임당, 4.임당 7A호분)

경산의 중심고총군은 현 경산시 임당동, 조영동, 부적동 일대에 분포하는 임당고총군이다. 지표상에 대규모 분구가 드러나 있는 것도 많지만 봉토가 남아 있지 않은 대형 목곽묘도 다수 존재한다. 이보다 하위의 고총군으로는 현재 대구시에 속하는 불로동고총군, 진량의 신상리고총군, 자인의 북사리와 교촌리고총군이다. 각 고총군에 대한 발굴은 부분적으로 진행되었으며 임당고총군에 대한 조사가 상대적으로 많이 이루어졌다. 임당고총군에서는 금동관이 집중적으로 출토되었다(도9).

대구는 금호강을 끼고 있어 초기철기~원삼국시대에 유력한 정치체가 존재했던 곳이다. 소국의 명칭이 전하지는 않지만 평리동이나 비산동에서 출토된 한식(漢式)문물이나 한국식동검문화기 유물은 그 시기 이 지역의 위상을 잘 보여준다. 신라 첨해니사금 15년(261)에 축조되었다는 달벌성(達伐城)이 대구로 비정된다. 대구는 서쪽이 낙동강을 경계로 대가야와 접하고 있고 낙동강 중상류지역의 물류를 통제할 수 있는 거점에 해당한다.

대구의 고총군 가운데 규모가 가장 큰 것은 지금의 내당동과 비산동에 분포한 달성고총군이다. 중심연대는 5~6세기이다. 일제시기에 대형분을 중심으로 발굴조사가 진행되었으나 그 이후 도시화의 과정에서 대부분의 유구가 훼손되어 지금은 남아 있지 않다. 달성 37호분 1곽에서는 출자형 입식을 갖춘 금동관이 2점이나 출토되었다(도10). 그 하위에 존재한 고총군으로는 구암동고총군, 문산리고총군, 성산동고총군과 설화리고총군, 대명동고총군이 있다. 금공품은 달성고총군에 집중되지만 문산리나 성산동, 그리고 대명동고총군에서도 여러 점 출토되었다.

성주는 『삼국유사』에 성산가야(星山伽倻)의 고지로 기록되어 있다. 그러나 소위 5가야 조의 그 기사는 후대에 부회된 것으로 밝혀졌다. 현재까지 발굴된 고고학 자료로 볼 때 성주에 가야 소국이 존재했다고 볼 수 있는 증거는 없으며 오히려 일찍부터 신라였던 것으로 보인다.

성주에 유력한 세력이 존재했음은 성산동고총군이 잘 보여준다. 그러나 무

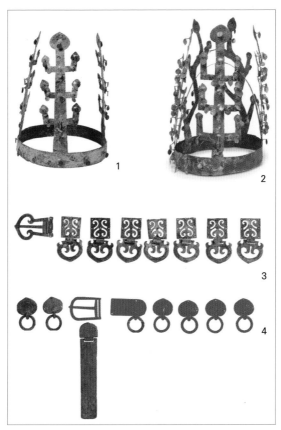

도10. 대구 출토 금동관(1 · 2.달성 37호분 1곽)과 은대금구(3.달성
34호분, 4.달성 37호분 1곽)

덤의 축조방식, 장송의례, 출토 유물의 양식 등으로 보면 가야와 유사하다기
보다 신라적인 색채가 완연하다. 특히 경주에서 제작되었을 것으로 보이는
복식품이 출토되며, 유물 가운데 다수를 이루는 토기가 신라의 지방양식으로
규정할 수 있을 정도로 신라적 특색을 갖추고 있다.

대구에서 낙동강을 따라 북쪽으로 향하다 보면 강의 양안 곳곳에 고총군
이 분포한다. 그 가운데 선산 낙산동고총군이 주목된다. 전 선산 출토 복식품

이 대개 이 고총군 출토품일 가능성이 있다. 이 고총군이 소재한 곳은『삼국사기』등 사서에 기록된 일선군(一善郡)의 고지이며 낙산동고총군에 묻힌 이들은 그곳에 거주하였던 유력한 현지인들이었을 것이다.

소백산맥 방면

의성은 경북 내륙의 중심부에 위치하며 삼국시대에는 신라의 지방으로 편제되어 있었다.『삼국사기』에 신라가 의성의 소문국(召文國)을 185년에 정복했다는 기록이 있으나 기년을 그대로 믿기는 어렵다. 다만, 일찍부터 이 지역에 유력한 세력이 존재했던 것만은 분명해 보인다. 신라는 한반도 동남부에 치우쳐 있었기 때문에 외부로 진출하거나 또는 지방을 통제하기 위해 중요한 거점세력을 적극적으로 활용하였다. 신라가 경주에서 영천을 지나 소백산맥 일대로 진출하기 위해서 반드시 이곳을 거쳐야 했다. 금성산 서록의 고총은 위와 같은 지리적 특징과 관련하여 신라 중앙으로부터 집중적 지원을 받던 현지세력의 위상을 잘 보여준다. 그간의 발굴 결과 대형 봉토를 가진 무덤의 대다수는 5~6세기에 축조된 것이며 오랜 기간 동안 연속적으로 조영되었음이 밝혀졌고 그 속에서 다량의 복식품이 출토되었다.

안동은 경북 내륙에 위치하지만 낙동강을 끼고 있어 일찍부터 유력한 세력들이 성장한 곳이다.『삼국사기』에 신라 소지마립간이 출행하였던 것으로 기록된 고타군(古陁郡)을 안동으로 보는 것이 통설이며 신라의 지배거점 가운데 중추적인 곳이었다. 아직 4세기 이전으로 소급되는 유적이 제대로 발굴된바 없지만 5~6세기 유적은 곳곳에 분포한다.

안동의 중심고총군은 태환이식이 출토된 태화동고총군이나 은관식과 대금구 등 금공품이 발견된 명륜동 일대에 위치하였을 것으로 추정되지만 일부 고총만 발굴되었고 대규모 고총군으로 남아 있지 않아 전모를 파악하기 힘들다. 오히려 낙동강 남안의 임하동고총군의 규모가 훨씬 커서 아마도 마립간기에는 중심 고총군이었던 것으로 보인다. 그곳에서는 금동식리가 출토된 바 있다.

영주는 신라와 고구려의 접경지였기 때문에 두 나라의 문화가 공존하는 지역이며 신라 중앙정부로부터 높은 관심을 받았던 곳이다. 이러한 위상에 걸맞게 영주 일원에는 수많은 고총이 산재되어 있고 지표조사 결과만 보더라도 경북 북부 여러 지역 가운데 고총의 밀집도가 가장 높은 편에 속한다.

그간의 지표조사 및 발굴조사 결과 영주시 곳곳에서 고총군의 존재가 확인되었다. 특히 안정면에 23개소, 순흥면에 41개소가 분포함이 밝혀졌는데 『삼국사기』 지리지에 기록된 나령군(奈靈郡)이 전자와, 급산군(岌山郡)이 후자와 관련될 가능성이 있다. 고총군의 규모로 보면 순흥 비봉산 일대의 고총군이 가장 탁월하다. 그 가운데는 '乙卯年於宿知述干(을묘년어숙지술간)'명의 벽화묘와 '己未(기미)'명 벽화묘가 포함되어 있다.

신라는 일찍부터 소백산맥 일대의 여러 지역을 장악하기 위해 노력했다. 『삼국사기』 초기 기록의 기년을 그대로 믿기 어렵다 하더라도 이미 5세기 무렵에는 소백산맥을 경계로 백제, 고구려와 접경하였던 것으로 볼 수 있다. 지리적으로 보면 전술한 의성과 더불어 상주가 매우 중요한 거점이 되었을 것이다. 낙동강 수계에 위치하며 서쪽으로는 보은, 동북쪽으로는 문경에 접하고 있기 때문이다.

상주는 사벌국(沙伐國)의 고지이며 병성천 남안의 병풍산 일대에 신라묘군이 밀집되어 있다. 상주 북쪽에 위치하는 함창 신흥리에서 4세기까지 소급하는 신라묘군이 발굴된 바 있고 상주 시가지 남쪽 청리지구에서는 4~7세기의 무덤이 다수 조사되었다. 보은에는 신라의 서방진출 거점인 삼년산성이 위치하며 그 주변에서 대규모 신라묘군의 분포가 확인되었다. 문경 역시 고모산성에 인접한 신현리신라묘군이 발굴되었고 금이식이 출토되었다. 중심연대는 5~6세기이다. 상주, 보은, 문경의 경우 무덤의 숫자는 많은 편이지만 무덤의 규모나 복식품의 출토 양상으로 보면 경산, 대구, 의성 소재 고총군에는 미치지 못한다.

의성과 순흥의 복식품

이 가운데 의성과 순흥은 각각 내륙의 중심 거점, 변경의 거점이었으며 신라 중앙의 입장에서는 관심을 집중할 수 밖에 없었던 곳이다. 두 지역에 대해 조금 더 상세히 살펴보면 다음과 같다.

의성 금성산고총군에서 출토된 관, 이식, 대금구, 식리 등 장신구는 5~6세기에 제작된 것이며 신라양식을 띤다. 의성에서 제작된 것이라기보다 신라 왕도에서 제작된 것일 가능성이 큰 복식품이다.[2] 의성에 장신구가 집중된 이유는 아직 분명히 밝혀져 있지 않으나 신라 중앙의 필요성 때문이 아니었을까 한다.

이 지역 청동기와 철기문화의 전개양상이 아직 제대로 밝혀지지는 않았으며 여러 곳에 군집을 이루며 분포된 지석묘의 존재로 보면 이 지역에도 경주, 영천, 경산, 대구, 상주 등지에서 보이는 청동기 및 초기철기문화가 분명히 존재했을 것이다. 특히 안평면 기도리에서 채집된 두형토기(豆形土器)의 대각과 대리리 일원의 와질토기(瓦質土器)편은 이 지역의 초기철기 및 원삼국시대 문화의 양상이 다른 지역과 크게 다르지 않음을 이야기해 준다. 아울러 대구대학교 박물관이 지표 채집한 대리리와 양서동신라묘군 유물 가운데 4세기 토기가 포함되어 있어 주목을 끈다.

지금도 그 위용을 느낄 수 있듯이 금성산 서록에 집중 조영된 고총은 급작스럽게 외부세력이 이주하여 만든 것으로 볼 수 없다. 그간의 발굴 결과 대형

---

2) 일부 복식품의 제작지를 현지 공방으로 본 견해가 있다(김재열 2017).

봉토를 가진 무덤의 대다수는 5~6세기에 집중되고 있으며 연속적으로 축조되었다. 영남의 무덤 발굴 성과로 보면 5세기 이전의 묘제는 목곽묘이다. 목곽묘의 경우 봉토 함몰로 인하여 지표상에서 흔적을 찾기 어려운 경우가 많다. 따라서 현 고총 주변에 4~5세기 또는 그 이전으로 소급되는 대형 무덤이 존재할 가능성이 있을 것이다. 즉, 의성지역에는 역사 기록에 등장하는 소국이 분명히 존재했던 바, 그것의 고고학적인 실체는 앞으로의 발굴조사를 통하여 찾을 수 있을 것이라 기대한다.

그러면 역사 기록에 등장하는 소문국, 어떻게 보면 좋을까. 소문국에 관한 기록은 『삼국사기』 신라본기 벌휴이사금조와 지리지에 등장한다.

    ⓐ 2월에 파진찬 구도와 일길찬 구수혜를 임명하여 좌우군주로 삼아 소문국을 정벌하였는데, 군주의 이름은 여기에서 비롯되었다.[3]

    ⓑ 문소군은 본래 소문국이었는데, 경덕왕이 이름을 고쳤다. 지금(고려)의 의성부이다. 영현이 넷이다.[4]

위 ⓐ의 기록은 『삼국사기』의 기년에 따르면 185년의 일이다. 그렇지만 『삼국사기』 초기기록의 기년에 대해서는 연구자들 사이에 논란이 많으며 이를 3세기 중엽 이후로 조정하여 보는 견해도 있다. 사로국이 주변의 소국을 복속하는 과정은 탈해왕대에 시작하여 파사, 벌휴, 조분, 첨해, 유례니사금대에 집중되어 있다.

소국의 고지 가운데 4세기 이전의 유적이 알려진 곳으로는 우시산국의 울산, 거칠산국의 동래, 압독국의 경산, 사량벌국의 상주 정도이다. 그런데 이러

---

3) 『三國史記』 新羅本紀 伐休尼師今, '二月 拜波珍湌仇道 一吉湌仇須兮爲左 右軍主 伐 召文國 軍主之名始於此'

4) 『三國史記』 地理志, '聞韶郡 本召文國 景德王改名 今義城府 領縣四'

한 현상은 아직 조사의 부족에 기인한 바 클 것으로 보인다. 왜냐하면 안강의 음즙벌국과 청도의 이서국, 영천의 골벌국 등을 제외한다면 대부분 5~6세기의 대형 고총군이 확인되기 때문이다. 이처럼『삼국사기』초기 기록에 등장하는 모든 세력을 사로국이 1~3세기에 정복하여 직접적으로 지배하기에는 역부족이었으며, 그 때문에 현지세력을 적극적으로 활용하여 지방을 지배하는 통치방식은 신라 중고기 초반까지 지속되었을 가능성이 있다. 자연히 그 지역의 지배층은 자신들의 지위를 유지하면서 활동할 수 있었을 것이니 의성의 소문국 세력 역시 마찬가지였을 것이다.

위 ⓑ는 지리지의 기록이다. 757년 신라 경덕왕은 지명을 한문식으로 바꾸는 개혁을 실시한다. 그에 따라 의성의 지명 역시 바뀌었는데 소문으로 불리던 지명이 문소로 바뀐 것이다. 이 기록에 대한 연구에 따르면 아마도 이 무렵 치소가 금성면 일대에서 현 의성 읍내로 바뀌었을 것이라 한다(주보돈 2003).

이와 같은 연구 성과를 참조하더라도 기원후 어느 시기부터 통일신라시대까지 현 금성산 서록 일대가 의성의 중심지였고 그와 관련한 문화유적의 분포 밀도 역시 높다고 여겨진다. 그 가운데 뚜렷한 존재가 바로 금성산고총군이다. 고총은 5~6세기 신라와 가야 사회를 특징짓는 물적 증거물이다. 당시의 고총은 지배층의 무덤이지만, 그것은 단순한 무덤이 아니며 일종의 기념물로서의 성격도 지녔다. 아울러 고총의 축조와 그것을 둘러싼 정치적 이해관계는 그 사회를 지탱시킨 하나의 원리와도 같은 것이었다. 고총의 전형은 경주 시내에 밀집된 적석목곽묘에서 볼 수 있으며, 같은 시기 신라의 지방 가운데 소국적 전통 내지는 힘을 강하게 지닌 곳에도 탁월한 규모의 고총이 분포한다. 의성은 바로 그런 힘을 오랫동안 지니고 있던 지역임이 금성산고총군의 존재로 증명되고 있는 것이다.

기왕에 발굴된 고총 속에서는 금동관, 금동관모, 금동관식, 은관식, 금이식, 금동대금구, 은대금구, 금동식리, 장식대도, 장식마구 등 최고급 물품이 다량 출토되었다. 시기적으로 보더라도 영남 어느 고총군보다도 이른 시기의 금공품이 부장되어 있고 또 늦은 시기까지 존속하고 있어 신라의 황금문화라는 큰 범주에서 보면 거의 전시기의 자료가 망라되어 있을 것으로 예상된다. 그간 학계에서는 의성지역 고총에서 출토된 유물의 특색, 또는 의미에 대하여 연구하여 왔으며 그 연구가 진척되면서 의성의 고고문화가 조금씩 베일을 벗고 있다.

의성이라 하면 우선적으로 떠오르는 유물이 탑리고분 I 곽에서 발굴된 금동관이다(도11-1). 국립박물관이 발굴한 다음 고구려적인 색채가 반영된 신라의 금동관으로 주목받으면서 전시되었기 때문이다. 뿐만 아니라 국립청주박물관과 국립대구박물관에서는 이 금동관 뿐만 아니라 금동식리, 장식대도 등의 일괄유물을 보존처리하여 함께 공개하였고 이어 의성 대리리 2호분과

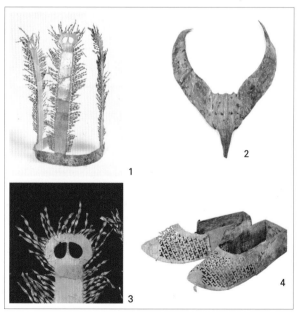

도11. 의성 탑리고분 출토 장신구류(1·3. I 곽, 2·4. II 곽)

대리리 3호분, 대리리 45·46·48호묘에서 화려한 금공품이 발굴됨에 따라 의성 금성산 일대 고분군 출토 유물의 수준이 무덤 규모 못지않게 빼어난 것임을 확인할 수 있었다. 이는 경산의 임당고총군이나 대구의 달성고총군, 창녕의 교동고총군과 비견할 수 있는 정도이며 예천, 상주, 문경, 안동, 영주 등 경북 북부내륙지역에서는 탁월한 모습을 보여주는 것으로 주목된다. 결국 의성 금성산고총군에 묻힌 주인공들은 5~6세기 경북 북부지역 최고의 세력이었던 것으로 평가하는데 문제가 없다.

의성에는 '의성양식'으로 불리는 토기문화가 존재하였다(김옥순 2007, 서경민 2010). 의성의 삼국시대 토기문화는 신라의 지방양식 토기문화임이 밝혀졌는데 경주에서 비교적 멀리 떨어진 창녕이나 성주와 더불어 특색 있는 토기문화가 존재했다. 이러한 토기문화는 기존에 가지고 있던 토기 제작기술을 토대로 중앙의 영향을 수용한 것이다. 의성의 토기문화는 비단 의성에만 머물지 않았고 상주, 안동 등 주변지역으로 확산되었고 멀리 떨어진 동해안의 영덕 괴시리 16호분, 강릉 초당동과 병산동신라묘군에서도 출토된 바 있다.

유물상과 더불어 의성 금성산고총군의 경우 신라 왕경의 묘제로 판단되는 적석목곽묘가 조성되어 있다. 적석목곽묘의 경우 왕경의 묘제이며 지방에서는 경산 임당고총군, 영덕 괴시리 16호분, 창녕의 교동 12호분 등에서 일부 확인되고 있을 뿐이다. 금성산고총군의 주인공이 왕경의 묘제를 채용하고 있음은 당시 이 지역 세력의 위상을 반영해주는 증거일 것이다.

삼국시대 고총에서는 종종 금속제 관이 출토된다. 그 중 신라묘 출토품이 가장 많으며 대체로 해당사회 최상위 인물의 무덤에 한정적으로 부장된다. 의성에서도 2점의 금동관이 출토되었다. 탑리고분 Ⅰ곽과 대리리 2호분 A-1호 주곽 출토품이 그것이다. 전자는 피장자의 머리 부위에서 출토되었다. 이 금동관은 대륜을 갖추고 있고 전면에 1개, 측면에 2개의 입식이 부착된 것이다. 대륜의 상하 가장자리에는 파상점열문(波狀點列文)이 시문되어 있고 대륜과 입식의 결합에는 2개의 못이 사용되었다. 입식의 길이는 긴 편이며 가장자리에는 끌로 오린 다음 비틀어 꼬아 만든 우모형(羽毛形) 장식(도11-3)이 베풀어져 있다. 입식의 맨 꼭대기에는 좌우 대칭으로 구멍 2개가 뚫려 있다.

이 금동관에 보이는 우모형 장식기법은 고구려와 신라의 다른 관에서 종종 확인된다. 아마도 이러한 기법은 고구려에서 신라로 전해진 것으로 볼 수 있다(박보현 1995, 신대곤 1997). 이 금동관의 또 다른 특징인 입식 꼭대기의 투공은 요령성박물관 소장 전 집안 출토 금동관식이나 부산 복천동 10·11호분 금동관의 삼엽문 장식이 변화된 것으로 추정할 수 있다.

이 금동관은 기년을 알 수 있는 자료와 함께 출토되지 않았으므로, 연대는 금동관의 특징을 다른 사례와 비교하여 추정할 수밖에 없는 실정이다. 위에서 언급한 우모형 장식은 고구려 집안 도읍기의 관에서 많이 보이지만 평양 천도 후의 자료인 청암리토성 출토 금동관에서도 확인되므로 시기 폭이 꽤나 넓었던 것 같다. 신라에서는 황남대총 남분 출토품이 가장 선행하는 것으로 보이는데 이 무덤의 주인공 및 연대에 대해서는 다양한 논의가 이루어지고 있으며 내물마립간, 눌지마립간, 실성마립간을 무덤의 주인공으로 보는 견해가 있다. 신라 역시 고구려와 마찬가지로 우모형 장식이 유행한 시기 폭이 넓었던 것 같다. 즉, 달성 37호분 2곽에서 출토된 관에도 이러한 장식기법이 구사되어 있기 때문이다. 그렇지만 이 금동관은 신라의 관이 수지형(樹枝形)으로 통일되기 이전의 모습을 보여주는 것이므로 신라의 관 가운데 이른 시기로 편년할 수 있을 것이다. 함께 출토된 금동대금구의 과판 도안 역시 황남대총 남분 출토품과 유사하다는 점에 주목한다면 탑리고분 I 곽의 연대는 황남대총 남분과 평행하거나 그에 선행할 가능성이 있다.

후자는 파편이라 정확한 형태를 파악하기 힘들지만 신라의 전형적 수지형 금동관편임에 분명하다. A1호 주곽에서는 2인의 인골이 확인되었는데 금동관은 그중 동쪽에 위치한 인골의 두개골에 겹쳐 출토되었다. 대륜 및 입식의 가장자리에 1줄의 점열문이 시문된 점을 비롯해 전체적인 외형이 고식에 속한다.

의성에서 출토된 금동관은 모두 착장품인 점이 주목된다. 왕경인 경주에서는 관을 소유할 경우 장례 시 금이나 금동제 대관을 착장시켜 매장하는 경우가 많다. 금동관의 출토 위치를 살펴보면 경주와 지방이 다소 다르다. 경주의 금동관은 주로 성인 남성의 머리 쪽에서 출토됨에 비하여 지방은 다양한 출토양상을 보여준다. 즉, 의성의 경우 2기의 무덤 모두 머리 쪽에서 출토되었지만 이와는 다른 모습을 보이는 경우도 많다. 임당 EⅢ-8호분처럼 목관 위에 순장된 인물 골반에 덮인 채 출토된 예도 있다. 이외에 부산 복천동 금동관은 바닥에 정치된 채로, 대구 달성 37호분 1실이나 양산 부부총처럼 관 위에 부장했을 가능성이 있는 것도 있다. 대구 가천동 168호묘에서는 금동관이 부장공간에 밀집 부장된 토기 위에서 출토되기도 하였다.

탑리고분 Ⅱ곽에서는 조익형(鳥翼形) 관식이 출토되었다(도11-2). 유해의 머리부위에서 출토되었다. 금동제품이며 표면에 영락이 달려 있다. 중앙에 가삽부(加揷部)가 있고 좌우에 날개모양 장식이 부착되어 있다. 가삽부 위 부분에는 5개의 돌출부가 마련되어 있다. 신라묘에서는 금, 금동, 은관식이 출토되는데 금제품의 수량이 가장 적다. 신라 조익형 관식의 변화상은 금관식에서 살펴볼 수 있다. 황남대총 남분과 금관총 금관식은 중앙 상부의 돌출부가 5개이고 천마총 금관식은 3개이다. 대체로 돌출부가 5개인 것이 3개인 것에 비하여 고식으로 보인다. 그리고 투조한 것과 투조하지 않은 것은 공존하지만 투조한 것이 더 늦은 시기에 등장하는 것 같다. 이러한 흐름에서 보면 탑리고분 Ⅱ곽의 연대는 황남대총 남분의 연대에 근접할 것으로 추정할 수 있다.

대리리 48호묘 1곽에서는 금이식, 은장삼엽환두대도와 함께 금동관모가 출토되었다. 관모의 형태와 부품은 기본적으로 금관총, 천마총 금관모와 유사하다. 다만 관모 정부 가까이에 별도의 장식을 부착한 점에서 차이가 있다. 그렇지만 백제 금동관에서 확인할 수 있는 대롱모양 장식과는 형태가 확연히 다른 것이어서 이 관모를 백제적인 것으로 보기는 어렵다. 공반된 금이식의 형식으로 보아 금관총과 평행기의 자료로 추정할 수 있을 것 같다. 그밖에 여타 유구에서 모관 부품인 은관식이 출토된 바 있다.

탑리고분 Ⅲ곽 출토 접형관식은 파손품이어서 제작기법을 파악하는데 어려움이 있다. 중앙 하부에는 가삽부가 있고 그 위쪽에는 거치상의 돌출부 5개가 있다. 날개 부위는 바깥으로 가면서 넓어져 제형(梯形)을 띤다. 날개 부위의 표면에는 세로로 여러 줄의 점열문이 베풀어져 있고 영락이 달려 있다. 이와 유사한 예는 금령총과 강릉 초당동 Ⅲ-A2호석곽묘에서 출토되었다. 금령총은 천마총과 비슷하거나 조금 빠른 시기의 무덤이고 초당동 Ⅲ-A2호석곽묘는 금령총 보다 조금 빠른 단계의 무덤이므로 탑리고분 Ⅲ곽은 탑리고분 Ⅱ곽보다 한 세대 정도 늦은 시기의 무덤인 것 같다.

금성산고총군에서는 여러 유구에서 다양한 종류의 금이식이 출토되었다. 탑리고분 Ⅰ~Ⅲ곽, 대리리 3호분 2곽, 신라본역사지움 조성부지내 유구에서 여러 점이 출토되었다. 그 가운데 탑리고분 Ⅱ곽과 대리리 3호분 2곽 출토품에 대하여 제작기법의 특징 및 연대를 검토하여 보고자 한다.

탑리고분 Ⅱ곽에서는 2쌍의 이식이 출토되었다. 그 중 1쌍은 금동관식과 조합을 이루었을 가능성이 있다. 이 이식은 동심(銅芯)에 금박을 피복한 것이고 유환 이하는 금으로 만든 것이다. 이 이식의 특징은 유환에 중간 및 수하식을 연결하기 위한 금구, 그리고 그 하부의 중간식과 수하식을 땜으로 접합하여 일체형으로 만들었다는 점이다. 이와 유사한 기법은 청원 상봉리 출토 태환이식 등 고구려 이식에서 쉽게 찾아볼 수 있으며 신라 이식 가운데는 천마총과 첨성로 1호묘, 조영동 CI-1호분 이식에서 유례를 찾아볼 수 있다.

대리리 3호분 2곽 출토품은 전형적인 신라 이식이다. 금제품이며 주환은 세환이고 유환의 단면은 납작하다. 연결금구는 금판이며 입방체 중간식과 타원형의 수하식이 달려있다. 입방체 중간식은 고구려 이식에 유례가 있고 황남대총 남분 태환이식, 조영동 CI-1호분, 성산동 1호분, 황남동 파괴고분 4곽, 초당동 A-8호묘, 금령총 이식 등에 유례가 있다. 신라 태환이식의 중간식은 소환구체가 대부분이지만 세환이식의 경우 다양한데 소환입방체와 원통체의 비중이 높다. 입방체가 원통체에 비하여 이른 시기에 유행한다. 입방체 중간식은 시간의 흐름에 따라 약간의 변화를 보이는 것으로 추정되는데, 입방체 상하에 횡적(橫積)한 소환이 1개에서 2개로 바뀐다. 그리고 성산동 1호분 이식처럼 중앙에 세로로 부착한 소환이 2중인 것과 금령총 이식처럼 유리가 감입된 것이 상대적으로 늦은 시기의 자료이다. 이러한 흐름을 염두에 둔다면 대리리 3호분 2곽 세환이식은 황남대총 남분과 시기적으로 가까울 것 같으며 성산동 1호분보다는 고식으로 편년할 수 있다.

의성에서는 여러 점의 대금구가 출토된 바 있다. 그 가운데 신라의 전형적 사례인 삼엽투조대금구도 있다. 탑리고분 I곽에서는 금동제품이, 탑리고분 II곽과 대리리 3호분 2곽, 대리리 44호묘 2곽에서는 은제품이 출토되었다. 그밖에 대리리 2호분 B-1호 주곽에서 금동제품이 출토되었으나 파손이 심해 문양을 파악할 수 없다. 삼엽투조대금구 4점의 대금구에서 살펴볼 수 있는 특징을 정리해 보고자 한다.

교구는 두 종류가 있고 혁대에 부착하는 방형판에는 모두 삼엽문이 투조로 표현되어 있다. 수하식의 견부와 내부에 엽문이 표현되어 있다. 이 3점 가운데 탑리고분 II곽 출토품에는 요패가 포함되어 있다. 신라 삼엽투조대금구의 문양은 다양한 편이다. 그 가운데 가장 유례가 많은 것은 황남대총 남분과 북분 출토품과 같은 형식이다. 의성지역 삼엽투조대금구의 연대는 교구, 과판의 형태로 보면 황남대총 남분 대금구에 가깝다. 황남대총 북분보다 늦은 시기에 축조된 것으로 보이는 금관총, 식리총에서 출토된 과판은 수하식의 엽 표현이 간략하고 방형판 내에 삼각형의 투공이 뚫리기도 한다. 탑리고분 II곽 출토품의 경우 요패를 갖추고 있는데 요패의 제작기법 역시 고식이다. 신라 요패는 횡타원형의 금속판과 판 사이에 더 작은 판을 연결고리로 끼워 넣어 장식하는데, 이 작은 판의 형태가 고식은 방형, 신식은 원형을 띤다. 대리리 44호분 2곽 출토품은 전체적 특징이 황남대총 북분 출토품에 가깝다.

의성에서는 탑리고분 II곽과 대리리 2호분 B-1호 주곽에서 금동식리가 출토되었다. 이 가운데 탑리고분 II곽 출토품(도11-4)은 손상된 부분이 꽤 있지만 제작기법을 살펴보는데 어려움이 없다. 그간 발굴된 신라 금동식리 가운데 절반 이상이 왕도 경주에 분포한다. 황남대총 남분과 북분, 금관총, 서봉총, 금령총, 천마총이 그에 해당한다. 이외에 식리총, 호우총과 은령총, 황오리 16호분 1곽, 황오리 4호분, 인왕동고분(영남대박물관 조사), 황남동 120-2호분에서도 금동식리가 출토되었다. 지방 가운데 경산, 의성, 대구, 안동, 양산, 창녕에서 금동식리가 출토되었다. 경산 임당동 6A호분과 조영동 EII-2호분과 EII-3호, 대구 달성 37호분 2곽 · 51호분 2곽 · 55호분, 의성 탑리고분 II곽과 대리리 2호분 B-1곽, 안동 신덕리(1929년 발견 신고), 양산 부부총, 창녕 교동 7호분에서 출토된 바 있다.

탑리고분 II곽 식리는 문양 및 조립방법에서 전형적인 신라 식리의 특징을 갖추고 있다. 이 식리에 표현된 凸형문은 고구려나 백제에서도 유행한 것이며 특히 백제 한성기 식리에 유행한 도안이다. 그런데 백제와 신라의 凸형문 도안의 패턴에 차이가 있어 주목된다. 공주 수촌리 1호묘 출토품 등 백제의 식리는 凸형문이 동일한 방향으로 배치되어 있음에 비하여 탑리고분 II곽 출토품 등 신라의 식리는 凸형문의 문양대가 세로로 표현된 것으로 볼 때 각 1줄씩 상하반전(反轉)된 모습으로 배치되어 있다. 탑리고분 II곽 식리는 금속판 3매를 조립하여 완성한 것이다. 백제 식리 역시 금속판 3매를 조립하여 완성한 것이지만 측판의 결합 위치에서 차이를 볼 수 있다. 즉, 백제 식리는 좌우 측판의 양끝이 식리의 전후면에서 결합되었음에 비하여 신라의 식리는 신발의 좌우 측판 중위에서 두 판이 조립되어 있다.

탑리고분 II곽 식리의 연대는 식리 자체만으로 파악하기는 힘들다. 다만 신라묘 출토 식리 가운데 凸형문이 투조된 것은 대체로 경주 출토품이 많으며 지방에서는 양산부부총 출토품처럼 문양 투조가 이루어지지 않은 것이 다수를 점한다. 탑리고분 II곽 식리는 투조가 이루어졌다는 점으로 보면 신라의 식리 가운데 상대적으로 이른 시기의 자료일 가능성이 있다. 그런데 황남대총 남분 출토 식리는 뒤축이 둥글게 처리되어 있음에 비하여 탑리고분 Ⅱ곽 출토품은 각져 있었을 가능성이 있으므로 황남대총 남분 출토품에 후행할 가능성도 있다. 그렇지만 앞에서 살펴본 이식, 대금구 등의 자료까지 종합하면 일단 황남대총 남분에서 멀리 떨어진 시기로 편년하기는 어렵다.

대리리 2호분 B-1호 주곽 출토 금동식리는 망자의 유해에 착장시켰던 것으로 보이지만 워낙 파손이 심해 전모를 알 수 없다. 어린문이 시문되어 있고 영락이 남아 있다. 보고자의 관찰 결과에 따르면 조립방식은 신라의 전형적 식리와 유사하다고 한다.

이처럼 의성은 신라가 백제나 고구려와 접경하였을 소백산맥 일대로 진출하거나 경북 북부를 지배하고자 할 때 중요한 거점으로 기능한 것 같다. 그 때문에 왕경에서 제작된 장신구를 집중적으로 입수하여 성대한 장례의식을 거쳐 무덤 속에 넣어준 것으로 보인다. 그것은 금성산 서록에 분포한 고총 가운데 일부만 조사했음에도 불구하고 다양한 종류의 장신구가 집중적으로 출토된 점에서 유추할 수 있다.

의성에서 출토된 금속장신구는 제작기법으로 보면 경주에서 출토된 것과 차이를 찾아보기 어렵다. 고구려적 요소를 부분적으로 갖춘 탑리고분 Ⅰ곽 금동관이나 탑리고분 Ⅱ곽 금이식도 고구려산으로 보기는 어렵고 고구려의 영향을 받아 경주에서 제작한 것이 사여라는 절차를 거쳐 의성으로 이입된 것으로 이해하고자 한다.

금성산고총군에서 출토된 장신구가 어떤 용도로 사용되었는지 아직 불분명한 점이 있다. 실제 일상에서 사용한 것인지, 혹은 사후 부장 전용물품으로 활용한 것인지에 대해서는 여전히 연구가 부족하다. 금동식리의 경우 후자일 가능성이 있지만 관, 이식, 대금구의 경우 일상품일 가능성이 더 높은 것 같다. 일상품이라 할 때 그것은 복식품일 것으로 추정된다.

순흥은 고구려와의 접경이다. 순흥은 현재 영주, 풍기, 부석과 함께 영주시에 편제되어 있으나 『삼국사기』 등 사서에는 영주와 동급의 군 또는 주가 있었다고 하므로 영주에 버금가는 강력한 세력이 존재했던 것 같다. 이러한 기록을 방증해주는 자료가 1970년대에 들어 발굴되기 시작하였다. 1971년 '乙卯年於宿知述干(을묘년어숙지술간)'명의 벽화묘가 조사되었고, 이어 1985년 '己未(기미)'명 벽화묘가 조사되면서 순흥은 학계의 전면으로 부각되었고 이 지역에 대한 연구가 활기를 띠게 된다.

연구자들은 신라에 벽화묘가 없다는 점을 강조하면서 이 무덤의 구조와 벽화의 내용을 고구려적인 것으로 파악하였으며(안휘준 1986, 이희돈 1989), 한 때 이 지역이 고구려의 영역이었음을 전하는 『삼국사기』 지리지의 기록을 주목하게 되었다. 벽화의 '을묘년'을 535년, '기미년'을 539년으로 보면서 고구려가 중원지역을 경영할 때 영주 일원까지 남하한 것으로 파악하기도 하고(김정배 1988) 5세기대 약 80여 년간 죽령 이남의 순흥 일대에 고구려의 군현지배가 실시되었다는 견해도 제시되었다(김현숙 2002).

그런데 그간 순흥 일대의 고고 자료 가운데 2기의 벽화묘에만 연구가 집중된 반면 1986년 문화재연구소가 조사한 5기의 무덤에 대해서는 연구의 손길이 미치지 못하였다. 이 조사에서는 벽화묘와 비슷한 구조의 횡혈식석실묘와 함께 새로이 횡구식석실묘도 확인되었다. 특히 5호묘와 14호묘에서는 경주산으로 추정되는 금이식, 은대금구 등의 장신구류가 출토된 바 있다. 그밖에 세종문화재연구원이 발굴한 태장리고총군 3유적 1호분에서는 금동관 편이 출토되어 주목된다. 이 무덤은 대형의 횡구식석실이다. 길이가 8.61m, 너비가 2.4m로 세장한 평면을 갖추고 있다. 석실의 안쪽에는 10개의 시상이 설치되어 있다. 금동관, 금이식, 금동 및 은대금구를 비롯한 금공품과 각종 마구와 무기류가 출토되었다. 무덤의 연대는 읍내리 5호분과 큰 차이가 없을 것 같다.

『삼국사기』 신라본기와 열전에 영주와 관련된 기록이 있지만 순흥과 관련된 기록은 없으며, 지리지에 짧은 기록 몇 줄이 남아 있다. 그 때문에 5~6세기대 순흥의 정치적 위상을 살펴보기 어려우며 인접한 영주 관련 기록을 함께 검토하여 보고자 한다.

먼저 『삼국사기』에 기록된 다음의 사료를 살펴볼 필요가 있다.

 ⓐ 눌지왕이 즉위하자 말 잘하는 사람을 구하여 가서 〈두 아우를〉 구해올 것을 생각하고 있던 차에 수주촌간 벌보말, 일리촌간 구리내, 리이촌간 파로 등 세 사람이 현명하고 지혜가 있다는 이야기를 듣고 … 5)

 ⓑ 왕이 날이군에 순행하였더니 군 사람 파로에게 딸이 있어 이름을 벽화라 하고 나이는 16세로, 참으로 경국지색이었다. 그 아비가 비단과 자수로 옷을 입히고 수레에 넣어 색깔 있는 비단으로 덮어 왕에게 바치었다. … 왕궁으로 돌아온 뒤에 왕은 연모하는 마음이 그치지 않아 2~3회 미복차림으로 가서 그의 집에 머물렀다. 돌아오는 길에 고타군을 거칠 때 노파의 집에서 묵게 되었는데 … 곧 그 여인을 가만히 맞아서 별실에 두고 한 아이를 낳기에 이르렀다.6)

ⓐ는 『삼국사기』 열전의 박제상전에 실린 기록이다. 눌지왕이 즉위한 후 417년에 고구려의 인질로 잡혀 있던 동생 복호를 구하기 위하여 3명의 현인을 불러 계책을 묻는 내용이다. 여기에 등장하는 리이촌(利伊村)이 영주로 비정되고 있다. 이 사료의 신빙성은 꽤 높은 것으로 추정되므로 늦어도 5세기 초에는 영주가 신라에 귀속되었고 국왕의 정책에 자문할 정도의 위상을 가졌음을 알 수 있다.

ⓑ는 『삼국사기』 신라본기 소지마립간대 기록이다. 500년에 소지마립간

---

5) 『三國史記』卷45 列傳5 朴堤上傳, ‘及訥祇王卽位 思得辯士往迎之 聞水酒村干伐寶靺 一利村干仇里迺利伊村干波老三人有賢智 … ’

6) 『三國史記』卷3 新羅本紀3 照知麻立干 22년, ‘王幸捺已郡 郡人波路有女子 名曰碧花 年十六歲 眞國色也 其父衣之以錦繡置轝 冪以色絹獻王 … 及還宮 思念不已 再三微行 往其家幸之 路經古陁郡 宿於老嫗之家 … 則潛逆其女 置於別室 至生一子’

이 영주로 행차, 현지의 유력자 파로의 딸을 취하는 과정이 기록된 것이다. 그 후에도 2~3회에 걸쳐 미복차림으로 갔다고 한다. 소지마립간이 안동을 거쳐 영주에 순행한 것은 이 지역에 대한 지배를 강화하기 위한 목적이었을 것이다. 특히 영주의 경우 죽령을 경계로 고구려에 접경하고 있던 최북단의 거점이므로 지역민을 위무하고 경계 태세를 점검할 필요가 있었을 것이다.[7]

『삼국사기』 지리지에 의하면 영주는 옛 백제 땅이라 하고, 순흥과 부석은 본래 고구려의 군과 현이었다고 기록되어 있어 일견 위 사료와는 차이를 보인다. 관련 내용을 제시하면 다음과 같다.

ⓒ 나령군은 본디 백제 나이군인데, 파사왕이 취하였다. 경덕왕대에 개명하였다. 지금은 강주라 부른다. … 급산군은 본디 고구려 급벌산군이다. 경덕왕대에 개명하였다. 지금은 흥주라 부른다. 영현이 하나 있으니 인풍현이다. 본디 고구려의 이벌지현인데 경덕왕이 개명하였다. 지금은 미상이다.[8]

ⓓ 매곡현 고사마현 급벌산군 이벌지현(자벌지라고도 한다)[9]

위 ⓒ의 나령군(奈靈郡), 즉 나이군(奈已郡)은 현재의 영주이며, 급산군(岌山郡), 즉 급벌산군(及伐山郡)은 영주시 순흥면으로 비정되고 있다. 영주와 순흥은 인접한 지역임에도 나령군과 급산군으로 편제된 사실을 보면 각기 유력한 현지세력이 있었던 것으로 생각된다.

---

7) 당시 소지마립간의 순행목적을 나을신궁 참배와 관련지운 견해가 있다. 이 견해는 나을신궁의 위치를 영주 일대에 비정하고 있다(강종훈 2000).
8) 『三國史記』 卷35 雜志4 地理2 新羅 朔州, '奈靈郡 本百濟奈已郡 婆娑王取之 景德王改名 今剛州 … 岌山郡 本高句麗及伐山郡 景德王改名 今興州 領縣一 隣豊縣 本高句麗 伊伐支縣 景德王改名 今未詳'
9) 『三國史記』 卷37 雜志6 地理4 高句麗 牛首州, '買谷縣 古斯馬縣 及伐山郡 伊伐支縣 (一云自伐支)'

이 기록에서 문제가 되는 부분은 먼저 영주가 본래 백제 나이군이었다는 기록이다. 이에 대하여 백제가 고구려의 오기라는 견해가 많으며, 기년에는 문제가 있으나 내용은 믿을 수 있다는 견해도 있다(이강래 1996). 다음으로 순흥이 원래 고구려의 급벌산군이었고 그 영현인 인풍현, 즉 부석면 일대가 고구려의 이벌지현이었다는 점이다. 이에 대해서 이를 비롯한 여러 지역을 고구려 고지로 설정하고 399년에서 481년까지 고구려군이 주둔하였다는 견해가 제기된 바 있다(김현숙 2002).

그런데 읍내리 14호묘에서 출토된 이식은 5세기 중엽에서 후반 초로 편년할 수 있는 자료이다. 신라묘의 편년에 대하여 학계에서는 저자보다 더 빨리 보는 견해가 많다는 점을 고려한다면 400년대부터 영주나 순흥, 즉 죽령이남 지역을 고구려가 지배했다고 볼 수 있을지 의문이다.[10] 물론 이 이식이 상당 기간 전세되었다고 생각할 수도 있겠으나 5호묘 출토품은 14호묘에서 출토된 금속제 유물보다 늦은 시기의 물품임이 분명하며 지방의 금공품이 20~30년 이상 전세되는 현상은 잘 확인되지 않는다.[11] 『삼국사기』열전의 기록을 중시한다면, 이미 5세기에는 고구려와 신라가 죽령을 경계로 대치하였을 것으로 여겨진다.

신라의 왕도인 경주에서 보면 영주, 순흥 일대는 상당한 오지임에도 불구하고 읍내리와 태장리에서 관, 이식, 대금구 등의 복식품이 출토되었다는 점은 주목할 만 하다. 읍내리와 태장리고총군에 분포하는 횡구식석실묘의 규모를 아울러 고려해본다면 5~6세기의 순흥지역은 신라 중앙의 입장에서 보면

---

10) 고구려와 신라는 적성경영 이전까지 죽령을 경계로 하였을 것으로 보인다(강종훈 2000).

11) 황남대총이나 금관총 등 경주의 왕릉급 무덤의 경우 다량의 금공품이 출토되며 그 가운데는 상당한 형식차를 보이는 물품이 공존하지만, 지방이나 경주 귀족묘 출토품의 경우 제작에서 사용, 매납에 이르기까지의 기간이 길지는 않았던 것 같다.

매우 중요하게 인식된 곳이었던 것 같다. 그것은 이 지역이 죽령을 경계로 고구려와 접경하고 있었기 때문일 것이며, 이 지역세력의 협조가 신라의 국경 유지에 반드시 필요했던 것 같다.

낙동강 중하류 방면

청도는 동쪽으로 경주에 인접해 있으나 그곳의 산세가 높은 편이다. 그에 비해 서쪽은 평야지대이며 그곳이 『삼국사기』에 등장하는 이서고국의 중심지였다. 경주에서 경산 혹은 창녕, 밀양으로 나아가고자 할 때 경유해야 하는 곳이다. 아직 복식품이 집중적으로 출토되는 고총의 존재가 확인되지 않았다.

창녕과 관련하여 비자벌(比子伐), 비사벌(比斯伐), 비자화(比自火), 비화가야(非火伽耶) 등 여러 국명이 전한다. 묘제와 유물로 보면 창녕의 경우 이른 시기부터 신라의 영향이 살펴지므로 신라권역에 넣는 연구자도 있고 비화가야라는 국명에 중심을 두어 가야 소국 가운데 하나로 인정하는 연구자도 있다. 창녕에서는 교동과 송현동고총군의 규모가 탁월하지만 계성고총군의 규모도 큰 편이다.

신라의 지방에서 창녕만큼 무덤의 규모가 크고 화려한 유물이 집중적으로 출토되는 사례를 찾아보기 어렵다. 그것은 창녕 세력이 지녔던 위상을 보여준다. 창녕은 신라의 여러 지방 가운데 모방 제작한 신라양식의 금속제 장신구가 많고 대가야나 백제와 관련한 물품이 일정량 출토되고 있다. 이는 이곳이 경주에서 멀리 떨어져 있고 낙동강을 경계로 대가야 세력과 접하였기 때문일 것이다. 창녕은 신라가 대가야 세력을 견제하고 또 이 지역을 기반으로 대가야를 정복하고자 할 때 중요한 거점이 되었다.

밀양은 변진미리미동국(弁辰彌離彌凍國)의 고지로 알려져 있다. 낙동강의 지류인 밀양강을 끼고 있어 일찍부터 유력한 세력이 성장하였을 것 같다. 교동에서 성운문명이 출토된 점이 그러한 모습의 일단을 보여준다. 그리고 6세기 이후 신라의 대규모 제철유적이 확인되어 일찍부터 5세기의 신라 복식품이 출토될 것으로 예상되어 왔다. 그간 귀명리에서 금이식, 양동리 28호묘에서 금동관이 출토되었다. 창녕이나 대구와 같은 누세대적 고총은 확인되지 않는다.

우시산국의 고지인 울산지역은 4세기를 전후하여 포항이나 영천과 마찬가지로 신라의 직접지배를 받게 된다. 신라 중앙이 울산에 관심을 집중하였던 것은 농소면의 달천광산을 위시한 풍부한 철산과 더불어 해로를 통하여 경주로 진출입할 수 있는 포구의 역할에서 생겨났을 것으로 보인다. 그간 알려진 울산의 유적 가운데 신라묘군이 다수를 차지한다. 중산동, 효문동 율동, 화봉동, 다운동, 신현동, 산하동, 양동, 대대리 중대, 대안리, 운화리, 삼광리, 하삼정, 조일리신라묘군 등이 그것이다. 현 울산 시가지를 기준으로 보면 전역에 망라된 양상이며 수계나 교통로를 따라 일정한 정형을 보이며 분포한다.

이 지역의 4세기 묘제는 목곽묘인데, 5세기로 접어들면서 적석목곽묘가 새로운 묘제로 이입되는 지역과 수혈식석곽묘로 전환되는 지역으로 구분된다. 전자는 주로 중산동-양동으로 이어지는 곳으로 신라의 영향력이 상대적으로 강했던 곳이고, 후자는 웅촌면과 언양 일대인데 현지적인 요소가 강한 곳으로 추정된다. 조일리와 하삼정신라묘군에서 5세기의 금동관이 출토되었다.

양산은 경주와 지구대로 연결되어 있고 낙동강을 경계로 김해와 마주한다. 『삼국사기』 초기 기록에 보이는 신라와 가야의 전쟁 기사도 이곳을 무대로 한 것으로 볼 수 있어 마립간기 양산이 지녔던 높은 위상을 가늠해볼 수 있다. 현재까지 발굴된 유적 가운데 그 성격이 비교적 소상히 밝혀진 사례로는 북정리고총군이다. 5세기 이전의 유적 가운데는 소토리신라묘군이 주목된다. 경주의 구정동 목곽묘 단계의 세장방형 목곽묘가 발굴되었다. 5세기 이후의 중심 유적은 북정리고총군이다. 능선 척량부를 따라가면서 봉토분이 연속적으로 축조되었고 주변에 넓게 중소형의 무덤이 분포한다. 그 가운데 부부총에서는 전형적인 신라 금동관을 비롯하여 다량의 복식품이 출토되었다.

부산은 삼한시기 변진독로국(弁辰瀆盧國)의 고지로 알려져 있다. 김해와 더불어 해상교통의 요지 가운데 하나이다. 5~6세기의 대표적인 유적은 복천동신라묘군과 연산동고총군이다. 연산동고총군은 극심한 도굴의 피해를 입어 출토 유물이 적은 편이지만, 복천동신라묘군은 도굴의 피해가 적고 유물을 더 많이 부장하던 시기에 축조된 것이므로 금동관, 금이식 등 다량의 유물이 출토되었다. 무덤 축조의 중심 연대로 보면 복천동신라묘군이 연산동고총군에 비하여 상대적으로 이른 시기로 편년할 수 있다.

현재까지의 조사 성과만으로 부산에 변진독로국이 위치했는지의 여부를 알 수는 없지만 온천동, 구서동, 노포동, 복천동 등지에서 삼한시기 목관묘와 목곽묘가 발굴된 바 있어 동래 일원이 변진독로국의 중심지였을 가능성은 여전히 존재한다. 그에 이어 4~6세기 영남의 다른 지역과 마찬가지로 대형 무덤이 축조된다. 그렇지만 대형분이 축조된다고 하여 이 지역의 중심 세력이 독자적인 정치체로 존재하였다고 보기는 어렵다.

복천동신라묘군의 유물 변화양상을 살펴보면 이른 시기부터 신라양식을 지니고 있다. 물론 지역적인 색채를 발현하고 있다고 하더라도 그것은 신라양식에 속하는 지역양식에 불과한 것이다. 이러한 점에 주목한다면 복천동과 연산동고총군 축조 세력을 신라 중앙의 통제를 받는 지방세력으로 파악할 수 있다.

창녕, 부산, 양산의 복식품

낙동강 중하류 방면 가운데 창녕과 부산, 양산 등 세 지역의 복식품에 대해 조금 더 설명하면 다음과 같다.

창녕지역 장신구의 연대에 대하여 간략히 검토하고자 한다. 교동 7호분 금동관은 대륜과 3개의 출자형 입식을 갖춘 전형적인 신라관이다. 입식의 곁가지 단수가 3단이고 가장자리의 점열문이 1줄이며 대륜과 입식을 고정하는 못이 3개인 점은 금령총이나 천마총 금관보다는 고식의 특징이며, 입식 곁가지 사이의 공간이 좁은 점은 황남대총 북분이나 금관총 금관 보다는 늦은 요소이다. 유물의 파손이 극심하여 정확한 특징 파악에는 어려움이 있지만 복원 실측도를 참고할 때 5세기 후반에서도 늦은 단계의 특징을 갖춘 것으로 추정해볼 수 있다. 신라 관의 흐름에서 본다면 교동 7호분 금동관은 5세기 말로 편년할 수 있다.

교동 6호분(도12-2), 교동 7호분, 송현동 7호분 이식(도12-3)은 원통형 중간식, 3매의 수하식을 갖추고 있어 천마총, 보문리고분 이식과 같은 유형으로 분류할 수 있다. 그런데 이 유형의 이식 가운데 중간식의 위·아래에 부착된 각목대의 형태가 각진 것과 연결고리의 상부에 금판을 덧씌우는 기법이 상대적으로 늦은 것으로 보인다.

창녕에서 발굴된 이식 가운데 입방체 중간식을 갖춘 것은 신라 이식 전체에서 보면 원통형 중간식을 갖춘 이식보다 이른 시기부터 제작된다. 단판의 심엽형 수하식에 장식 없는 것이 고식, 각목대가 있거나 수하식이 복판이면 신식이다.

계성 A지구 1호분 1관에서 출토된 이식 가운데는 산치자형 수하식과 입방체 중간식을 갖춘 세환이식은 창녕 교동 31호분, 합천 옥전 M4호분에서 출토된 바 있는데 옥전 M4호분의 연대는 옥전 M3호분이나 지산동 44호분보다 늦으며 지산동 45호분이나 옥전 M6호분과 비슷한 시기로 편년할 수 있을 것 같으며, 역연대로는 6세기 2/4분기의 어느 시점이 아닐까 한다. 태환이식 가운데 교동 12호분 이식은 현지 제작품일 가능성이 있어 편년에 어려움이 있으나 계성 A지구 1호묘와 계성Ⅱ지구 1호묘 이식은 편년이 가능하다. 계성 A지구 1호묘 1관 이식은 6세기 2/4분기의 빠른 단계로 편년할 수 있고 계성Ⅱ

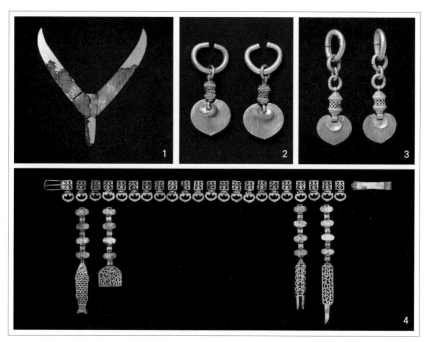

도12. 창녕 교동고총군 출토 장신구류(1.11호분, 2.6호분, 3.7호분, 4.12호분)

지구 1호묘 이식 6세기 2/4분기의 늦은 단계에 위치지을 수 있다.

교동 7호분 대금구는 과판으로 보면 경주 금관총 출토 일부 유형의 과판과 도안이 유사하다. 특히 방형판에 삼각형의 구멍이 뚫린 점이 그러하다. 계남리 1호분 대금구의 경우 대단금구의 띠연결부 형태는 고식이지만 과판의 도안이 경주의 과판과 달라 역연대의 비정이 어렵다. 역심엽형 과판을 갖춘 대금구 가운데는 계성 A지구 1호묘 2관 대금구가 주목된다. 이 대금구 과판의 제작기법은 567년의 매납 연대를 가지는 부여 능산리사지 목탑지 심초석 하부 일괄유물과 매우 유사하다. 두 나라 대금구의 변화 흐름을 고려에 넣어본다면 이 대금구는 6세기 3/4분기로 편년할 수 있겠다.

이상에서 대략적인 연대를 추정할 수 있는 단편적인 사례를 언급하였다.

어느 정도 연대를 고정해볼 수 있는 무덤으로 교동 6·7·89호분, 송현동 7호분을 들 수 있으며 모두 금관총 단계로 편년할 수 있다. 계남리 1호분의 경우 무덤 구조로 본다면 이보다 선행할 가능성도 있지만 단정은 유보하고자 한다.

이처럼 창녕지역 장신구는 기본적으로 신라양식을 띤다. 현재까지의 자료에서 보면 계남리 1호분이 황남대총 남분 단계에 근접하며, 대금구에 기준하여 보면 조금 늦을 것 같다. 아마도 경주 신라묘의 상대서열에 기준한다면 황남대총 북분 단계 이후 금관총 단계에 걸쳐 관, 이식, 대금구, 천 등의 장신구 문화가 창녕지역에 본격적으로 파급된 것 같다. 장신구 가운데 다수는 경주의 그것과 동일 양식을 갖춘 것이어서 경주에서 제작하여 창녕으로 반입된 것으로 추정할 수 있다.

그렇지만 영남의 다른 지역에 비하여 현지에서 제작한 것으로 보이는 물품이 여러 점 있고, 인접한 합천 옥전고총군 출토품과 매우 유사한 물품 역시 출토된 바 있어 조금은 특별한 모습을 보여준다. 창녕지역 장신구 가운데 교동 12호분 태환이식과 교동 89호분, 교동 11호분, 계남리 1호분, 송현동 7호분, 교동(동아대) 1·3호분 출토 대금구의 경우 지역적인 특징이 현저하여 창녕지역 공방에서 제작된 것 같다.

이처럼 창녕의 금속장신구 가운데 경주에서 제작된 것이 많고 일부 제작이 용이한 물품은 현지에서 제작된 것으로 볼 수 있다. 비록 기술 수준은 경주의 왕경 공방에는 미치지 못하지만 창녕에 자체 공방이 있어 일부 물품을 제작, 활용한 것 같다. 이러한 사례로 보면 5~6세기의 신라에서는 장신구를 비롯한 금공품의 제작 자체를 금지하기 보다는 소재의 유통을 통제했거나 착용자의 범위를 제한하였던 것으로 이해할 수도 있겠다.

신라 지방의 경우 창녕만큼 금속장신구가 복수의 무덤에서 집중적으로 출토되는 예는 많지 않다. 영남 전역의 신라묘군을 시야에 넣어 보면, 교동 및 송현동고총군에서 출토된 금속장신구는 집중도가 매우 높은 것으로 파악할 수 있다. 그 이유는 아마도 신라가 이 지역 세력에 대한 집중적인 지원의 필요를 느꼈기 때문일 것이며 그것은 곧 이 지역에 구래로 유력한 세력이 존재하였음을 잘 보여주는 증거이다.

교동 및 송현동고총군과 계성고총군을 비교해본다면 현재까지의 조사 자료로 보아 교동 및 송현동고총군이 압도적인 우위를 보인다. 그런데 각 시기별 부장 양상을 고려해보면 약간의 변화가 감지된다. 즉, 계남리 1호분의 연대를 어떻게 파악해야 할지 논란의 소지가 있고 많은 연구자들은 이 무덤을 교동 7호분보다는 빠른 단계로 편년하기 때문에 계성고총군 쪽이 먼저 장신구를 소유하였고 그에 뒤이어 교동 및 송현동고총군으로 파급된 것으로 보기도 하였다. 그런데 앞에서도 언급한 것처럼 이식이나 대금구의 일부 요소로 보면 계남리 1호분이 교동 7호분에 선행할 것으로 볼 수 있지만 아주 큰 시차를 생각하기는 어렵다.

따라서 창녕지역의 금속장신구의 제작과 소유의 중심은 교동 및 송현동고총군이었을 것으로 추정하고자 한다. 다만 6세기 전반에서 늦은 단계가 되면 이러한 양상은 변화한다. 교동 및 송현동고총군에서 이 시기의 자료로 교동 31호분이 있지만 계성고총군에서는 계성 A지구 1호묘, 계성 II지구 1호묘, 계성 III지구 1호묘가 있고 출토 유물에 더욱 고급 물품이 포함되어 있다는 점을 주목할 필요가 있을 것 같다. 이러한 양상은 비단 창녕에서만 확인되는 것은 아니며 경산, 대구지역에서 더욱 현저하게 살펴진다. 기왕의 중심 고총군에 금속장신구가 집중되던 단계를 지나 군사적 혹은 지방지배의 거점에 위치한 복수의 하위 신라묘군에도 금동관을 비롯한 금속장신구가 부장되기 때문이다.

부산의 복식품 가운데 주목되는 것은 복천동신라묘군의 5세기 무덤 출토품이다. 그간 복천동신라묘군 조영세력의 성격을 둘러싸고 학계에서 여러 논의가 진행된 바 있다. 4세기 이래 김해에 중심지를 둔 금관가야의 일원이고 5세기 이후에도 여전히 세력을 유지한 것으로 보는 견해(신경철 1995)가 있는가 하면 4세기 이후 신라권으로 편입되어 신라의 지방 세력 가운데 하나로 편제되었을 것으로 보는 견해도 있다(주보돈 2006, 이희준 2007). 그에 따라 복천동신라묘군에서 출토된 금공품의 제작지를 가야로 보기도 하고 신라로 보기도 한다.

복천동신라묘군에서는 모두 3점의 금동관이 출토되었다. 복천동 1호분에서 2점의 금동관, 복천동 10·11호분에서 1점의 금동관이 출토되었다. 복천동 1호분 출토품은 출자형 입식을 갖춘 전형적인 신라양식 금동관이고, 복천동 10·11호분 출토품은 전자에 비하여 고식의 특징을 갖춘 것이다(함순섭 2012).

고대 부산지역의 금공품 가운데 다수는 5세기대 자료이다. 동아시아 각 지역과 마찬가지로 한반도에서도 5세기를 전후하여 금공문화가 전개된다. 이 시기 부산지역 금공품 가운데 양식을 특정할 수 있는 자료를 중심으로 설명해보면 다음과 같다.

첫째, 금동관이다. 3점 모두 신라양식 대관(帶冠)이다(함순섭 2001). 신라의 금동관은 경주의 왕족이나 귀족 무덤뿐만 아니라 지방의 유력자 무덤에서도 출토된다. 신라 금동관의 외형은 금관과 대동소이하지만, 복천동 1호분 출토품(도13-3·4)처럼 출자형 입식 3개만을 갖춘 것과 대구 달성 37호분 1실 출토품처럼 출자형 입식 3개와 녹각형 입식 2개를 함께 갖춘 것으로 구분된다. 복천동 1호분 금동관의 경우 입식의 곁가지가 넓지 않고 사선상으로 표현된 점은 경산 임당 7A호분이나 조영동 CⅡ-1호분 등 이른 단계의 신라 금동관과 유사하다. 대체로 황남대총 남분과 평행기이거나 그보다 조금 빠른 단계로 편년할 수 있는 자료이다.

그런데 복천동 10·11호분 금동관은 복천동 1호분 출토품(도13-1·2)보다 더 이른 시기의 특징을 갖추고 있다. 입식 곁가지의 형태는 다른 금동관과 달리 나뭇가지 모양을 이루며 입식 꼭대기에는 삼엽문이 투조로 표현되어 있다.

둘째, 금귀걸이다. 복천동 7호분 출토품(도13-5)은 신라양식, 복천동 1호분 출토품(도13-6)은 가야양식을 띤다. 복천동 7호분 태환이식은 파손이 심하여 전모를 파악하기는 어려우나 크기나 부품의 형태로 보면 황남대총 남분 출토품과 유사하다. 복천동 1호분 세환이식의 경우 주환이 가늘고 공구체와 사슬을 갖추었다는 점에 주목하면 대가야 이식의 범주에서 살펴볼 수 있다. 다만 그간 발굴된 대가야 이식 가운데 원판형 수하식을 갖춘 사례는 없다. 가야 이식 가운데는 아라가야산 이식일 가능성이 있는 함안 도항리 11호묘 석곽묘 출토품이 유일하다. 따라서 복천동 세환이식은 대가야산일 가능성을 우선적으로 고려할 수 있지만 장차의 발굴을 통해 아라가야산으로 확인될 가능성도 열어둘 필요가 있다.

고대 부산지역 금공품 가운데 3점의 금동관이 주목된다. 5세기의 금동관은 통상 대형 무덤에서 출토되며 사회적 지위가 높은 인물들이 제한적으로 소유하였다는 점을 고려한다면 금동관을 소유한 복천동 1호분, 복천동 10·11호분 주인공은 복천동신라묘군에 묻힌 인물 가운데 최고의 권력자였음에 틀림없다. 이 금동관의 제작지에 대해 논란이 있지만 경주의 공방에서 제작되었

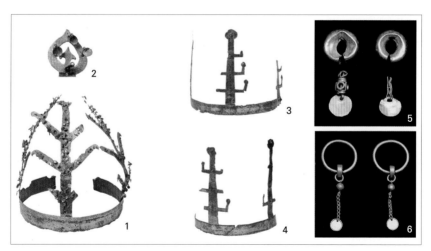

도13. 부산 복천동신라묘군 출토 장신구류(1·2.부산대 발굴 10·11호분, 3·4.동아대 발굴 1호분, 5.부산대 발굴 7호분, 6.부산대 발굴 7호분)

을 가능성이 높다. 따라서 신라왕이 복천동 일대에 거주하던 인물들에게 이 금동관을 사여한 것으로 볼 수 있다.

　이와 같은 맥락에서 경주에서 만들어진 금공품이 복천동신라묘군 주인공들에게 사여되었을 것 같다. 그런데 복천동신라묘군에서는 신라양식 금공품 뿐만 아니라 가야양식 금공품도 출토된다. 이러한 물품은 선행 연구의 지적처럼 복천동신라묘군 주인공의 독자성을 보여주는 것으로 이해할 수 있다(諫早直人 2016). 그런데 당시 신라 중앙은 신라 영역 전체에 지방관을 파견하여 지배를 관철하기 어려운 여건이었다. 따라서 변경세력의 이탈을 막기 위해 지역세력에게 상당한 자율성을 부여하였던 것으로 보인다.

　양산에서 현재까지 알려진 지배층의 묘역은 부부총이 위치한 북정리고총군이다. 장신구류는 부부총과 금조총에서 출토되었는데, 부부총 1차 시상(夫)은 5세기 말엽, 2차 시상(婦)과 금조총은 6세기 초엽에 만들어진 것으로 생각된다.

　그런데 인접한 부산과 비교해 볼 때 복천동신라묘군의 경우 5세기 초·중엽의 무덤이 중심을 이루고 있고 경주계 유물들도 이 시기에 집중되고 있음에 비하여, 북정리고총군은 현재까지의 조사예로만 본다면 5세기 말 이후의 무덤이 중심을 이루고 있다. 부산에서 원형 성토분구를 가진 연산동고총군과 북정리고총군을 동일선상에 놓고 비교하더라도 북정리의 예가 한단계 높은 격을 가지고 있다. 이러한 사실은 신라 중앙에서 5세기 중엽 이후 부산의 복천동신라묘군 피장자들을 매개로 낙동강 하류역에 대한 지배를 하다가, 5세기 말엽 이후에는 양산의 북정리고총군에 묻힌 세력을 기반으로 이 지역을 지배하는 한편 가야 및 왜의 침입에 대하여 대비했음을 보여준다. 결국 해당 시기마다 국내외적인 정세의 변화에 따라 관심을 기울인 지역이 바뀌었던 것 같다.

　북정리고총군 가운데 금조총의 경우 유물의 출토 양상이 명확한 편이다. 이 무덤은 양산 부부총 서남쪽 경사면 20m 거리에 위치하며, 조사 당시 뚜렷한 봉분은 확인되지 않았고 매장주체부는 장축을 남동-북서로 하는 평면 장방형의 횡구식석실이다. 석실의 길이는 2.8m, 너비는 1m, 높이는 1.2m이다. 석실 내에서 토기, 금공품, 약간의 철기가 출토되었다. 관, 이식, 천, 대금구 등 장신구는 신라양식을 띠며 탁월한 수준을 갖춘 것이다.

금조총에서 출토된 장신구로는 금동관 1점, 금제 태환이식 2쌍, 은대금구 1식(도14), 금천 1쌍, 영락 갖춘 금제 공구체(空球體) 52점이며 신라의 전형적인 장신구 조합 가운데 지환과 식리는 출토되지 않았다.

무덤 속에 장신구가 묻힌 맥락은 다양할 수 있다. 망자의 유해에 착장된 것이 많지만 부장품으로 넣어준 것도 있다. 그밖에 시상 하부에서 출토된 태환이식은 시상 설치 이전에 거행된 의례과정에서 매납되었을 가능성이 있다.

장신구의 부장 양상에 대해 조금 더 언급해보면 다음과 같다. 경주 황남대총 남분과 북분, 금관총, 서봉총, 천마총, 금령총 등 신라 왕족묘에서 전형을 볼 수 있듯 5~6세기의 신라 지배층은 망자의 시신에 화려한 장신구 세트를 착장시켜 매장했다. 지방의 경우 경주와 유사하지만 양산 부부총처럼 장신구 세트 전부를 갖춘 사례는 매우 드물다. 금조총은 양산 부부총에 비해 무덤의 규모나 출토 유물에서 상당한 격차를 보이지만 출토 유물의 수준은 신라 지방 소재 고총 가운데는 우월한 편이다.

금동관은 대관(帶冠)이며 출토 위치로 보면 피장자의 머리에 착장되었던 것으로 보인다. 경주에서는 천마총처럼 금제 대관과 모관(帽冠), 금동제 대관이 함께 출토될 경우 무덤 주인공의 유해에서는 금제 대관이, 물품 격납공간에서 금제 모관과 금동제 대관이 출토된다. 황남대총 남분에서는 목관 내에서 금수식과 곡옥으로 장식된 금동관이 유해에 착장된 모습으로 출토되었고 유물수장부에서는 여러 점의 금동제 대관, 은제 대관, 다양한 재질의 모관이 출토되었다. 지방의 경우 금조총의 경우처럼 착장된 것도 있지만 별도의 공간에 부장된 사례가 많다.

가야나 백제의 경우도 착장과 비착장 사례가 혼재한다. 고령 지산동 32호

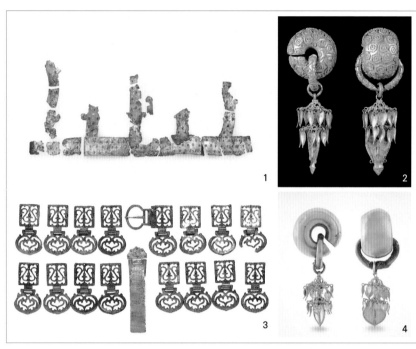

도14. 양산 금조총 출토 장신구류(1.금동관, 2·4.금이식, 3.은대금구)

분에서는 주곽 남쪽 단벽 주변 유개고배 위에서 금동제 대관이 출토되었고, 지산동 30호분 2곽에서 출토된 금동제 대관 1점은 착장품이다. 백제의 경우 왕도에서 상대적으로 가까운 화성 요리 1호 목곽묘, 공주 수촌리 1호묘와 4호묘에서는 금동제 모관이 착장된 모습으로 출토되었으나 멀리 떨어진 고흥 길두리 안동고분의 경우 무덤 주인공의 족부 쪽에 해당하는 서측 벽석 가까이에서 출토되었다.

금이식은 2점 모두 착장되지 않은 모습으로 출토되었다. 펜촉형 수하식을 갖춘 이식 1쌍은 상면(床面) 중앙의 과판들 위에 가지런히 놓여 있었다. 심엽형 수하식을 갖춘 1쌍은 무덤 내부 전면에 깔려 있는 포석 하부 생토면에서 출토되었다. 포석은 시상일 것으로 보이는데 추가장이 이루어진 것으로 보면

1차장과 관련지을 수도 있겠으나 그보다 매장의례와 관련하여 묻혔을 가능성이 있다.

신라묘에서 천이 출토될 경우 통상 2개가 1조를 이룬다. 그것을 나누어 좌우의 팔목에 하나씩 패용하는 경우도 있지만 금조총처럼 2개를 한쪽 팔에 연접하여 패용하는 사례도 종종 확인된다.

대금구는 피장자의 허리부위에서 출토되었다. 교구는 피장자의 왼쪽에서 오른쪽을 향하는 모습으로, 대단금구는 두 가랑이 아래쪽으로 드리워진 모습으로 출토되었다. 이는 황남대총 남분과 북분, 천마총, 금령총 등 경주 왕족묘의 대금구 출토 모습과 동일하며 6~7세기에 유행하는 '누암리형 대금구'의 경우와도 같다.

금조총이 축조된 시기는 경주에서 적석목곽묘가 축조되던 시기와 일부 겹친다. 신라의 왕족과 귀족들이 자신들의 유택으로 적석목곽묘를 축조하던 그 시기의 신라는 삼국시대의 여러 나라 가운데 가장 화려한 금속공예문화를 꽃피웠다. 다량의 물품을 무덤에 넣어두는 풍습과 적석목곽묘라는 특이한 무덤의 구조 때문에 많은 금속유물이 오늘날까지 고스란히 전한다.

이와 같은 장신구는 왕족과 귀족 묘역, 그리고 지방의 수장 묘역에서 출토되는데 물품의 재질이나 수준, 수량에서 차이가 있다. 왕릉급 대형분에서는 관, 이식, 경식, 대금구, 천, 지환, 식리가 출토된다. 이 가운데 관, 경식, 대금구, 천, 지환이 공통적인 착장품이다. 장신구가 부장 전용물품인지 아니면 일상품이었는지 불분명한 점이 있지만 복식의 부속구일 가능성이 있다.

동해안 방면

바다는 오랜 세월 바닷가 사람들의 생계를 유지시켜준 터전이자 그들이 주변과 소통하려 할 때 길이 되었다. 국가 성립기에는 각처에서 다양한 규모의 정치체가 성립하였는데 동해 바다에 연한 지역에서도 바다를 기반으로 여러 소국이 생겨났다. 『삼국지』나 『삼국사기』에 보이는 옥저, 동예, 우산국, 실직곡국, 음즙벌국, 우시산국, 독로국이 그것이다. 이들이 소국 단계까지 성장할 수 있었던 기반은 당연히 풍부한 해산물과 특산물이었지만 더 중요한 것은 바닷길이었을 것이다. 바닷길을 자유로이 활용할 수 없었다면 그들의 성장이 가능하지 않았을지도 모른다. 바닷길을 통하여 각지의 물산이 모여 교역이 이루어지고 그 과정을 겪으면서 유력한 세력이 등장하였을 가능성이 있다.

그렇지만 바닷가에서 성장한 여러 소국은 한결같이 더 이상 성장하지 못한 채 고구려나 신라에 편입되고 말았다. 그 한계점이 무엇이었는지 아직 제대로 밝혀져 있지 않으나 한 단계 더 성장하기 위해서는 보다 복잡한 요소가 필요했을 것이다.

동해안에 위치한 신라묘 가운데 장신구가 출토된 곳은 많지 않다. 가장 북쪽에 위치한 초당동신라묘군은 강릉 일대에서 가장 유력한 세력의 묘역이다. 129-5번지 일대의 A·B지구에서는 수혈식석곽묘 24기, 수혈식석곽 내에 합구식옹관을 설치한 것이 3기, 토광 내 합구식옹관묘 4기가 조사되었으며 목곽묘는 확인되지 않았다. 무덤의 규모에서는 초당동 A지구 1호묘가 탁월하다. 이 무덤은 장방형의 수혈식석곽묘이다. 개석 사이의 틈새는 천석과 회로 메웠다. 크고 작은 할석을 쌓아 네 벽을 만들고 바닥의 약 2/3가량은 자갈과 회를 다져 깔았고 일부분은 격벽을 쌓았으며 그 내부 공간에는 석곽 바닥보다 조금 더 낮게 할석으로 네벽을, 판석으로 개석을 덮은 석관을 시설하였다. 이미 여러 차례 도굴되어 유물이 거의 없었으나 금동제 용문투조대금구(도 15-1)가 출토되었다. 봉토의 길이는 14m, 높이는 약 2.1m이다. 묘광의 크기는 길이 7.5m, 너비 2.2m이고 석관의 길이는 1.82m, 너비 0.5m, 깊이 0.3m이다.

이에 버금가는 유구와 유물이 B지구에서도 확인되었다. 그중 16호묘는 수혈식석곽묘인데 석곽의 크기는 길이 3.3m, 너비 1.5m이고 내부에서는 금동관, 금이식, 삼엽환두대도가 고배, 대부완, 장경호, 단경호와 공반되었다. 금동관은 피장자의 왼쪽 옆구리 쪽에서 정치된 채 출토되었는데, 3개의 출자형 입식을 갖추고 있으며 입식의 가지는 3단이고 외형은 금관총이나 서봉총 금관, 대구 달성 37호분 1곽 금동관과 유사하다. 다만 대륜의 상부가 톱니 모양을 이루는 점이 특이하며 달성 37호분 1곽 출토품처럼 운주의 보요와 동일한 장식이 가미되어 있다. 5세기 후반의 연대를 부여할 수 있다. 이식은 소환입방체를 중간식으로, 심엽형을 수하식으로 장식한 태환이식인데 황남대총 남분 출토품과 유사하지만 크기가 상대적으로 크기 때문에 5세기 후반의 어느 시점으로 편년할 수 있지 않을까 한다. 다만 금동관보다는 조금 빠른 단계의 물품인 것 같다.

공반된 토기는 대부분 밝은 회색을 띠고 있고 장경호나 개는 소성이 불량하며 기형으로 보면 현지에서 제작된 것 같다. 고배 대각의 형태나 개의 꼭지 형태 및 문양으로 보면 5세기 후반에서도 늦은 단계의 경주 토기와 유사하다. 16호묘와 나란히 만들어져 있는 15호묘 역시 큰 시기차는 없을 것으로 보

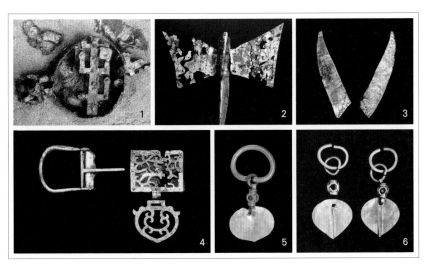

도15. 강릉 초당동신라묘군 출토 장신구류(1.129-5번지 B-16호묘, 2.84-2번지 A-1호묘, 3.129-3번지 C-1호묘, 4.129-5번지 A-1호묘, 5.129-5번지 A-8호 석곽묘, 6.84-2번지 A-2호묘)

이는데 내부에서 출토된 장경호 2점과 대부완 2점은 경주나 그 인근 제작품으로 보인다.

C지구에서는 수혈식석곽묘 1기와 함께 목곽묘 2기가 조사되었다. 1호묘는 일부 파괴되었지만 횡구식석실묘일 가능성이 있다. 석곽의 길이는 5.5m, 너비는 1.8m 크기이다. 은제 조익형 관식(도15-3)이 무덤의 내부와 외부에서 흩어진 채 출토되었다.

84-2번지 A-1호묘에서는 금동제 접형관식(도15-2), 253-2번지 일대의 5호 석곽묘에서 금동제 대관편이 출토되었다.

이처럼 이 유적에서는 경주에서 제작된 것으로 추정되는 금동관, 은관식, 금이식, 금동대금구가 출토되었다. 이는 이 지역이 비록 경주에서 멀리 떨어진 곳이지만 신라 중앙으로부터 높은 관심을 끌었던 사실을 잘 반영해준다. 대부분의 무덤에서 토기가 출토되는데 영진리나 병산동신라묘군과 마찬가지로 경주 토기와 형식 변화를 공유한다. 물론 경주에서 제작된 토기도 상당수 있으나 대부분 현지에서 제작된 것이며 경주와 비교할 때 무덤의 연대는 5~6세기가 중심인 것 같다.

삼척 갈야산에서도 장신구가 출토된 바 있다. 1959년 조사된 무덤에서 태환이식이 출토되었다. 이 무덤은 적석목곽묘라 보고되었지만 조사 전 이미 상당히 파괴되어 정확한 구조를 알기는 어렵다. 목곽묘일 가능성도 고려할 수 있다. 수습된 유물로는 금제 태환이식 1쌍, 유리옥, 곡옥, 철제 재갈과 철지 은장행엽 등의 마구, 고배, 발, 연질옹 등의 토기가 있다.

이중 태환이식은 중간식의 형태가 특이하다. 중간식은 소환구체 2개와 반구체 1개, 구체간식(球體間飾)으로 구성된다. 이러한 예는 황남대총 북분 출토품에 유례가 있으나 중간식을 구성하는 순서가 다르다. 또한 구체간식도 보통의 태환이식처럼 금사를 감아올려 만들지 않고 종집선의 문양이 새겨진 금판을 둥글게 말아서 만들었다. 이러한 구체간식 역시 황남대총 북분 출토품에 유례가 있다. 그러나 이 이식의 경우 황남대총 북분단계에 제작되었을 것이지만 중간식의 배열 순서가 다르고 구체간식이 길어진 점을 고려하면 조금 더 늦게 편년할 수 있을 것 같다. 공반된 마구나 토기의 형식으로 본다면 이 무덤의 연대는 5세기 말이나 6세기 전반의 빠른 단계 정도로 볼 수 있다.

경주에서 멀지 않은 포항 냉수리석실분에서도 장신구가 출토된 바 있다. 이 무덤은 연도의 우측에 측실을 갖추고 있고 현실의 벽면에 회가 발라져 있다. 석실 구축 후 상부에 적석하였고 봉토를 쌓으면서 토층 사이에 적석층을 만든 것도 특이하다. 현실은 이미 몇차례 도굴되어 일부 유물만 수습되었으나 측실에서는 184점의 토기가 출토되었다. 현실 내부 출토품으로는 은반지, 은대금구, 장식도자, 마구장식으로 보이는 교구와 장식품을 비롯하여 대호, 부뚜막모양토기, 반, 각배, 장경호, 고배 등 각종 토기류가 포함되어 있고 목관 부속구인 꺽쇠와 관못도 다수 수습되었다. 현실 내부 출토품으로 보면 중심 연대는 6세기 전반인 것 같으며 측실 출토품 가운데는 더 늦은 시기의 토기가 일부 포함된 것 같다.

6세기 전반 경주 시내에서 횡혈식석실묘를 찾기 어려우며 특히 문지방석과 문주석 등을 갖추고 있는 이 석실의 계보와 축조자를 밝혀내는 것은 향후의 연구 과제 가운데 하나이다. 지표조사결과 이와 유사한 무덤이 인근 냉수리와 흥곡리 일대에 분포되어 있음을 알게 되었다.

동해안지역에서 출토된 장신구의 종류는 금동관, 금이식이 주종을 이룬다. 대금구나 식리의 출토 사례가 거의 없다. 초당동신라묘군은 금공품의 소유란 측면에서 동해안 일대 무덤 가운데 탁월한 편이다. 금동관의 경우 대륜의 윗부분이 거치상을 띠고 있어 특이하다. 이식은 경주 출토품과 비교해볼 때 재질이나 도안에서 한 단계 떨어지는 것 같다. 그러나 이 금공품을 현지에서 제작하였다고 보기는 어렵고 경주에서 제작한 것으로 보는 쪽이 좋을 것 같다. 삼척 갈야산 태환이식의 경우도 경주에서 제작된 것을 삼척에서 재조립한 것 같다.

이 지역의 토기는 기본적으로는 경주 토기와 양식적으로 구별되지 않는다.

경주산으로 추정되는 토기도 상당량이며 전체 토기에서 경주 토기가 차지하는 비중은 경주에 가까워질수록 높아진다. 강릉이나 삼척 등지에서는 현지토기가 다수 제작되는데 기벽이 두껍고 균일하지 않으며 색조가 검은 특징을 보인다. 강릉의 경우 이와 달리 회색조를 띠는 토기가 다수 출토되고 있어 몇 개의 공방에서 제작되었던 것 같다. 또한 경주산 토기로 추정되는 정품의 소유 빈도는 지역보다는 신라묘군이 하나의 단위가 되었던 것 같다.

묘제와 유물로 보면 포항 이북에서 강릉과 삼척의 신라묘군이 비교적 큰 편이다. 이는『삼국사기』에 기록된 이 지역의 위상과 관련이 있을 것 같다. 신라와 고구려는 5세기 중엽 하슬라와 실직을 놓고 쟁패를 거듭한다.『삼국사기』신라본기에 의하면 눌지마립간 34년조(450)와 자비마립간 11년조(468)에 다음과 같은 기록이 있다.

ⓐ 34년 7월 고구려의 변장이 실직에서 사냥을 하는데 하슬라(何瑟羅) 성주인 삼직이 군사를 내어 그를 죽였다.[12]

ⓑ 11년 봄 고구려와 말갈이 북쪽 국경의 실직성을 공격하였다. 9월 하슬라인으로 나이가 15세 이상인 자를 동원해 니하(니하-일명 니천)에 성을 쌓았다.[13]

『삼국사기』지리지에 의하면 하슬라는 강릉, 실직은 삼척으로 비정된다. 그런데 위 사료에 의하면 고구려군은 더 위쪽에 있는 강릉을 통과하여 삼척을 공격한 것이 된다. 이에 대하여 고대사학계에서 다양한 논의가 진행되고 있다(노태돈 1997). 실직을 양양으로(이병도 1959), 하슬라를 울진으로 비정하

---

[12]『三國史記』新羅本紀 訥祇麻立干 34년, '三十四年秋七月 高句麗邊將獵於悉直之原 何瑟羅城主三直 出兵掩殺之'

[13]『三國史記』新羅本紀 慈悲麻立干 11년, '十一年春 高句麗與靺鞨襲北邊悉直城 秋九月 徵何瑟羅人年十五已上 築城於泥河(泥河一名泥川)'

기도 한다(리지린·강인숙 1976). 이와는 달리 고구려의 진격로를 달리 설정하여 『삼국사기』 지리지의 기록을 인정하는 견해도 있다(이강래 1985). 신라는 지증왕 6년(505)에 최초로 실직주를 설치하였고 7년 뒤에는 이사부를 하슬라주의 군주로 삼고 있어 이 양지역의 군사적 중요도를 확인할 수 있다.

강릉에서는 여러 무덤 가운데 초당동이 가장 중심적인 위치에 있었다. 그 중 초당동 A지구 1호묘는 5세기 중엽 이전의 최대형 무덤이고 5세기 후반대의 중심 무덤은 B지구 16호묘였던 것 같다. 초당동에 비하여 한 등급 정도 낮은 것이 병산동으로 생각된다. 영진리나 하시동은 그보다 한 단계 정도 떨어질 것 같다. 여기서 주목할 필요가 있는 것은 금속유물의 분산적 소유현상이다. 초당동에 집중되는 것은 사실이지만 그에 못지않게 병산동이나 영진리 피장자들도 소유하고 있음은 이 지역에서 특정세력이 성장하는 것을 견제하려던 신라 중앙의 의도가 반영된 것으로 생각된다. 초당동에는 미치지 못하나 삼척 갈야산 역시 주목할 필요가 있다.

이외에 영덕과 흥해, 영일은 모두 군사적 요충지이다. 왜구의 침입 루트이기도 하고 고구려의 공격 통로가 되기도 한다. 『삼국사기』 신라본기 소지마립간 3년조(481)에 고구려군이 흥해의 미질부까지 진출하였음이 기록된 점을 본다면 왕경 방비의 차단선으로 중요한 곳이다. 신라에서는 이 지역에 많은 비중을 두고 지속적인 관심을 가질 수밖에 없었을 것으로 추정된다. 왕경에서 병력과 물자를 보내서 이 지역에 대한 방비를 하였을 것이지만 그 과정에서 현지세력의 협조가 필수적이었고 그들을 매개로 이 지역을 안정적으로 확보하기 위하여 현지 지배층에 대한 우대책을 폈을 것 같다.

제3장
사여체제의 종언과 그 이후

　　신라사의 전개 과정에서 보면 6세기는 큰 변화의 시대였다. '덕업일 신(德業日新) 망라사방(網羅四方)'을 뜻하는 국호 '신라'를 확정하였고[1] 율 령을 반포하였으며 순장을 금지하고 불교를 공인하는 등 새로운 면모를 보 였다. 이러한 변화는 약 1세기 가량 지속된 복식사여체제의 종언을 이끌어냈 다. 그 가운데 황룡사의 창건을 소재로 하여 이 문제에 접근해보고자 한다.

　　사서의 기록에 의하면, 진흥왕 14년인 553년에 황룡사 창건 공사를 시작하 여 569년에 이르러 낙성하였다. 황룡사는 신라 왕경에 축조된 여러 사찰 가 운데 하나였지만, 그 위상은 남달라 신라사의 전개과정에서 중핵(中核)으로 기능한 거대 국가사찰이었으며(양정석 2004) 신라인의 정신적인 구심점으로 기능하였다.

---

1) 『三國史記』新羅本紀 智證麻立干 4년, '群臣上言 始祖創業已來 國名未定 或稱斯羅 或 稱斯盧 或言新羅 臣等以爲 新者德業日新 羅者網羅四方之義 則其爲國號宜矣 又觀自 古有國家者 皆稱帝稱王 自我始祖立國 至今二十二世 但稱方言 未正尊號 今群臣一意 謹上號新羅國王 王從之'

이 절은 고려 고종 25년인 1238년에 몽고의 침입으로 불타기까지 여러 차례의 영건(營建)과정을 거쳤다. 그 가운데 가장 주목되는 획기는 창건 시기와 9층 목탑 축조 시기이다. 주지하듯 황룡사는 사역 전체가 발굴 조사되었고 그 성과에 따르면 늦어도 9층 목탑이 세워진 645년에는 1탑 3금당의 가람이 완성되었던 것으로 이해할 수 있다.

사회분화의 진전과 대응

6세기 중엽의 신라는 큰 변화를 겪었다. '신라'라는 국호를 공식화한지 반세기가량이 흐른 시점이었다. 이 무렵은 신라사의 전개과정에서 중고기의 시작점에 해당한다. 신라는 중고기에 이르러 지방통치체제를 새롭게 정비하였는데 그 이유는 마립간기를 거치면서 신라사회의 분화가 진전되어 그에 대한 정책적 대응이 필요하였기 때문이다.

법흥왕 재위 연간인 516년에 병부를 설치하였고 520년에는 율령을 반포하였으며 백관의 공복을 제정하였다. 이어 528년에는 백성들 사이에서 신봉자가 급증한 불교를 공인하였고 536년에 이르러 독자적인 연호를 사용하였다.[2] 이러한 일련의 조치를 토대로 국가의 통치체제는 더 공고해졌고 진흥왕대에 이르러 대외팽창에 본격적으로 나서게 된다.

이 무렵 신라가 급격히 성장할 수 있었던 배경은 그 이전 시기의 상황을 통해 추정해볼 수 있다. 여러 연구자들이 지적하고 있듯이 신라는 4~5세기 무렵 본격적으로 성장한다. 보습, 괭이, 낫 등의 주요 농기구를 철로 만들고 우경을 보급하였으며 수리관개시설을 축조 혹은 정비(도16·17)하면서 신라사

---

2) 『三國史記』新羅本紀 法興王, '四年 夏四月 始置兵部'. '七年 春正月 頒示律令 始制百官公服 朱紫之秩'. '十五年 肇行佛法'. '二十三年 始稱年號 云建元元年'

도16. 수리시설 축조를 보여주는 비석(1.청제비 병진명, 2.청제비 정원명, 3.무술명오작비)

회의 농업생산력은 급격히 제고되었다(전덕재 1990b, 김재홍 1991, 주보돈 1992). 철제농기구의 보급은 이미 그 이전 시기에도 진행되었지만 4세기 이후 소유의 확장이 이루어졌다. 예를 들어 포항 옥성리신라묘군 '나'지구 131기의 무덤 가운데 77기에서 농공구가 출토되었는데 종류는 보습, 쇠스랑, 따비, 괭이, 낫 등이다. 이 중 보습과 쇠스랑은 전체 무덤 가운데 3세기대의 대형묘 3기에서만 출토되었다. 이러한 현상은 4세기 이전의 경우 지역사회 수장에 의한 농기구의 관리 혹은 선진농기구나 기술의 독점이 존재하였을 가능성을 보여준다. 그에 비하여 4~5세기의 지방 무덤에서 위와 같은 농기구의 독점현상은 현저하지 않고 농기구의 소유가 급격히 증가하는 모습이 살펴진다(김재홍 2001).

그 과정에서 대토지소유자인 부호층이 등장하면서 각 읍락에서 오랜 세월 기득권을 유지해온 거수층(渠帥層)과 갈등을 빚기도 한 것 같다(전덕재 2006). 뿐만 아니라 읍락을 떠나 유식(遊食)하는 백성을 귀농시켰다는 사서의 기록[3]은 이 시기 지방사회에서 진행된 계층분화의 양상을 잘 보여준다.

---

3) 『三國史記』新羅本紀 照知麻立干 11년, '驅遊食百姓歸農'

도17. 7세기 후반에 축조된 것으로 추정되는 울산 약사동 제방 발굴 모습

농민이 읍락이나 토지에서 유리된 이유는 부호층에게 토지를 잃었기 때문일 것이며 고구려에서도 4세기에 이미 이러한 현상이 사회문제로 대두된다. 토지에서 유리된 농민층은 상업이나 수공업으로도 흡수되었겠으나 대부분 대토지 소유자인 부호층에 품을 팔아 생계를 유지하거나 노비로 전락했을 것이다(전덕재 1990b).

　이러한 상황을 국가는 어떻게 인식했을까. 농업생산력의 증진은 국가가 수취할 수 있는 자원의 확대를 의미하므로 국가 입장에서는 선호하였을 것이다.『삼국사기』의 기록[4]과 고고학적 성과처럼 국가는 수리시설 등 수전농경의 기반시설을 확충하고 철제농기구의 보급에 힘을 기울였다. 그러한 노력의 결과 농업생산력의 증대를 가져왔을 것이다. 잉여된 여러 물산은 곧 왕도인 경주로 집적되었을 것이고 경주 시내에 동산만큼이나 고대한 고총을 축조하거나 궁성을 장엄하는데 적극적으로 활용하였을 것으로 추정해볼 수 있다. 그렇지만 다른 한편으로 지방사회의 동요는 국가체제의 유지에 걸림돌이 되었을 것이므로 국가는 이에 적극적으로 개입하게 된다. 즉,『삼국사기』신라본기 소지마립간 11년조나 같은 책 백제본기 무령왕 10년조 기사[5]처럼 귀농조처를 취하였다. 더 나아가 지방사회를 재편하는 지배방식을 채택한다. 즉, 지배의 거점에 지방관을 파견하여 영역지배를 관철하는 방식이 그것이다. 지방지배의 주요 거점에 도사(道使)와 군주(軍主)를 파견하여 직접적인 지배를 실시하게 된 것이다. 이제 수세기 동안 유지된 거수층을 매개로 한 간접지배 방식은 종언을 고하게 되었다. 신라 중앙은 현지의 유력자들을 외위(外位)체계에 편입시켰다(강봉룡 1987, 노태돈 1989, 하일식 1991). 중고기의 신라는 지방민을 축성, 곡물수취에 적극적으로 동원하였으며 지방사회의 쟁송에 적극적으로 관여하기도 하였고 중앙의 지배에 항거할 경우 무력으로 진압하였다.

중고기의 변화는 고고학 자료에서도 잘 살펴진다. 현재까지 조사된 이 시기 신라의 고고학 자료는 대부분이 무덤 자료이므로 그것의 조사 성과를 살펴보고자 한다.

마립간기 고고 자료는 고총의 축조와 황금장신구의 부장이 특징적이다(이

---

4)『三國史記』新羅本紀 逸聖尼師今 11년, '下令 農者政本 食惟民天 諸州郡修完堤防 廣闢田野'
　『三國史記』新羅本紀 法興王 18년, '命有司修理堤防'
5)『三國史記』百濟本紀 武寧王 10년, '下令 完固隄防 驅內外游食者 歸農'

희준 2007). 물론 왕도인 경주에 비견하기는 어려운 규모이지만 지방의 요충지마다 고총군이 형성되었고 그 속에서 신라양식의 토기와 금속공예품이 출토된다. 출토유물 가운데 무덤 주인공의 사회적 지위를 잘 보여주는 것으로는 금동관을 들 수 있다. 금동관은 신라의 지배층이 제한적으로 소유하던 일종의 복식품이었다. 신라 왕족 내지 귀족의 전유물이었을 금동관이 지방 유력자들의 무덤에서 출토된다는 점을 어떻게 이해하면 좋을까. 그것은 아마도 지방 거수층을 지배층의 일원으로 인정해주었음을 의미할 것이다. 이러한 관계는 다분히 정략적 측면에서 생겨난 것이지만 어떻든 신라 각지에 신라 왕족과 의제적 친족관계를 맺은 인물들이 존재하게 되는 것이고 그들이 왕명에 따라 지방 지배를 대행하는 형식을 갖추게 된 것으로 이해할 수 있다. 이는 지방관 파견 이전 단계의 지방지배방식으로 주목된다.

마립간기의 금동관 출토 고총군은 신라 전역의 요충지에 산재하며 선상의 분포를 보인다. 단위 고총군에서는 대형의 고총이 연속성을 보이며 축조된다. 그런데 6세기 이후 변화가 보인다. 주요 고총군이 6세기 중엽 이후에는 더 이상 축조되지 않는 대신 보다 많은 수의 중소형 무덤이 군집을 이루며 새로이 등장한다(홍보식 1995). 이러한 고고학적 조사 성과를 토대로 6세기 중엽경 지방사회의 유력층이 해체되고 대신 더 하위에 위치하던 집단이 성장한 것으로 추정해볼 수 있다. 이 같은 군집묘는 삼국 통일전쟁시기 이전까지 약 1세기 간 존재한다.[6] 군집묘의 주인공은 부호층에 해당할 수 있고 이전 시기 고총군 축조자는 거수층[7]에 각기 대응시켜 볼 여지가 있다.

근래 발굴 자료가 급증한 대구·경산지역의 금공품 분포 변화를 살펴보면,

---

6) 통일전쟁기 이후 중대까지 신라의 지방에서 고총군의 존재를 살펴보기 어렵다. 통일 전쟁기에는 고총 축조의 여력이 없었을 것이고 중대에는 화장묘가 유행하기 때문일 것이다.

7) 금동관 소유자를 거수층으로 파악하는 연구가 있다(전덕재 2006).

6세기를 전후한 시기에 신라 중앙이 지방의 거수층을 해체해나가는 과정이 비교적 선명하게 드러나 있다. 5세기에는 달성고총군과 임당고총군을 양축으로 하여 금공품이 분포하였지만 6세기에 들어서면 임당총군 주변의 가천동, 노변동, 북사리고총군에도 분포한다. 아울러 달성고총군 주변의 문산리, 화원 성산, 대명동고총군에도 소유가 확산된다. 이 무렵이 되면 이제 지역사회의 지배층이 곧 금공품 소유자라는 등식은 성립하지 않는다. 왕권의 대리자 내지 지방관 역할을 수행해온 고총주의 지위 변화는 불가피했을 것이다.

　이처럼 마립간기에서 중고기로의 전환은 신라사의 전개과정에서 보면 하나의 큰 변혁으로 볼 수 있다. 마립간기를 거치면서 신라 각지에 여러 종류의

도18. 중고기 신라의 지방지배 양상을 보여주는 비석(1.포항중성리
신라비, 2.영일냉수리신라비, 3.울진봉평신라비)

철제농기구가 보급됨에 따라 농업생산력이 급격히 제고되었고 그 결과 사회분화가 진전된 것으로 이해할 수 있다. 사회분화가 진전되는 상황에서 당연히 사회적인 갈등요소가 생겨났을 것이며 신라는 이러한 문제를 해소하고 사회의 안정을 꾀하고자 지방관을 파견하는 등 더 적극적으로 지방 지배에 나서게 되었다.

중고기가 되면 이전 시기의 거수층을 상징하는 고총군이 사라지고 중소형의 군집묘가 각처에 축조되는 새로운 모습이 살펴지는 것도 시대상황을 보여주는 현상일 것이다. 또한 울진봉평신라비의 내용처럼 중앙의 지배에 반기를 든 지방민을 집단적으로 처벌하기도 했고 영일냉수리신라비와 포항중성리신라비(도18)의 기록처럼 재물을 둘러싸고 주민들끼리 다툼을 벌이자 국가가 관여하여 판결하기도 하는 등 더 적극적으로 지배력을 행사하게 된다.

고총의 퇴조와 사찰 조영

지방사회에서 진행된 위와 같은 변화는 왕경에서도 살펴진다. 1차적으로 주목되는 현상은 왕경 내 묘지 이동과 묘제의 변화이다. 즉, 마립간기와 6세기 전반까지는 왕경 내 평지에 고총이 밀집 조영되었음에 비하여 6세기 중엽 이후가 되면 묘제와 묘역이 변화한다(최병현 1992, 김대환 2008, 김용성 2009, 최병현 2021).

마립간기 신라의 묘제는 중앙과 지방이 다르다. 경주의 왕경인은 배타적인 자신들의 지위를 대외에 과시하고자 노력하였는데, 특히 보는 사람으로 하여금 위압감을 주는 큰 무덤을 만들었고 장례의식도 성대히 하였다. 그 과정에서 각종 화려한 금장식품을 함께 껴묻었다. 왕족의 경우 머리에는 금관, 귀를 비롯한 신체의 각 부위에 이식과 경식, 천, 지환, 대금구, 식리를 귀금속으로 만들어 착장시켰다.

경주에 주로 만들어진 이들 대형 무덤의 구조는 매우 특이하다. 즉, 묘광을 파거나 또는 땅 위에 목곽을 설치하고 그 속에 목관과 부장품을 넣은 다음 목곽 위와 둘레에 강돌을 쌓고 다시 그 위에 흙으로 덮어 봉분을 높게 만든 것이며 적석목곽묘라 불린다. 왕릉급 무덤뿐만 아니라 현재 봉분이 모두 없어졌으나 지하에 매장되어 있는 수 천기 이상의 무덤을 만드는 데는 천문학적인 인력과 재화가 필요했을 것이다. 이에 필요한 자원은 모두 경주 주변이나 지방의 백성들을 동원하여 충당하였을 것이다.[8] 이처럼 경주 시내에 존재하는 거대한 무덤은 신라사회의 역동적인 분위기를 잘 보여준다. 지배층은 거대한 무덤과 화려한 유물을 통하여 자신들의 배타적인 지위를 대내외에 과시하려한 측면이 있었다.

6세기의 어느 시점이 되면 새로운 변화가 보인다. 첫째는 묘역의 이동이다. 마립간기의 신라 무덤은 경주 황남동, 황오동, 노동동, 노서동, 인왕동 등 시내 곳곳에 밀집하여 분포한다. 대체로 월성 북쪽의 첨성대 부근에서 시작하여 봉황대고분 일대까지 차례로 축조된 것으로 보고 있다.[9] 최근까지의 조사 성과로 보면 왕릉이나 귀족의 무덤 주변에 중소형묘가 함께 분포하고 있음이 주목된다. 이는 통일기 이후의 분포 양상과는 차이를 보인다. 즉, 왕족 및 귀족만의 묘역이 존재한 것은 아니며 오히려 경주 시내의 고총군은 왕경인의 묘역이라 부를 만하다. 그런데 6세기 중엽이 되면 경주 시가지 주변에서는 무덤 축조가 급격히 줄어든다. 대신 소금강산, 선도산, 남산 산록 등지에 새로이 중소형 신라묘가 집중적으로 축조된다.

---

8) 한 때 한일 양국 학계에서는 신라의 공간적 범위를 경주 일원으로 한정하여 살펴보려는 경향이 있었다. 그것은 낙동강 이동지역을 가야로 보려는 시각과 관련이 있다.

9) 대체적인 경향이 그러하지만 월성로신라묘군이나 쪽샘지구에서 이른 시기의 무덤이 발굴되고 있으므로 향후의 조사 성과를 주목해볼 필요가 있다(김용성 2002, 최병현 2021).

둘째는 묘제의 변화이다. 마립간기의 묘제인 적석목곽묘는 기본적으로 단장(單葬)을 원칙으로 한다. 거대한 무덤은 망자 1인을 위한 공간이고 왕족의 경우 최대 10인까지 살아있는 사람을 함께 묻어주는 순장풍습[10]이 유행하기도 하였다. 또한 현세와 내세가 이어진다는 믿음을 가지고 있었기 때문에 수많은 부장품을 만들어 무덤 속에 넣어준 것이다.

그에 비하여 6세기 중엽 이후에 유행한 신라의 묘제는 횡혈식석실분이다. 이 무덤은 적석목곽분과는 달리 추가장이 가능한 구조를 지녔다. 일부 왕릉을 예외로 하면 무덤의 규모가 현격히 줄어들었으며 출토되는 유물 또한 매우 적어진다. 앞 시기와 비교하면 무덤 축조에 투입되는 재화의 양이 현격히 줄어들었을 것으로 보인다.

위와 같은 변화의 계기를 어디서 찾아볼 수 있을까. 우선적으로 고려해볼 수 있는 요인은 국가에 의한 규제이다. 앞에서 언급한 6세기의 변화 가운데 국호의 확정, 왕 칭호의 사용, 율령 반포, 지방관 파견 등의 조치는 기본적으로 국왕권의 신장을 전제로 한다. 냉수리비의 내용으로 보아 6세기 초가 되면 부(部) 중심의 정치운영에서 왕권이 점차 강화되고 관료조직이 갖추어지면서 국왕을 정점으로 하는 새로운 단계로 전환하는 과도기적 모습이 드러난다. 이러한 과정을 거쳐 530년대 이후 국왕은 부를 관칭(冠稱)하지 않게 되며 부를 뛰어넘는 초월자적인 지위로 격상된다. 이 무렵 무덤의 규모와 입지에 대한 통제가 이루어졌을 가능성이 있다. 그렇지만 그것만으로는 설명이 충분하지 않다.

여기서 불교의 유행에 따른 사후관념의 변화라는 점에 주목할 수 있다. 인도에서 생겨난 불교가 동전(東傳)하면서 고구려, 백제, 신라로까지 파급되

---

10) 『三國史記』新羅本紀 智證麻立干 3년, '下令禁殉葬 前國王薨 則殉以男女各五人 至是禁焉'

어 크게 유행한다. 신라는 상대적으로 불교의 수용이 늦었지만 6세기에 공
인한 후 왕실 혹은 왕권 장엄의 이념으로 활용되었으며(김철준 1952, 이기동
1997) 사회 전반에 걸쳐 큰 변화를 불러오게 된다. 불교식 장법이 어느 정도
유행하였는지는 아직 분명하지 않다. 현재의 신라묘 편년안으로 보면 적석목
곽분의 소멸연대는 불교 공인 시점보다 한 세대 정도 늦다.[11] 묘제나 장제는
보수적인 성격을 지니고 있으므로 불교의 영향을 받아 박장으로 변화하는데
한 세대 정도의 기간이 더 필요했던 것으로 이해할 수 있다.

경주 시내의 대형분 소멸 시점을 6세기 중엽경으로 파악할 경우 황룡사의
창건 시점과 비슷함을 알 수 있다. 양자 사이에 어떠한 계기적 관련성은 없을
까? 아마도 직접적인 관련성을 찾아보기란 어려울지도 모른다. 그렇지만 당
시의 신라사회에서 불교가 널리 유행하였고 국가권력이 불교를 통치에 적극
적으로 활용하였음은 눈에 띄는 대목이다. 결국 묘제의 변화나 황룡사 등의
사찰 축조는 하나의 큰 흐름에서 진행된 것으로 이해하는데 무리가 없어 보
인다.

황룡사지에 대한 발굴조사 결과 사서의 기록에 보이는 것처럼 이 일대가
저습지였음이 밝혀졌다. 현 안압지(월지) 주변에서 분황사 부근까지 넓게 펼
쳐진 뜰은 황룡사 창건 이전에는 북천의 범람원에 속하였을 것으로 보기도
하고(김재홍 1995, 이기봉 2002) 그와는 달리 범람은 고려시대 이후에나 가
능하였을 것으로 보면서 지하에서 용출하는 물로 인해 생겨난 웅덩이가 존재
하였던 것으로 보는 견해도 있다(황상일·윤순옥 2005). 이를 메워 대규모
의 국가사찰을 조영하는 것은 큰 토목공사이며 막대한 물량의 재원과 인력

---

11) 적석목곽묘의 소멸연대는 황룡사 창건기와 비슷할 것으로 보인다. 이 문제에 대해서
는 연구자마다 다소 의견차가 있지만 저자는 보문리부부총 석실묘 출토 팔찌가 567
년 공양된 부여 능산리사지 목탑지 하부 출토품과 매우 유사한 점에 기준하여 그에
선행하는 보문리부부총 적석목곽묘의 연대를 550년 무렵으로 추정하고 있다.

의 투입이 필요하였을 것이다. 이 시기에 황룡사와 같은 대규모의 국가사찰이 조영될 수 있었던 데는 고총의 소멸이 여러 가지 배경 가운데 하나였을 것이다.

이상에서 간략히 살펴본 것처럼 중고기가 되면 신라 각지에서 농업생산력이 제고됨에 따라 사회분화가 진전되었고, 그로 인해 야기된 사회적인 갈등 요소를 해소하고자 신라는 여러 노력을 경주하였을 것이다. 이 시기의 고고학적인 자료 가운데는 거대고분이 퇴조하고 황룡사를 비롯한 국가적 사찰이 조영되는 현상이 주목되므로 양자 사이의 계기적인 관련성을 찾아보려 하였다. 당시의 신라사회에서 불교가 널리 유행하였고 왕권 또한 급격히 신장되었으므로 그러한 배경에서 고분에 대한 규제가 이루어졌을 것이고 그에 부수하여 잉여된 사회적 역량은 당연히 국가사찰의 조영에 투입하였을 가능성에 무게를 두어 보았다.

왕경 정비와 황룡사의 위상

황룡사 영건과정[12]에서 목탑의 축조는 중요한 획기 가운데 하나이다. 창건기 가람의 규모나 건물배치양상이 분명하지 않은데 발굴조사에서는 9층 목탑에 선행하는 탑의 존재를 확인하지 못하였다. 원래 소규모의 탑이 존재했다고 하더라도 643년부터 645년까지 이루어진 9층 목탑의 축조는 황룡사 가람배치(도19)의 온전한 완성이라 평가할 수 있다.

---

12) 『三國史記』新羅本紀 眞興王 14년, '築新宮於月城東 黃龍見其地 王疑之 改爲佛寺 賜號曰皇龍'
　　『三國史記』新羅本紀 眞興王 21년, '皇龍寺畢功'
　　『三國遺事』卷3 興法3 皇龍寺九層塔, '貞觀十七年癸卯十六日 將唐帝所賜 經像袈裟幣帛而還國 以建塔之事聞於上善德王議於群臣 … 貞觀十九年乙巳 塔初成'

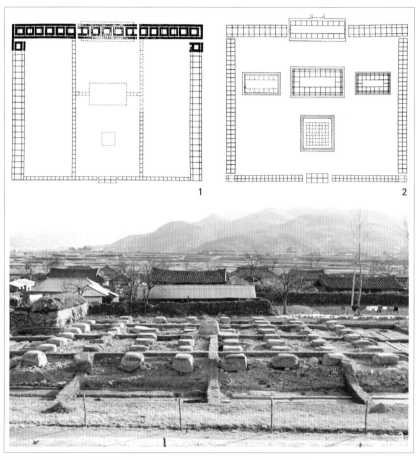

도19. 황룡사지 가람 평면도(1.창건가람, 2.중건가람) 및 목탑지 발굴 모습(3)

『삼국유사』의 기록처럼 9층 목탑은 불력을 빌어 외세의 침략으로부터 신라를 지키고자 하는 염원에서 축조한 것이며[13] 신라의 사회적 역량을 총결집

---

13) 『三國遺事』卷3 塔像4 皇龍寺九層塔, '若龍宮南皇龍寺建九層塔 則國之災可鎭 第一層
日本 第二層中華 第三層吳越 第四層托羅 第五層鷹遊 第六層靺鞨 第七層丹國 第八層

하여 시행한 국가적인 사업이었다. 물론 표면상 불력을 가차하는 형식이지만 황룡사라는 도량, 그리고 거대한 목탑은 신라사회 전 구성원의 마음을 하나로 결집하려는 종교적 장치였을 뿐만 아니라 왕권강화를 위한 현실적 목적에서 축조한 것으로 볼 수 있다(이기백 1978, 남동신 2001, 양정석 2004).

7세기 전반 동아시아 국제정세를 살펴보면, 중국대륙에서는 581년 수가 등장하였지만 고구려와의 전쟁에서 패배하면서 618년 당에 멸망당하였다. 수와 당이 고구려와 치열한 쟁패를 거듭하는 사이 신라는 수와 당에 견사하는 등 외교력을 강화하였다. 562년 대가야를 멸망시킨 여세를 몰아 백제를 위협하면서 나제 양국이 대립하는 형국이었다. 그럼에도 불구하고 황룡사 목탑 축조에 백제의 기술자 아비지(阿非知)가 관여한 것을 보면 양국 사이의 교류가 전혀 없었다고 단정하기는 어렵다(노중국 2002).

이 시기의 신라는 국가체제를 일신하는 등 본격적으로 삼국통일전쟁을 준비하게 된다. 중고기 이후 지방에 대한 영역적 지배를 실시한 지 약 1세기가 흐른 시점의 일이다. 이 무렵이 되면 왕경이 본격적으로 정비된다. 신라의 왕경에 방리(坊里)가 언제부터 구획되었는지 많은 논란이 있다. 연대를 빠르게 보는 연구자는 5세기 후반까지 소급시키기도 하지만 많은 연구자들은 황룡사가 창건되는 6세기 중엽경 왕경구획의 큰 틀이 세워졌고 중대 초기에 완성된 것으로 보고 있다(신창수 2002, 여호규 2007).

그간 신라왕경에 대한 학계의 연구는 지적도에 나타난 토지분할 경계선(藤島亥治郎 1930)과 지형, 절터의 분포를 중심으로 진행되었으며 경주분지에 언제쯤, 그리고 어디까지 방리가 구획되었는지에 논점이 모아졌다(우성훈 1996, 여호규 2003). 근래에는 경주 시내 곳곳에서 건물지와 도로유구가 세트를 이루는 왕경유적의 조사예가 급증하고 있어 새로운 연구 여건을 맞이하

女狄 第九層獩狛'

고 있다. 특히 국립경주문화재연구소가 진행한 황룡사지 동남쪽의 왕경유적 조사는 하나의 방으로 추정되고 있는 공간을 전면적으로 조사하였다는데 큰 의미를 부여할 수 있고 그 과정에서 도로유구가 조사되기도 하였다(도20). 또한 근래에는 황룡사지 남쪽에서 광장이 확인된 바 있다. 따라서 황룡사의 위치는 신라 왕경 평지공간에서 매우 중요한 위치를 점하고 있음을 알 수 있다.

또 하나 주목할 필요가 있는 것은 경주 시내를 관통하는 물길을 통제하고 곳곳에 건물이 세워질 수 있는 기초적인 작업이 언제쯤 이루어졌을까 하는 점이다. 경주는 높은 산으로 둘러싸인 분지이며 형산강을 비롯하여 남천과 북천이 흐르고 있어 선사시대 이래 취락이 형성되기에 좋은 조건을 갖추고 있다. 그렇지만 분황사와 황룡사가 위치한 곳은 북천의 범람 때문에 예외적이었을 가능성이 있다.

신라왕경의 형성과정에서 이러한 여건의 개선이 필수적이었을 것인데 아마도 둑을 쌓고 물길을 냈을 것이며 더불어 저습지를 메워 평탄화하는 작업 또한 병행하였을 것이다. 그런데 이러한 대지조성은 비단 황룡사 일대에서만 진행된 것은 아니며 국립경주박물관 내 발굴조사에서도 확인된 바 있다. 즉, 왕경의 형성과 확장과정에 대한 이해의 폭을 넓히려면 어느 시기에 어느 지역까지 대지를 조성하고 도로를 시설하였는지에 대하여 집중적으로 검토해 볼 필요가 있다. 최근까지의 발굴 결과로 보면 '의봉사년개토(儀鳳四年皆土)' 명 기와가 출토되는 곳이 늘고 있으며 그것을 통해 문무왕대에 대지를 조성하는 작업이 광범위하게 진행된 것으로 볼 수 있다. 그렇지만 553년 무렵 저습지였던 황룡사 부지를 메워 국가적인 사찰을 만들었음을 미루어 본다면 이미 중고기에 접어들면서 이와 같은 대지조성 작업이 곳곳에서 이루어졌을 것으로 보아 무리가 없다.

그간의 발굴조사 성과를 종합적으로 검토해보면 황룡사는 왕경구획의 기준점으로 활용된 것 같다(박방룡 2001). 황룡사는 월성 동북쪽의 평지 중앙

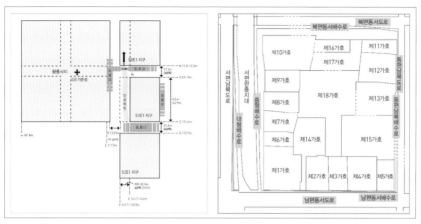

도20. 황룡사지 동편 왕경유적 구획(좌)과 방의 가호 배치(우)

에 위치한다. 황룡사의 서남쪽에 위치한 월지(月池)는 『삼국사기』 문무왕 14
년조(674)에 기록된 연못[14]일 가능성이 매우 높으며 황룡사와 일정한 거리
를 두고 기획성 있는 공간배치를 보인다. 그리고 황룡사 주변에 대한 발굴조
사에서 정연한 도로망(도21)이 확인되었고 지적도와 위성지도에서도 정연한
방격(方格)이 확인되는 바, 황룡사 창건기인 553년 무렵에는 이미 월성~황룡
사 일원의 공간에 대한 구획작업이 이루어졌을 가능성이 있다. 황룡사 창건
기록에서도 알 수 있듯이 황룡사가 위치한 곳은 경주분지의 중심부이므로 신
라 왕실은 이곳에 왕궁을 세우려 하였다. 비록 왕궁은 세워지지 않았고 그곳
에 황룡사가 창건되었지만, 이 절은 불법을 통하여 국왕의 권위를 장엄하는
사찰이었으므로 이후 신라사의 전개과정에서 중핵으로 기능하게 된다.[15]

---

14) 『三國史記』 新羅本紀 眞興王 14년, '宮內穿池造山 種花草 養珍禽奇獸'
15) 경주 시내에 집중적으로 분포되어 있는 고총의 존재는 왕경의 형성 및 정비 과정에서
    걸림돌이 되기도 하였을 것이나 일정한 구역으로 설정하여 관리한 것으로 보인다. 고
    총과 왕경유적, 취락이 중복되지 않기 때문에 생활공간과 묘역의 구분이 있었음은 분

신라가 골품제사회로서의 틀을 확실히 갖추는 시기는 중대일 것으로 보이지만 그 원형은 중고기에 이미 형성되었을 것이다(주보돈 1992). 7세기 전반의 신라가 신분제적 질서를 확립하고 사회에 대한 통제력을 강화하기 위하여 1차적으로 시도한 것이 광역의 도로망 확충이었다. 특히 왕경 내 도로망은 왕경인들의 거주공간을 설정하려는 방리제 시행의 기초적 과제였다(이은석 2004). 그간의 발굴조사 성과를 검토해보면 신라 왕경 방리제의 중심은 궁궐과 그에 인접한 황룡사였음을 알 수 있다. 곧 왕궁과 황룡사는 신라 왕도의 중심이자 국가 혹은 왕권의 상징물이었던 것이다. 경산, 대구, 진주 등 신라의 지방에서도 대규모의 도로가 발굴되었다. 출토유물로 보면 대개 7세기를 상한으로 한다. 이러한 도로는 신라가 지방사회로부터 막대한 재원을 수취하고 또 그 도로를 통하여 방어체계를 구축하고자 할 때 긴요한 기반시설이었다. 도로망은 왕도를 중심에 두고 방사상으로 개설되었을 것이며 그 허브가 바로 황룡사 일원이었던 것으로 추정할 수 있다.

황룡사가 창건되는 6세기에는 경주 시내 곳곳에 사찰이 건축된다. 544년 천경림(天鏡林)에 흥륜사를 완공하였다.[16] 천경림은 신성한 지역으로 추정되고 있으며 전통적인 신성지역에 사찰이 건축되었다는 점에 주목하는 연구가 있다(이기백 1954). 사서의 기록에 의하면 576년에 이미 영흥사(永興寺)가 존재한다.[17] 다수의 사찰은 월성을 기준으로 왕경의 외곽에 분포한다(우성훈 1996). 이와 달리 황룡사는 왕경의 한 가운데에 위치하면서 여러 사찰의 중심으로 기능한 것 같다(여호규 2003).

명하다.

16) 『三國史記』新羅本紀 眞興王 5년, '興輪寺成'

17) 『三國史記』新羅本紀 眞興王 37년, '王薨 諡曰眞興 葬于哀公寺北峯 王幼年卽位 一心奉佛 至末年祝髮被僧衣 自號法雲 以終其身 王妃亦効之爲尼 住永興寺 及其薨也 國人以禮葬之'

도21. 황룡사지 주변 도로유구 발굴 모습(1.남쪽 담장 외곽 교차로, 2.남쪽 담장 외곽 동서도로와 측구, 3.왕경유적S1E1 서쪽 남북대로, 4.왕경유적S1E1 남쪽 동서대로)

이처럼 황룡사는 신라 왕권을 상징하는 왕경의 중심지에 위치하면서 왕경 구획의 기준점으로 활용되었음을 알 수 있다. 특히 여러 차례의 영건 과정에 서 목탑이 축조되던 시기가 되면 더욱 그러했을 것이다. 9층 목탑은 불력을 빌어 외세의 침략으로부터 신라를 지키고자 하는 염원에서 축조한 것이며, 신라의 사회적 역량이 총결집된 기념물이다. 황룡사가 위치한 곳은 경주분지 의 중심부이므로 신라 왕실은 당초 이곳에 왕궁을 세우려 하였던 것이다. 비 록 왕궁은 세워지지 않았고 그곳에 황룡사가 창건되었지만 황룡사는 불법을 통하여 국왕의 권위를 장엄하는 사찰이었으므로 이후 신라사의 전개과정에 서 중핵으로 기능하게 된다.

사회 안정과 통일전쟁 준비

황룡사 9층 목탑이 축조되던 시기의 신라는 삼국통일전쟁의 기반을 닦고 있었다. 율령을 반포하고 지방에 대하여 영역적 지배를 실시한지 1세기가량이 지나면서 신라사회는 안정기를 맞이하였던 것으로 보인다. 이 무렵 신라인들이 사용한 주요 물품은 외형 및 제작기법이 매우 유사해졌다. 그것은 아마도 국가에서 주요 소비재의 생산과 유통을 통제하였기 때문일 것이다.

생활필수품인 토기에는 이러한 변화의 모습이 잘 드러나 있다. 신라 토기의 중심인 경주지역 토기가 더욱 그러하다. 신라 토기의 변화과정을 정리해보면 다음과 같다.

먼저 마립간기의 토기이다. 황남대총 남분 출토품에서 볼 수 있듯이 토기 전면에 걸쳐 화려한 무늬가 베풀어져있고 마치 기계로 찍어낸 듯 일정한 두께와 높이, 무늬를 지니고 있다. 이는 대량의 토기수요에 맞추어 집단적으로 조업하였기에 가능한 기술력이다. 이 시기 무덤에 부장되는 토기에는 일정한 패턴이 있는데 고배, 단경호, 장경호, 개배, 연질옹 등의 기종은 거의 빠지지 않으며 대형분의 경우 고배모양이나 원통모양의 기대가 출토된다. 경주에서 그간 확인된 토기가마터로는 경주분지 서쪽의 망성리요지와 화곡리요지(도22), 동쪽의 물천리요지가 대표적이다. 특히 물천리를 비롯한 천북면 일대에는 대규모의 토기와 기와가마터가 집중되어 있다. 경주의 이러한 기술력은 마립간기에 각 지방으로도 넓게 확산된 것으로 보이는데 중앙과 지방의 토기 사이에 다소 차이가 존재한다. 이를 지역색이라 부른다. 일부 연구자들은 신라토기에 보이는 지역색을 강조하여 이 시기의 신라 중앙이 지방 세력을 제대로 통제하지 못하였던 것으로 이해하기도 하고, 또 어떤 경우는 지역색을 곧 정치적 독자성의 반영으로 해석하면서 해당 지역이 아직 신라에 편입되지 않았던 것으로 추정하기도 한다.

약 150여 년 동안 지속된 신라 토기의 지역색은 황룡사가 창건되는 6세기

도22. 경주 화곡리 토기 및 기와 생산 유적 발굴 모습

중엽이 되면 소멸하며 이후 7세기 전반경에 이르러 중앙과 지방을 막론하고 소위 '통일양식 토기'를 사용하게 된다. 토기의 표면에 반원점문(半圓點文)과 삼각집선문(三角集線文)을 압인하여 표현한 이 토기문화는 전국의 생활문화가 획일화되는데 크게 기여한 것으로 보인다. 연구자마다 신라 토기의 연대관에 차이가 있지만 6세기 중엽이 되면 각 지방 토기에서 보이던 지역색이 소멸한다. 그러한 변화는 황룡사 9층 목탑이 축조되는 7세기 전반이 되면 더욱 완연해지는데, 인화문토기의 발생 징후가 보이는 점이 주목된다.

통일양식 토기가 유행하는 시기, 특히 6세기 후반 이후의 지방 무덤에서는 청동대금구가 종종 출토된다. 고대사회에서 허리띠는 곧 관인의 심볼이었다(山本孝文 2006). 지방의 중형급 무덤에서 관인의 상징물이 출토되는 것은 6세기 후반 이후 신라가 지방사회를 어떻게 재편하여 나갔는지를 잘 보여주는 증거 가운데 하나이다. 이 같은 대금구 가운데 7세기 전반에 유행한 것이 바로 '황룡사형 대금구'이다.

도23. 경주 방내리석실묘(상)와 파주 성동리석실묘(하) 출토 토기류

황룡사 목탑지 심초석 하부에서 출토된 대금구 가운데는 6세기 후반에 신라에서 유행한 것도 있지만 새로운 형식을 갖춘 것이 포함되어 있다. 양자는 형식 변화가 연속적이지 않고 이질적이다. 이 새로운 대금구는 중국 수당시기의 대금구와 상통되는 점이 많다. 이와 유사한 자료가 김해 예안리 49호묘, 상주 청리A-가-9호석실묘, 청리A-가-10호석실묘, A-나-2호석실묘, H-가-11호석실묘, 남원 두락리 3호묘, 사천 월성리 4호묘, 왜관 낙산리 22호묘에서 출토되었다. 이 대금구의 계보를 중국에서 찾을 때 수 혹은 당과의 교섭 기록을 살펴볼 필요가 있다. 신라는 진평왕 16년(594)에 수나라와 교섭하기 시작했다. 당시 수 황제는 조서를 내려 신라왕을 상개부낙랑군공신라왕(上開府樂浪郡公新羅王)으로 삼기도 했고, 이후 진평왕 35년(613)까지 수차에 걸

처 인적·물적으로 교류했다. 따라서 수의 문물이 신라로 이입될 수 있는 계기는 많았을 것이다.

이러한 상황은 당대에 이르러서도 지속되었다. 그 과정에서 신라는 당 복식을 공식적으로 수용하기도 했다. 648년 김춘추가 당 황제로부터 의복과 혁대를 하사받아 귀국한 다음, 신라는 의복제를 당식(唐式)으로 바꾼다.[18] 이 기록이 신라가 당 허리띠를 수용하는 공식 시점을 이야기해 준다. 그러나 단발적인 이입은 그 직전에도 이루어졌을 가능성이 있다. 중앙과 지방에서 이와 같은 대금구가 출토되고 있음은 곧 이 시기가 되면 『삼국사기』 색복지(色服志)에 보이는 신분별 규제의 원형이 이미 일정 부분 형성되었을 가능성이 있음을 보여준다.

7세기 전반의 신라에서는 주요 물품의 생산과 소비를 국가가 통제하였을 가능성이 있다. 그것은 신라 전역에 통일양식의 토기문화가 등장하였고 지역색을 찾아볼 수 없게 된 점에서 유추할 수 있다. 아울러 지방의 중형급 무덤에서는 관인의 심볼인 청동대금구가 출토된다. 이 같은 규제와 지배력이 곧 7세기의 신라가 삼국통일 전쟁에 나서려고 기도할 수 있었던 주요 토대가 되었을 것이다. 각지에 석성을 축조하여 방어망을 만드는 등 군사력을 증진하기 위해서는 지방사회에 대한 지배력 강화가 필수적이었을 것이다. 신라 중앙은 그 과정에서 발생할 수 있는 다양한 마찰을 황룡사 가람의 완성을 통하여 일정 부분 해소할 수 있었던 것으로 보인다. 이 시기의 황룡사는 호국과 사회통합의 도량으로 기능하였을 것이다.

---

18) 『三國史記』 卷33 雜志 色服, '至眞德在位二年 金春秋入唐 請襲唐儀 太宗皇帝詔可之 兼賜衣帶 遂還來施行'
『三國史記』 卷5 新羅本紀 眞德王2년, '春秋又請改其章服 以從中華制 於是 內出珍服 賜春秋及其從者'

제4장
주변국 사례와의 비교

앞에서 살펴본 것처럼 마립간기와 중고기 초의 신라에는 복식사여체제가 존재하였다. 그것의 성격을 더욱 분명히 하기 위하여 같은 시기의 주변국 사례와 비교하고자 한다. 특히 인접한 백제와 가야에 복식사여체제가 존재하였는지, 만약 존재했다면 신라와는 어떤 측면이 같고 또 어떤 측면이 다른지에 대해 살펴보고자 한다.

한성기 백제의 복식품

백제인이 이른 시점에 사용한 장신구로 진식대금구(晉式帶金具)와 이식을 들 수 있다. 백제 유적에서 출토된 진식대금구로는 서울 풍납토성과 몽촌토성, 화성 사창리 산10-1번지 출토품이 있다. 당시 최상급 물품이었을 진식대금구는 백제와 양진 사이의 공식적 관계를 통해 들여왔을 것으로 보인다(박순발 2004). 이식 가운데는 서울 석촌동 4호분 주변 출토품(도24-1)이 이른 시기의 자료이다. 전체가 금이고 세환에 길쭉한 금사슬과 심엽형 수하식이

도24. 한성기 백제 왕도 출토 이식(1.석촌동 4호분 주변, 2.석촌동 유물집중부)과 비교자료(3.라마동 Ⅱ-71 호묘, 4.마선묘구 412호묘)

차례로 달린 심플한 구조를 갖추었다. 주환이나 수하식 제작기술이 정교하지 않다. 중국 요령성 북표 라마동 Ⅱ-71호묘 이식(도24-3)과 외형이 유사하나 사슬의 제작기법이 판이하다.

근래 한성기 백제 유적의 조사 사례가 증가하였음에도 불구하고 수촌리 1호묘에 선행하는 장신구는 여전히 부족하다. 백제 장인이 장신구를 만드는 과정에 영향을 준 것으로 보이는 자료를 제시하면 다음과 같다.

첫째, 수촌리백제묘군 금동관에 보이는 관(管) 및 수발형(受鉢形) 장식의 계보이다. 1호묘 금동관에는 2개, 4호묘 금동관에는 1개의 장식이 부착되어 있다. 이와 같은 장식은 고흥 길두리 안동고분, 화성 요리 1호묘, 익산 입점리 86-1호묘 출토품 등 백제 금동관(도25)의 특징 가운데 하나이다. 그런데 삼연(三燕) 유물에 유사한 장식이 보여 주목된다. 중국 요령성 조양 십이대향전창 88-M1호묘 마면(馬面), 북표 라마동 I-M5호묘 마면과 철제 투구, 북표 풍소불묘 금관식, 하남성 안양 효민둔 154호묘 마면 상부장식, 길두리 안동고분 철제 투구 등이 그것이다. 시기적으로 큰 차이가 없으므로 백제 장인이 이

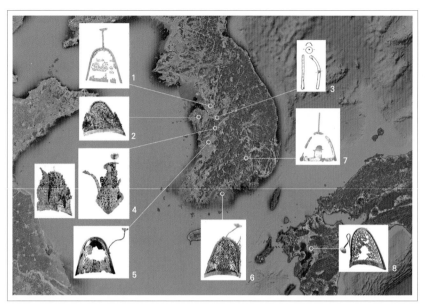

도25. 백제양식 금동관의 분포(1.요리 1호묘, 2.부장리 5호분구 1호묘, 3.용원리 9호석곽묘, 4.수촌리 1·4호묘, 5.입점리 86-1호분, 6.길두리 안동고분, 7.옥전 23호분, 8.에타후나야마고분)

러한 장식을 금동관 제작에 응용하였을 것 같다.[1]

둘째, 서울 석촌동 1호분과 2호분 사이 유물집중부에서 출토된 이식(도24-2)의 계보이다. 이 이식은 주환이 금동이고 유환부터 수하식까지는 금이다. 소환입방체, 사슬, 공구체가 차례로 연결되어 있다. 고구려 이식 가운데 중간식은 집안 마선묘구 412호묘(도24-4), 수하식은 약수리 벽화묘 출토품과 유사하다. 자료가 부족하지만 이러한 이식은 중국 중원왕조의 무덤에서는 출토된 바 없어 고구려에서 계보를 찾을 수 있다.

셋째, 수촌리 수면과판(獸面銙板)의 계보이다. 백제에서 시작하여 가야, 왜

---

1) 2006년 9월 국립공주박물관이 주관한 '특별전 한성에서 웅진으로' 기념 국제 학술 심포지엄 때 저자의 주제발표에 대한 지정토론자였던 권오영 선생님의 교시에 의한다.

에 걸쳐 널리 유행한 수면과판이 수촌리 1호묘와 4호묘에서 출토된 바 있다. 수촌리 1호묘 출토품이 가장 이른 시기의 자료이다. 허리띠에 부착하는 금속판에 수면이 표현되어 있다. 수촌리 1호묘 과판 제작 이전에 진식대금구가 존재했으므로 백제 장인이 그것을 방제하거나 고구려나 신라처럼 삼엽문과판을 만들지 않고 왜 수면과판을 만들었을까 하는 점이 의문이다.

수촌리 1호묘 과판의 수면을 백제 장인이 자신의 상상력으로 그려냈다기보다는 중국 여러 왕조와 긴밀한 교류관계를 유지한 백제사 전개과정을 고려할 때, 중국으로부터 수입한 서적이나 도안집을 참고하였을 가능성이 있다. 청동제 포수(鋪首)도 백제 장인이 참고한 자료 가운데 하나일 것 같다. 포수는 중국 역대 왕조에서 즐겨 사용되었고 풍납토성에서 출토된 적이 있다.

수촌리 1호묘 장신구를 제작한 사람은 백제 장인이었을 것이고 그들이 동진, 삼연, 혹은 고구려 자료를 참고하여 장신구를 만들었을 것이다. 정치적으로 보면 견사기록에 부합하듯 중국 금공기술이 수용되었을 가능성에 조금 더 무게를 둘 수 있지만 아직까지는 자료의 부족으로 양자 사이의 접점을 찾기 어렵다. 그렇다고 하여 삼연과의 직접적인 교섭을 언급하기에도 자료가 부족하다.

또 다른 가능성으로 낙랑 장인들의 이주, 혹은 대방고지(帶方故地)에 거주하던 동수(冬壽, 336년 망명)를 위시한 전연 유민들과의 접촉을 생각해볼 수 있다(최종규 2015).『삼국사기』에 의하면 낙랑은 313년에 고구려의 공격을 받아 축출되었다고 한다. 낙랑이 역사의 무대에서 사라진 후 주민들의 동향이 어떠하였을지 불분명한 점이 많다. 다만 화성 기안리 제철유적 발굴조사가 진행된 이후 이 유적에서 낙랑계 토기와 기와가 집중적으로 출토되는 현상에 주목하여 낙랑 제철장인의 이주를 상정하고 있다(권오영 2004, 김무중 2004). 이러한 논의는 상당히 설득력이 있는 것으로 받아들여지고 있고 그 연장선상에서 금공 장인의 이주 가능성을 고려하고 싶다.[2] 그밖에 성남 판교

---

2) 前秦의 금공문화는 不明이나 백제와 전진 사이의 교섭관계에 주목한 연구(노중국

석실묘 출토 비녀가 북표 라마동 출토품과 유사하다는 점을 함께 주목할 필요가 있다.

한성기의 장신구 가운데 백제양식이 발현된 사례로 관, 이식, 대금구, 식리를 들 수 있다. 출토 유물의 수량으로 보면 이식과 식리가 많은 편이고 관과 대금구는 적다. 백제양식이 드러난 사례를 정리해보면 다음과 같다.

한성기 백제의 관은 7점이다. 화성 요리 1호묘, 천안 용원리 9호석곽, 공주 수촌리 1·4호묘, 서산 부장리 5호분구 1호묘, 고흥 길두리 안동고분, 익산 입점리 86-1호묘[3]에서 출토되었다. 이 가운데 수촌리 4호묘 출토품이 전형이다. 고깔모양의 기본 구조에 전식(前飾), 측식, 후식, 그리고 관과 수발형 장식을 갖추었다. 수촌리 4호묘나 부장리 5호분구 1호묘 출토품은 전식의 위쪽이 삼지상(三枝狀)이다. 길두리 안동고분 금동관에는 조우형 측식이 부착되어 있다. 요리 1호묘, 수촌리 4호묘, 입점리 86-1호묘 금동관은 수발형 장식을 갖추었다.[4]

재질은 모두 금동이다. 신라의 관처럼 재질이 다양하지 않다. 문양에 기준하여 용봉문계열과 초화문계열로 나눌 수 있다. 수촌리 1·4호묘, 서산 부장리 5호분구 1호묘 출토품이 용봉문계열이고 요리 1호묘와 길두리 안동고분 출토품이 초화문계열에 속한다. 이외에 입점리 86-1호묘 금동관은 어린문(魚鱗文)이 기본문양이고 화문과 봉황문이 복합적으로 새겨져 있어 예외적

2013)를 참고한다면 전진의 영향도 고려할 수 있다.

3) 이 무덤의 연대에 대하여 웅진기로 보는 견해가 다수 있다. 저자도 오래전 그에 동조한 적이 있으나 근래는 한성기 말로 보고 있다. 고창 봉덕리 1호분 4호석실, 나주 복암리 정촌고분 1호석실에서 출토된 장신구를 한성기 말로 볼 것인지, 혹은 웅진기 초로 볼 것인지 확정적으로 말하기는 어렵다. 이 책에서는 장신구의 양식으로 보아 일단 한성기 말로 추정하고자 한다.

4) 수촌리 1호묘 출토품은 상부의 수발형 장식이 결실되었지만 筒이 부착된 채 출토되었으므로 원래는 이러한 모양의 장식 2개가 부착되었던 것으로 추정할 수 있다.

존재이다.

요리 1호묘, 길두리 안동고분, 수촌리 1호묘 출토품이 고식이고 수촌리 4호묘, 부장리 5호분구 1호묘, 입점리 86-1호묘 출토품이 신식이다. 금동관의 여러 특징 가운데 수발형 장식의 형태 및 부착 위치가 시간의 변화를 반영하는 것 같다.

한성기 백제의 이식은 출토 사례가 많은 편이다. 화천 원천리 69호 주거지, 서울 석촌동 4호분 주변, 동 1호분과 2호분 사이 유물집중부, 원주 법천리 1호묘, 천안 용원리 9호석곽, 37·129호묘, 청원 주성리 2호묘, 1호석실, 청주 신봉동 54호묘, 세종 장재리 1호석실, 갈산리 4호석실, 공주 수촌리 1·4·8·13·19호묘, 서산 부장리 5호분구 1호묘, 6호분구 6호묘, 익산 입점리 86-1호묘, 98-1·12호묘, 고창 봉덕리 1호분 4호석실, 나주 복암리 정촌고분 1호석실에서 출토된 바 있다(도26).

이 시기의 이식은 상호간 유사도가 낮은 편이다. 즉, 주환이나 중간식, 수하식의 개별 부품, 조립방식 등에서는 공통점을 가지고 있어 이를 백제양식이라 부를 수 있겠으나 부품이 다양한 패턴으로 조립되어 있어 체계적으로 분류하기 어렵다. 이는 신라 이식뿐만 아니라 사비기 백제 이식과도 다른 점이다.

대부분의 이식은 금제품이다. 원천리 69호 주거지나 신봉동 54호묘 이식처럼 전체가 금동인 것은 예외적 존재이고, 주환이나 유환을 금동으로 만든 사례는 간혹 확인된다. 주환은 모두 세환이며 속이 찬 금봉을 휘어 만든 것이 많지만, 수촌리 8호묘 이식처럼 속이 빈 것도 있다. 수촌리 4호묘나 용원리 37호묘, 부장리 6호분구 6호묘 출토품은 단면 사각형의 금봉을 비틀어 꼬아 나선형으로 만든 것이다. 중간식으로는 공구체가 많이 사용되었으며 원판상 장식 또한 특색이 있다. 용원리 9호석곽이나 부장리 6호분구 6호묘 출토품의 중간식은 금판을 땜으로 접합하여 만든 중공의 원판상 장식이다. 수촌리에서는 삼익형, 원추형 수하식을 갖춘 이식도 출토되었다.

한성기 이식 가운데 가장 정교한 사례로 수촌리 8호묘 출토품을 들 수 있

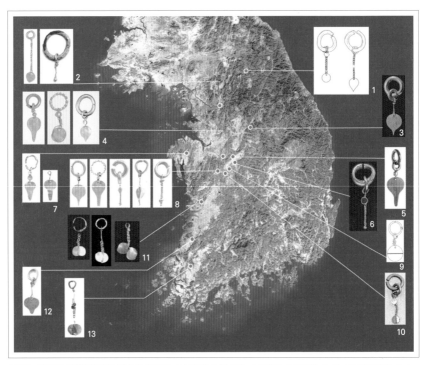

도26. 한성기 백제 이식의 분포(1.원천리, 2.석촌동, 3.법천리, 4.용원리, 5.주성리, 6.신봉동, 7.부장리, 8.수촌리, 9.갈산리, 10.장재리, 11.입점리, 12.봉덕리, 13.복암리)

다. 길이가 4.6cm에 불과함에도 중간식과 수하식에 크고 작은 금립이 장식되어 있다. 소환구체를 중간식으로 사용한 이식 가운데 가장 이른 시기의 자료이다. 시기차가 있지만 중공의 주환, 금사를 엮어 만든 연결금구, 누금세공에서 볼 때 무령왕비 이식과의 기법적 계승관계가 보인다.

한성기 백제의 대금구로는 수촌리 1호묘와 4호묘, 연기(현 세종) 나성리 4호묘 출토품이 있다. 수촌리 1호묘와 4호묘 대금구는 과판 혹은 띠연결부에 수면[5]

---

5) 1호분 과판의 문양은 뿔로 보면 龍面일 가능성이 있다.

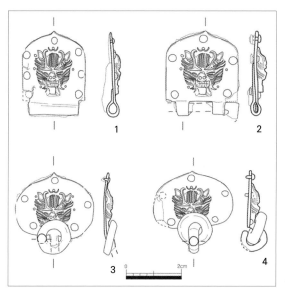

도27. 수촌리 1호묘 금동대금구(Ⅰ류: 1·2, Ⅱ류: 3·4)

이 표현되어 있다. 1호묘 대금구 문양은 주출된 것이다. 이마의 좌우에 두 귀와 뿔이, 이마에는 주름처럼 세로로 집선문이 표현되어 있다(도27). 4호묘 대금구는 유존상태가 불량하다. 수면은 이마가 둥글고 1호묘 출토품에 비해 갈기모양 표현이 줄어들었다. 주연에는 파상문 흔적이 남아 있다. 이 문양은 공주 송산리 구 2호분 출토품과 연결된다. 수촌리의 수면 대금구로 보아 5세기 전반경이 되면 진식대금구와 구별되는 백제 대금구가 만들어지고 있었음을 알 수 있다. 같은 시기 신라의 대금구는 고구려의 영향을 받은 삼엽투조대금구라는 점에서 뚜렷이 구별된다.

나성리 4호묘 출토 대금구는 용문이 투조되어 있다는 점 때문에 발굴 이래 학계의 큰 관심을 받았지만 2015년 간행된 발굴조사보고서에는 과판의 용문이 수록되지 않았다(도28). 유물 잔존상태가 불량하여 도안의 전모를 파악해내기 어려웠음에 기인한다. 저자는 2011년에 촬영된 과판의 X선 사진을 관찰

하며 문양을 복원한 바 있다(도29, 이한상 2017).

용은 좌향의 측면관으로 표현되었다. 머리에는 혀, 입과 이빨, 코, 눈, 벗, 귀, 뿔 등이 표현되어 있다. 몸체에서 네 발이 파출되었는데 전후좌우의 구별이 뚜렷하며 오른쪽 앞발이 목과 꼬리 사이에 배치된 점이 특징이다. 각 발마다 하나씩의 깃털이 표현되어 있다. 일본 니이자와센즈카(新澤千塚) 126호분

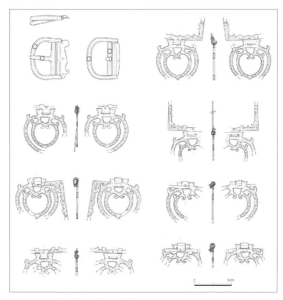

도28. 나성리 4호묘 금동대금구

도29. 나성리 과판의 용문 복원안(좌)과 채화도(우)

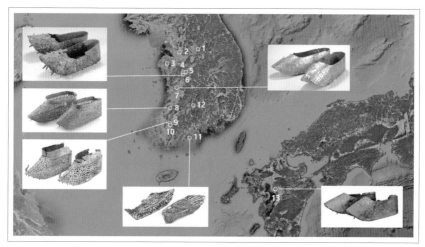

도30. 백제양식 금동식리의 분포(1.법천리, 2.요리, 3.부장리, 4.수촌리, 5.나성리, 6.무령왕릉, 7.입점리, 8.봉덕리, 9.정촌고분 외, 10.신촌리, 11.안동고분, 12.유곡리 · 두락리, 13.에타후나야마고분)

금제방형판의 용문과 유사도가 높다. 동일한 기술적 전통을 가진 공방에서 제작되었거나 혹은 동일한 모본이 제작에 활용된 것은 아닐까 하며, 나성리 4호묘 쪽 용문이 조금 더 도안화된 것이다.

나성리 4호묘 과판은 5세기대 금동제 용문투조과판 가운데 가장 크며 용문의 도상, 수하식의 형태 등에서 여타 과판과는 구별되는 특징을 갖추었다. 이러한 차이는 곧 제작지의 차이를 보여주는 것으로 인식할 수 있다. 한성기 금공문화의 전체적 양상에서 본다면 제작지를 백제로 특정해도 좋을 것 같다. 무덤에 묻힌 연대는 공반된 금동식리를 고려할 때 수촌리 1호묘와 평행하는 5세기 전반의 이른 단계로 추정할 수 있다. 이와 달리 발굴자는 이 대금구를 신라나 왜로부터의 반입품으로 보았다(한국고고환경연구소 2015).

한성기의 장신구 가운데 금동식리는 출토 사례가 많은 편이다. 화성 요리 1호묘, 원주 법천리 1 · 4호묘, 공주 수촌리 1 · 3 · 4 · 8호묘, 연기 나성리 4호묘, 서산 부장리 6호분구 6호묘와 8호분구 1호묘, 익산 입점리 86-1호묘, 고창 봉덕리 1호분 4호석실, 나주 복암리 정촌고분 1호석실, 고흥 길두리 안동 고분에서 출토된 바 있다(도30). 이 가운데 수촌리 1·8호묘, 요리 1호묘, 나성리 4호묘 출토품이 고식이다.

백제의 식리는 좌우측판이 식리의 중심선에서 결합되고 저면에 6~18개의 금동못이 박혀 있다. 측판과 저판에 능형문, 귀갑문, 凸형문, 용, 봉황, 연화, 가릉빈가, 역사(力士) 등이 시문되어 있고 문양 표현에 투조기법이 많이 활용되었다. 봉덕리 1호분 4호석실과 복암리 정촌고분 식리는 발목 부분에 금속판이 돌려져 있다.

금동식리가 가장 많이 출토된 곳은 공주 수촌리백제묘군이다. 1호묘 식리는 측판에 凸형문, 저판에 사격자문이 시문되어 있다. 3호묘 식리의 측판에는 4호묘 식리처럼 凸형문이 있지만, 저판에는 용문과 연화문이 시문되었다. 4호묘 식리는 측판과 저판 모두에 여러 마리의 용문이 투조로 표현되어 있다. 8호묘 식리는 측판 일부만 남아 있어 전모를 알 수 없지만 凸형문과 측판 결합방식은 1·3호묘 출토품과 유사하다.

이처럼 5세기 이후 장신구의 종류와 수량이 늘어난다. 수촌리 1호묘 출토품이 대표적 사례인데, 이 자료로 보면 5세기 전반의 이른 단계에 이미 백제 공방에서 백제인의 요구에 맞춘 장신구 제작이 이루어졌음을 알 수 있다. 수촌리 1호묘 출토품의 경우 이른 단계의 자료임에도 불구하고 최고 수준의 기술력이 구사되어 있다. 그리고 그에 후속하는 장신구와 공통하는 요소를 갖추고 있다. 따라서 수촌리 1호묘 단계에 이미 백제 장신구 양식이 성립해 있었을 것으로 상정할 수 있다.

한성기 백제의 장신구는 서울, 화천, 화성, 원주, 천안, 청주(구 청원 포함), 세종, 서산, 공주, 익산, 고창, 나주, 고흥[6] 등 여러 지역에 분포하지만 출토 수

---

6) 길두리 안동고분 금동관에 대하여 부품의 형태나 조립 위치로 보아 현지에서 제작되었거나 조립되었을 것으로 보는 연구가 있다. 전립식과 후입식이 수촌리나 부장리 금

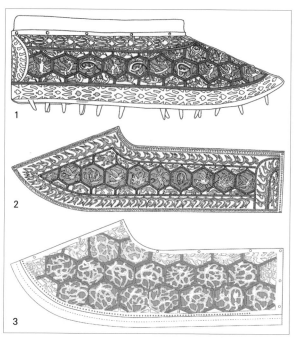

도31. 귀갑문계열 식리의 측판 도안 비교(1.봉덕리 1호분 4호석실, 2.식
　　　리총, 3.정촌고분)

량은 매우 적은 편이다. 이처럼 한성기에 금동관이나 금동식리 등의 장신구
를 소유한 인물은 많지 않았고, 백제의 주요 거점 지역의 유력자에 한정된다.
공주 수촌리를 제외한다면 그것의 소유가 연속적인 경우가 드물며, 신라의
경우처럼 관에서 식리까지 신체 각 부위를 장식하는 장신구가 일습으로 부장
되는 경우가 적다.

　한성기 백제의 중앙과 지방에서 출토되는 장신구는 매우 정교한 편이다.

동관과 반대로 결합되어 있고, 전립식과 후입식의 형태 또한 다르다는 점을 근거로
제시하였다(박보현 2017).

이와 같은 장신구를 만들려면 몇 가지 전제가 필요하다. 먼저 금은 등 귀금속을 확보해야 하며, 귀한 소재를 실수 없이 다룰 수 있는 숙련된 장인이 필요하다. 토기처럼 여러 번의 시행착오를 통하여 시제품을 완성할 여유가 없었을 것이다.

백제의 장신구 가운데 동범으로 만든 물품을 찾기 어렵다. 수촌리 1호묘 대금구를 제외하면 주조품이 없기 때문이다. 따라서 외형 및 제작기법을 분석하여 양식론의 입장에서 접근할 수밖에 없다. 그간 백제 유적에서 출토된 장신구의 제작기법이나 도안을 검토해보면 고구려·신라·가야 등 주변국 장신구와 현격히 구별되는 특징을 갖추고 있다. 이것을 백제양식이라 규정할 때 그 중심지가 왕도 한성일 가능성을 우선적으로 고려할 수 있다. 정교한 금공기술이 구사된 물품을 현지 세력이 자체적으로 만들었다고 보기는 어렵다.

그러면 왜 백제 왕은 유력자들에게 장신구를 제공했을까. 사서의 기록과 무덤 출토 장신구의 재질, 도안, 소유에 일정한 제한이 보이는 고고학적 양상을 결합시켜 본다면 백제의 금속장신구 가운데 일부를 복식품으로 추정할 수 있다.

왕으로부터 사여 받은 화려한 장신구는 물품 자체를 보유하는 것만으로도 효과가 있었겠지만 의복과 함께 착용했을 때 효과가 컸을 것이다. 더욱이 단위지역의 범위를 넘어서서 많은 사람들이 모이는 공간에 그것을 착용하고 참석했을 경우 더욱 그러했을 것이다. 이러한 측면에서 보면 한성기 백제의 장신구를 관복이나 예복을 구성하는 물품으로 이해할 여지가 있다. 장신구 가운데 실용품으로 보기 어려운 것도 있다. 금동식리에서 전형을 볼 수 있듯이 장송용 복식품이 포함된 것이다. 금동식리는 장식성은 뛰어나지만 취약한 구조를 지니고 있다.

한성기 백제의 지방에는 대규모 고총군을 조영할 수 있는 유력한 세력이 여전히 존재하고 있었고 백제 중앙은 그러한 질서를 온존시킨 채 지방을 지배하였던 것 같다. 4~5세기의 백제 중앙이 그러한 자율성을 용인하였던 것은 지방 세력이 중앙과 대등하거나 혹은 더욱 강했기 때문이 아니라 지방 지배의 효율성 때문일 것이다. 즉, 지방 세력이 지닌 기왕의 지배력을 인정하고 그들에게 지방 지배를 위임하는 대신 중앙에서 필요로 하는 물자와 역역 동원의 책임을 지웠을 것 같다. 지방 세력의 이러한 위상은 한성기 말까지 지속되었던 것으로 보인다.

웅진기 및 사비기 백제의 복식품

웅진기의 복식품은 한성기에 비하여 출토 수량이 적다. 대부분이 무령왕릉 출토품이며 귀족이나 왕족 무덤에서 조차 출토되는 경우가 드물다. 475년 고구려의 공침을 받아 금공품 제작 기반이 붕괴되었음도 원인 가운데 하나일 것이다. 천도 이후 단기간에 장신구 사여체제를 복원하기는 어려웠던 것 같다.

이 시기의 장신구로는 관식, 이식, 경식, 천, 지환, 대금구, 식리가 있다. 식리는 장송의례용품이 분명하지만 다른 장신구에는 일상용품이 많이 포함되어 있다. 무령왕 부부의 관식은 중국 역사서에 기록된 금꽃의 실물이며, 은천에 왕비가 사망하기 6년 전인 경자년(520) 2월에 만들었다는 글귀가 새겨져 있고, 왕의 이식에 보수 흔적이 남아 있다.

관으로는 관식과 금동관이 있다. 무령왕의 관식에는 인동초와 화염문이 도안되었고 영락이 달려 있다. 무령왕비의 관식은 왕의 관식과 달리 관식 문양이 좌우대칭을 이루고 영락이 달려 있지 않다. 이 장식이 바로 『구당서』에 기록된 '검은 비단 관에 장식한 금꽃'[7]이었던 것으로 보인다. 2019년에 발굴된 나주 송제리 1호묘 출토 은관식은 백제 사비기 관식의 조형에 해당하며 공반된 동잔, 은장도자가 무령왕릉 출토품과 유사하므로 웅진기까지 소급시켜볼

---

7) 『舊唐書』 卷199 列傳 東夷 百濟, '其王服大袖紫袍青錦 烏羅冠 金花爲飾'

수 있는 자료이다.

한편, 나주 신촌리 9호분 을관 출토 금동관은 대관(帶冠)과 관모로 구성되어 있다. 대관은 대륜(臺輪) 위에 3개의 입식(立飾)을 갖춘 형식이다. 대륜에는 이면에서 타격하여 표면으로 돌출시킨 점열문이 상하에 배열되었고, 같은 기법으로 표현한 11개의 꽃무늬가 일정한 간격으로 배치되어 있다. 입식의 맨 위는 꽃봉오리 모양이고 그것의 꼭대기에는 둥근 유리가 감입된 장식품이 덧붙여져 있다. 줄기의 좌우에서 각기 하나씩의 작은 꽃봉오리가 파출되어 있어 전체적으로 보면 3개의 꽃봉오리가 모여 있는 모양이다. 관모는 좌우 측판의 문양 구성은 비슷하지만 세부 형태는 꽤나 다르다. 측판의 중심 문양은 큼지막한 꽃봉오리인데 연화문일 가능성이 있다. 그것의 하부 좌우에 하나씩의 인동초, 하연에 3개의 인동초, 가장자리를 따라가며 당초가 시문되어 있다.[8] 근래 영암 내동리 쌍무덤에서 신촌리 9호분 금동관의 입식과 유사한 금동관 조각이 출토된 바 있다(이범기 외 2020).

웅진기 이식은 무령왕릉, 송산리 6호분, 교동백제묘군, 주미리 3호묘에서 출토되었다. 무령왕릉 이식은 중간식의 형태가 웅진기의 특징을 잘 보여준다. 왕 이식의 중간식은 세 갈래로 돌출된 날개모양 장식을 오므려 원통형 장식으로 완성한 것이다. 왕비 이식의 중간식은 담녹색의 유리구슬에 소환을 연접시켜 만든 반구체를 덧씌운 것이다. 이러한 형태는 송산리 6호분 이식에서도 확인된다. 교동 출토품은 각기 크기와 중간식의 형태가 달라 1쌍이라

---

8) 신촌리 금동관의 제작지에 대해 다양한 논의가 진행된 바 있다. 대관 입식의 문양이 가야 관과 유사하다는 점에 주목하여 이 관의 계통을 가야에서 찾기도 하고(이종선 1999), 백제의 여타 관과 도안 및 기법에서 차이가 존재하는 점에 주목하여 현지산으로 보기도 한다(신대곤 1997). 이와 달리 백제 중앙산으로 보는 견해도 있다. 웅진 천도로 인해 백제의 금공품 생산이 단절된 것으로 보기 어렵고 이전 시기부터 영산강 유역에 금공문화가 존재했다는 근거가 없다는 점을 반론의 근거로 들었다(김낙중 2014, 김낙중 2021).

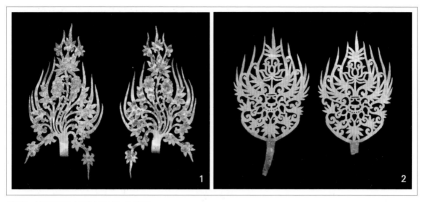

도32. 무령왕릉 금관식(1.왕, 2.왕비)

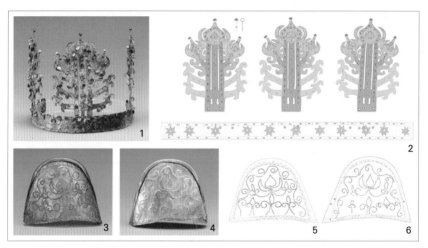

도33. 신촌리 9호분 을관 금동관(1.대관, 2.채화도, 3·5.관모 우측면, 4·6.관모 좌측면)

보기 어렵다. 유리옥을 중간식으로 사용한 점은 웅진기 이식의 특징 가운데 하나이다. 주미리 이식은 신라의 이식에서 종종 볼 수 있는 원통형 중간식을 갖추었으나 실물이 남아 있지 않아 더 상세한 검토는 어렵다.

무령왕릉에서 출토된 아홉마디와 일곱마디 경식도 웅진기를 대표하는 장

도34. 무령왕 이식(아래 오른쪽 : 수리 흔적)

신구이다. 각 마디의 가운데가 가장 넓고 여러 면으로 각이 져 있고 전체적으로 약간 휘었다. 각 마디의 양 끝은 끈처럼 가늘게 늘여서 고리를 만들고 끝은 다시 몸체에 여러 바퀴 감아서 마무리하였다. 무령왕릉 출토 금은제 천과 송산리백제묘 출토 은천의 제작에도 동일한 기법이 활용되었다.

팔찌는 유례가 많은 편이다. 무령왕릉에서 모두 6쌍의 팔찌가 출토되었다. 그 가운데 가장 대표적인 것이 다리작명(多利作銘) 은천이다. 쌍을 이루는 2개의 팔찌는 세부 도상에서 차이가 있어 주형을 활용하여 만들었다고 보기는 어렵다. 다만 은봉을 구부려 단접한 흔적을 찾아보기 어렵고 전체 크기가 유사한 점을 고려하면 무늬 조각 이전의 중간품은 주조로 만들었을 수도 있다. 왕릉에서는 각목문이 베풀어진 금천과 은천이 출토되었다. 이외에 보통골 17호묘와 웅진동 8호묘에서 출토된 은천에는 무늬가 없다. 무령왕릉에서는 지환이 출토되지 않았지만 금학동 14 · 16 · 18호묘에서 은지환이 출토되었다.

웅진기 대금구 역시 출토 수량이 많지 않다. 공주지역의 경우 송산리백제묘군에 한정적으로 분포한다. 교구는 대부분 버섯모양이다. 무령왕릉 출토품이 전형이며, 송산리백제묘군 출토품 역시 그러하다. 교구의 형태는 거의 통일되어 있지만 과판은 다양하다. 수면문이 장식된 방형판, 수면문이나 투조문이 없는 방형판, 역심엽형 장식, 타원형 장식 등으로 구분되며 신라처럼 삼

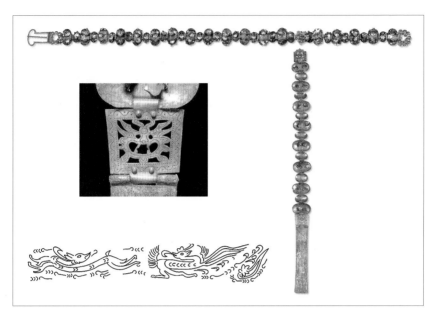

도35. 백제 무령왕의 금은제 허리띠와 문양 세부

엽문과판으로 통일된 모습은 보이지 않는다. 무령왕릉 출토품은 흰색의 은판 위에 황금빛 달개를 가득 매달아 색을 대비시킨 점이 눈에 띈다. 허리춤에 매달아 장식한 요패에는 여러 도상이 표현되어 있다. 맨 위에는 월상(月像)에 해당하는 두꺼비가, 아래쪽에는 수면이, 맨 아래쪽 장방형 판에는 백호와 주작이 새겨져 있다.

송산리 구 1호분에서 출토된 2점의 과판은 전형적인 신라 대금구의 구성품이다. 네모난 은판에 간략화된 인동초를 투조로 표현한 것이다. 신라의 삼엽문투조대금구의 과판 가운데 금관총 출토품과 특히 더 유사하다. 양자는 동일 도안과 기법으로 만들어졌기 때문에 신라에서 백제로 이입된 것으로 보인다.

웅진기의 식리는 무령왕릉과 나주 신촌리 9호분, 복암리 3호분 96년 석실에서 출토된 바 있다. 무령왕의 식리는 내측판, 외측판과 저판 등 3판으로 구성된다. 모든 판은 안에 은판이 있고 바깥쪽에 금동판을 덧댄 것이다. 왕비의

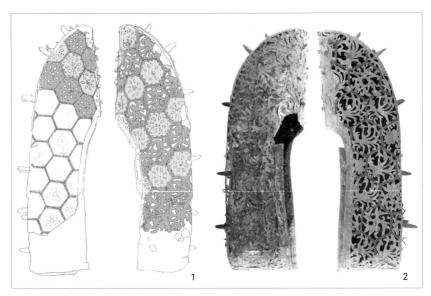

도36. 무령왕(1)과 무령왕비(2)의 금동식리

식리는 외형과 제작기법이 왕의 식리와 비슷하지만 문양 구성이 다르다. 내외 측판에는 전면에 귀갑문이 구획되어 있고 그 안에 봉황문, 인동당초문이 표현되어 있다.

　나주 신촌리 9호분 출토품은 양측판과 저판 등 3매의 금동판을 못과 금동사로 결합하여 만든 것이다. 전면에 걸쳐 능형문 구획이 있고 그 안에 화문이 표현되었다. 영락은 없으며 바닥에 금동 못이 스파이크처럼 박혀 있다. 복암리 3호분 출토품은 판의 조립방법이 신촌리 예와 같지만 문양이 다르다. 귀갑문 안에 화문이 표현되었고 귀갑문의 결절점에는 영락이 달려 있다.

　이처럼 웅진기 백제의 장신구는 공주와 나주에 분포한다. 공주 일원에는 수촌리나 취리산백제묘군처럼 한성기까지 연대가 올라가는 무덤이 존재하는데 모두 금강 이북에 분포한다. 웅진기에 해당하는 것으로는 송산리, 교촌리, 금학동, 옥룡동, 주미리, 웅진동백제묘군이 금강 이남의 산록에 밀집되어 있다. 장신구가 출토된 무덤은 교촌리고분, 주미리 3호묘 정도이다. 기타 옥룡동, 금학동백제묘에서 금 장식품이 출토된 바 있으나 소량이다. 왕도의 중심 무덤임에도 불구하고 왕릉을 제외하면 장신구의 부장이 적다. 한성기의 지방 무덤인 수촌리 1호묘와 4호묘에 금동관, 금이식, 금동대금구, 금동식리가 부장되었던 것과는 뚜렷한 차이를 보여준다. 지방에서는 나주 신촌리와 복암리 고총군에 한정된다.

그러면 무령왕릉의 사례처럼 왕릉급 무덤에 장신구의 부장이 집중된 이유는 무엇일까. 왕이나 왕비의 장례의식은 그 사회에서 최고의 격을 유지한 채 치렀을 것이다. 묘지를 미리 선정하고 수릉처럼 무덤을 사전에 축조하였을 가능성도 있으며 장례에 소용되는 다양한 물품도 미리 준비하였을 것이다. 지석에 드러나 있듯이 무령왕과 왕비는 사후 바로 무덤에 안장되지 않고 27개월간의 빈(殯)을 거쳤다. 이 기간 동안 무덤을 만들거나 조문을 받았을 것이며 왕위 계승 절차를 마무리하였을 것이다. 왕릉 속 장신구 가운데 생전에 제작한 것이 많은데 신라의 사례로 보면 장례 과정에서 만든 것도 일부 포함되어 있을 것이다.

6세기 전반의 백제사회에 외래 묘제가 수용되고 성대한 장례의식이 거행된 배경으로는 추락된 왕권을 복구하려는 의도가 개재되어 있었을 것이다(권오영 2005). 아울러 강대한 귀족으로부터 왕권 내지 왕실을 보호하는 것이 우선시되었기 때문에 지방으로의 장신구 사여는 적었던 것 같다.

백제 성왕은 538년 사비로 왕도를 옮긴다. 그 이후 백제의 물질문화는 크게 바뀐다. 대체로 보면 고고 자료에서 제일성(齊一性)이 높아지는 것 같다. 이 시기의 장신구는 형태가 간소한 편이고 종류도 관식, 이식, 대금구에 한정된다. 또한 박장화의 경향과 함께 유적에서 출토되는 빈도 역시 전 시기에 비하여 급격히 줄어든다.

관 가운데 은관식의 출토 사례가 많다. 부여 출토품이 가장 많다. 능산리 능안골 36호묘(2점), 44호묘, 하황리 석실, 염창리 Ⅲ-72호묘에서 출토되었다. 나주에서도 여러 점 출토되었는데 복암리 3호분 5호와 16호석실, 흥덕리 석실 출토품이 사비기 관식이다. 송제리 1호석실 출토품의 경우 단정하기는 어려우나 형태나 공반유물로 보아 웅진기로 소급시킬 수 있을 것 같다. 그밖에 논산 육곡리 7호묘, 익산 미륵사지 서탑(2점), 남원 척문리, 보령 구룡리 4지점 14호묘, 남해 남치리 1호묘에서도 출토되었다(도37). 이 가운데 미륵사지 출토품의 경우 639년의 사리봉안법회에 참석한 백제 고급 관료가 보시한 물품으로 추정된다. 이 관식은 공반된 여러 물품과 함께 매납의 절대연대뿐만 아니라 맥락까지 알 수 있는 자료이다(이한상 2009, 김낙중 2017).

이 관식은 은판의 좌우를 접어 단면이 ∧자상이 되도록 각지게 만든 것인

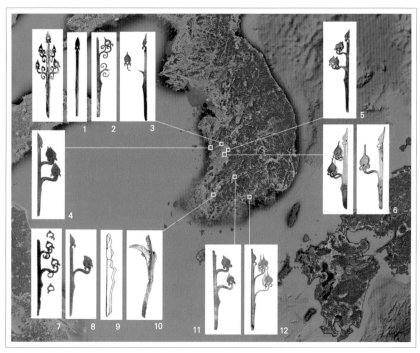

도37. 백제 은관식의 분포(1.능안골 36호묘, 2.하황리 석실묘, 3.염창리 Ⅲ-72호묘, 4.구룡리 4-14호묘, 5.육곡리 7호묘, 6.미륵사지 서탑, 7.복암리 3호분 5호석실, 8.복암리 3호분 16호석실, 9.흥덕리 석실묘, 10.송제리 1호석실, 11.척문리고분, 12.남치리 1호묘)

데, 가운데에 줄기가 있고 줄기의 좌우에는 곁가지를 내었다. 현재까지 출토된 관식은 3류 이상으로 나눌 수 있다. 부여 하황리 석실, 능산리 36호묘 남성 유해부 출토 관식이 조금 더 복잡하며, 나주 복암리 3호분 5호석실 출토품은 기본 도안이 전 2자와 유사하나 줄기에서 파생되어 나온 엽문 가운데 1개가 생략된 점에서 차이를 볼 수 있다. 미륵사지 서탑, 논산 육곡리 7호묘, 나주 복암리 3호분 16호석실, 남원 척문리, 염창리 Ⅲ-72호묘, 남치리 1호묘 관식은 기본적인 도안이 동일하며 능안골 36호묘 남성 유해부 출토품에 비하여 간단하다. 능산리 36호묘 여성유해부 출토 관식은 좌우의 곁가지가 없어 매우 간략한데 이 차이는 성별이나 위계의 차이를 반영하는 것으로 추정된다.

이외에 복암리 3호분 7호석실처럼 머리 부위에서 금으로 만든 각종 장식이 출토되는 경우도 있는데, 비단으로 만든 관의 표면을 장식하였던 물품이라 판단된다. 왕흥사 목탑지 하부에서 출토된 관에는 운모로 만든 꽃이 부착

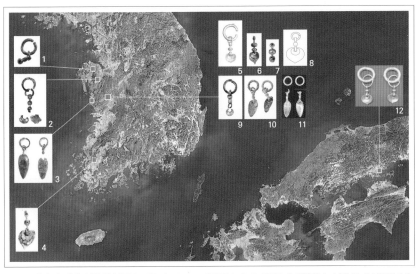

도38. 사비기 백제 이식의 분포(1.채운리 1호묘, 2.석택리 A-2-1-1호묘, 3.구룡리 4-14호묘, 4.복암리 1호 수혈, 5.능안골 32호묘, 6.관북리 연지, 7.정암리 수작골 1호묘, 8.왕흥사지 목탑지, 9.염창리 Ⅰ-2호묘, 10.염창리 옹관묘, 11.능안골 49호묘, 12.야하타오츠카 2호분)

되어 있어 유사한 사례로 보인다.

웅진기까지의 백제 장신구 가운데 가장 많은 수량을 점한 것은 이식이었고 가장 정교하고 화려한 제작기법을 보여주었다. 그런데 사비기에 이르면 이러한 모습은 일변한다. 사비기 이식은 종류가 하나의 유형으로 단순해진다. 현재까지 이 시기 이식은 부여에서 주로 출토되었다. 관북리 연지, 왕흥사지 목탑지, 능산리 능안골 32·49호묘, 염창리 옹관묘, 염창리 I-2호묘, 정암리 수작골 1호묘 출토품이 그것이다. 그밖에 당진 채운리 1호묘, 홍성 석택리 A-2지구 1지점 1호묘, 보령 구룡리 4-14호묘에서도 1점씩 출토되었다(도38).

잔존상태가 불량한 것이 많지만 주변국 자료나 웅진기 이전 자료에 비하면 길이가 짧고 간소하다. 세부적으로 보면 중간식의 구조가 획일적이다. 즉, 중간식의 한 가운데에 구체가 있고 그것의 상부에는 유환에 걸리는 연결환1, 하부에는 수하식을 매다는 연결환2가 일체형을 이룬다. 중간식에 가느다란 봉(棒)이 있는 것과 없는 것으로 대별된다. 전자를 I류(도39), 후자를 II류로 나눌 수 있는데 양자는 수하식에서도 차이가 있다. I류에는 횡으로 넓은 것이 많고 II류에는 종으로 길쭉한 것이 많다.

I류와 II류로 나뉘는 이유가 무엇인지 알기 어렵다. 시기차 혹은 물품의

도39. 부여 능산리 능안골 32호묘 이식

위계차를 반영하는 것 같지만 단정적으로 말하기 어렵다. Ⅰ류 가운데 왕흥사지 이식은 577년에 매납된 것이고, Ⅱ류 가운데 구룡리 4지점 14호묘 이식은 7세기대 은관식과 공반되었다. 이와 같은 단편적 자료에 근거할 때 Ⅰ류가 Ⅱ류에 선행할 가능성이 있다. 일본 오카야마현 야하타오츠카 2호분(八幡大塚 2號墳) 출토 금이식의 경우 능안골 32호묘와 왕흥사지 목탑지 출토품과 유사하며 6세기 후반 백제의 왕실공방에서 제작된 것 같다.

사비기의 대금구는 은제품과 동제품으로 구분된다. 능산리사지와 왕흥사지, 그리고 능안골백제묘군의 조사 결과로 보면 은제품은 주로 6세기 후반에 유행하였고 동제품은 7세기로 편년할 수 있는 자료가 많다. 미륵사지 서탑 사리공양품으로 보면 7세기에도 고급 관인의 대금구로는 은제품이 여전히 제작되었음을 알 수 있다. 은제품은 은판이나 은봉을 단조한 다음 못으로 접합하거나 부분적으로 땜질하여 완성하였음에 비하여 동제품은 기본형을 주조로 만들고 돌출부는 땜질로 접합한 것이다. 웅진기에 비하면 출토 예가 더 많아지고 출토지 역시 왕릉급 이외의 무덤으로 범위가 넓어졌다. 제작기법과 외견상의 특징이 어느 정도 통일된 모습을 갖추는 시기는 6세기 중엽경이며, 주조품이 출현하고 정형화가 이루어지는 시기는 7세기를 전후한 시기로 보인다.

사비기 대금구가 어떻게 변천하였는지를 추정할 수 있는 기준 자료가 있다. 567년에 매납된 부여 능산리사지 목탑지 출토품, 577년 매납된 부여 왕흥사지 목탑지 출토품, 639년 매납된 익산 미륵사지 서탑 출토품이 그것이다. 웅진기 자료이지만 무령왕릉 출토 대금구까지 포함하면 무령왕릉→능산리사지→왕흥사지→미륵사지 출토품 순의 변천 양상이 명확한 편이다. 특히 역심엽형 과판의 구조가 변화하는 점이 주목된다(도40).

무령왕릉 과판은 역심엽부의 못이 이면의 혁대를 관통하고 있음에 비하여 능산리사지나 왕흥사지 예는 별도의 고정용 금구를 붙인 다음 은사로 꿰맨 점이 다르다. 능사와 왕흥사지 자료 사이에는 큰 차이가 보이지 않으나 땜

도40. 백제 역심엽형 과판의 변화(1.무령왕릉, 2.능사 목탑지, 3.왕흥사지 목탑지, 4.미륵사지 서탑)

질기법이 더 많이 정교하게 활용된 점에서 차이가 있다. 그에 비해 미륵사지 출토품의 경우 4개의 못이 박혀 있지만 모두 장식용이며 이면의 ∩형 고리는 능사나 왕흥사지 과판과 달리 땜으로 지판에 직접 부착되어 있다. 이와 같은 형태 변화를 여타 무덤 출토품과 대비하면 사비기 석실묘의 편년 시 기준 자료가 될 수 있다.

사비기 금속제 장신구는 이전 시기에 비하여 간소한 경향을 보인다. 아울러 식리와 같은 장송의례용품은 소멸한다. 관식은 대금구와 더불어 관인의 상징물로 이해되고 있으며 기본형은 통일적이지만 시기와 소유자의 격에 따라 약간의 다양성이 있다. 이식은 하나의 유형만 제작되며 웅진기처럼 화려한 예는 사라진다. 대금구는 사비천도 후 약 반세기가량 은제품이 주류를 이루다가 7세기를 전후한 시기부터 동제 주조품이 등장하는데, 이후 소유층이 넓어졌을 가능성이 있다.

백제 사비기의 지방 지배 방식은 전국을 5방으로 나누고 그 하부에 군-성을 편제하여 직접지배를 실현한 데서 특징을 찾을 수 있다. 5방제의 실시는 지방관을 전국적으로 파견하여 영역적 지배를 관철하는 것이었으므로 자연히 지방사회의 기존 질서는 재편될 수밖에 없었다. 특히 성왕대 22부사 중심으로 정치를 운영하고 16관등제와 의관제도를 확립한 것은 중앙통치조직의 확립뿐만 아니라 지방 지배의 강화와도 연결되었을 것이다.

사비기의 장신구는 중앙과 지방에서 고루 출토된다. 그렇지만 박장의 경향과 더불어 단위 묘역 내에서는 매우 적은 양만 제한적으로 출토된다. 은관식을 통해 보면 지방에 나솔 이상의 관등을 가진 인물이 묻힌 것으로 볼 수 있다. 이들이 중앙정계에 진출하였다가 귀장된 것인지, 혹은 도성의 귀족이 전략적인 요충지로 사민되었다가 묻힌 것인지 여러 가지 가능성을 고려할 수 있다.

이상에서 장신구를 중심으로 백제 복식품의 큰 흐름을 개관하였다. 아직 연구가 부족하지만 백제의 장신구는 왕도에서 제작하여 중앙 및 지방의 유력자에게 사여한 복식품일 가능성이 있다. 그런데 한성기·웅진기와 사비기의 장신구는 정치·사회적 의미에서 차이를 지녔다.

한성기 및 웅진기의 장신구는 지배층의 구성원임을 표상하는 상징물이었고 물품의 격으로 보면 지방 세력이 중앙 지배층의 복식과 장송용품을 공유하는 셈이었다. 이것은 당시 백제가 지방의 유력자를 지배층에 편입시켜 그들을 매개로 지방 지배를 실현하였음을 보여준다. 이에 비하여 사비기에는 엄격한 관위제가 실시되면서 관위에 따라 장신구 역시 소유에 제한이 있었고 관복의 부속품으로 변모하였다. 이전 시기에 비하여 형태도 간략해졌고 정형화된 모습이 관찰된다. 장신구 소유자의 다수는 관인이었던 것 같다.

본 절에서는 5세기를 중심으로 한 백제사회의 장신구 공유현상을 '복식사여체제'라는 틀로 설명할 수 있음을 살펴보았다. 한성기 후반에 이르러 백제가 지방의 유력자들에게 장신구를 사여한 것은 지방을 지배하는 과정에서 집권력의 미숙이라는 현실적인 여건을 타개하기 위하여 시행한 통치방식의 소산이었던 것 같다. 자연히 국가의 지배력이 강고해지는 6세기 이후가 되면 복식사여체제는 해체될 수밖에 없는 한시적 성격을 지녔던 것으로 보인다. 이는 신라와 매우 유사한 면모를 갖춘 것이다. 그러나 복식품 사이의 유사도가 신라에 비해 낮은 편이며 발굴조사의 부족 때문인지 소유자의 숫자 역시 적은 편이다.

대가야의 복식품

가야 여러 나라의 중심지에서는 다수의 왕릉급 무덤이 발굴되었고 가야인의 삶과 역사를 복원할 수 있는 중요 유물이 다량 출토되었다. 그 가운데 관과 이식 등 금속장신구는 같은 시기 고구려, 신라, 백제의 그것과 구별되는 가야적인 외형을 갖추었고, 그 속에는 매우 높은 수준의 기술력과 미감이 구현되어 있음을 확인할 수 있다.

가야의 금속장신구는 일부 시기에만 한정적으로 존재하며 공간적으로는 대가야 권역에 주로 분포한다. 대가야의 성립 시점은 분명하지 않으나 5세기 후반 이후의 기록에 비교적 뚜렷한 실체로 등장한다. 479년 남제(南齊)에 사신을 보내 보국장군본국왕(輔國將軍本國王)을 제수 받은 가라왕(加羅王) 하지(荷知),[9] 481년 고구려와의 전쟁에서 백제와 함께 참전하여 신라를 도운 가야,[10] 법흥왕대 신라와 혼인동맹을 맺은 가야[11]가 그것이다.

대가야에서 금속장신구는 소량 제작되었고 소유 또한 엄격히 제한되었던 것으로 보인다. 현재까지의 자료로 보면 고령 지산동고총군과 합천 옥전고총군에 집중하는 현상이 뚜렷하다. 신라의 사례에서 전형을 볼 수 있듯이 고대사회의 금속장신구 생산과 유통에는 국왕의 권력, 국가의 지배력이 강하게 개재되어 있었다. 가야 사회에서도 금속장신구는 지배층의 위세품이자 신분의 표상이었던 것 같다.

본 절에서는 대가야의 금속장신구 가운데 관과 이식의 출토 사례를 집성

---

9) 『南齊書』 58 列傳39 東南夷, '建元元年 國王荷知使來獻 詔曰 量廣始登 遠夷洽化 加羅 王荷知款關海外 奉贄東遐 可授輔國將軍本國王'

10) 『三國史記』 卷3 照知麻立干 3년, '高句麗與靺鞨入北邊 取狐鳴等七城 又進軍於彌秩夫 我軍與百濟加耶援兵 分道禦之'

11) 『三國史記』 卷4 法興王 9년, '加耶國王遣使請婚 王以伊湌比助夫之妹送之'

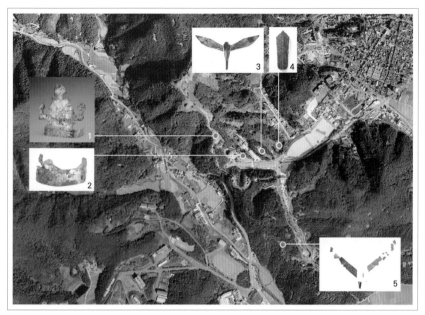

도41. 지산동고총군 관 출토 무덤의 위치(1.32호분, 2.30호분, 3.73호분, 4.75호분, 5.518호분)

하고 그것의 출토 맥락과 양식적 특징을 종합적으로 검토하려 한다. 이어 관과 이식의 공간적 분포를 살펴 대가야의 권역(이희준 1995)과 결부지어 해석하고자 하며 신라의 복식사여체제와는 어떤 차이가 있는지 살펴보려 한다.

대가야 관은 고령 지산동고총군에서 주로 출토되었다. 32호분, 518호분, 구 39호분, 30호분 2곽, 73호분 서순장곽, 75호분 봉토 내 1호 순장곽 출토품이 있다. 32호분과 30호분 2곽 출토품은 대륜을 갖춘 것이고, 나머지는 대륜이 없는 모관(帽冠)에 해당한다. 지산동고총군 이외에는 합천 옥전 23호분과 M6호분에서 출토된 바 있다.

지산동 32호분의 매장주체부는 세장방형 평면을 가진 수혈식석곽이다. 관은 주곽 내 피장자의 발치에 해당하는 남쪽 단벽에서 갑주, 철모, 철촉, 등자, 재갈 등과 함께 출토되었다. 세부적으로는 병렬된 2점의 유개고배 위에 놓여 있었다. 광배형 입식을 갖춘 대관이며 대륜과 입식에 파상점열문 등이 시문되어 있다.

30호분의 매장주체부는 부곽을 갖춘 수혈식석곽이다. 부곽은 주곽과 T자상으로 배치되었고 봉토 내에 3기의 석곽묘가 축조되어 있다. 금동관은 주곽 남쪽에 위치한 2호 석곽에서 출토되었다. 동단벽 쪽에 치우쳐 두개골편이 함께 출토된 것으로 보아 착장품임을 알 수 있다. 두개골을 감정하여 유아 또는 소아라는 결과가 나왔다. 보주형 입식을 갖춘 대관이며 대륜과 입식에 파상점열문이 시문되어 있다.

518호분 주곽에서 금동제 관식편이 출토되었으나 도굴갱에서 수습된 것이어서 착장 여부는 알 수 없다. 매장주체부는 주곽과 부곽이 병렬로 배치된 수혈식석곽이다. 전립식은 거의 남아 있지 않으나 좌우 대칭의 날개모양 장식 2개와 가삽부(加揷部)편으로 미루어 원래는 경주 황남대총 남분 금관식과 유사한 형태였을 것 같다.

73호분 서순장곽에서 관식 1점이 출토되었다. 73호분은 하나의 묘광 내에 주곽과 부곽이 T자상으로 배치된 목곽묘이다. 묘광 내 서, 남, 북쪽에 각 1기씩의 순장곽이 배치되어 있다. 부곽 주변에 배치된 서순장곽의 중앙부에서 30대 남성의 인골이 검출되었고 남동쪽 단벽부 가까이에서 피장자의 머리에 착장하였던 것으로 보이는 금동제 조우형(鳥羽形) 관식 1점이 출토되었다. 능형문과 점열문이 베풀어져 있다.

75호분 봉토 내 1호 순장곽에서도 관식 1점이 출토되었다. 75호분은 주곽과 부곽이 T자상으로 배치된 수혈식석곽묘이다. 도굴 때문인지 주곽에서는 관이 출토되지 않았다. 주광(主壙) 내에 7기의 순장곽, 봉토 내에 3기의 순장곽이 마련되어 있다. 그 가운데 봉토 내 1호 순장곽의 북동 단벽 가까이에서 모관의 부품인 철관식 1점이 출토되었다. 착장품으로 보이며 좌우 날개가 없는 간소한 유형이다. 중간에 횡으로 돌대가 있다.

구 39호분 주곽 서단에서 은제 관모전립식이 출토되었다. 매장주체부는 수혈식석곽이며 서단에서 이식과 관모전립식이 출토되었고, 동단에서 이식·경식·천이 출토된 점으로 미루어 복수의 인물이 묻혔음을 알 수 있다. 관모전립식의 도면과 사진이 없어 어떤 형태인지 알 수 없다. 관모전립식이라는 표현(有光敎一·藤井和夫 2003)으로 보면 위 73호분 서순장곽, 75호분 봉토 내 1호 순장곽 출토품과 연결되는 외형을 갖추었을 것 같다.

한편, 합천 옥전고총군에서는 4점의 관이 출토되었다. 모두 지산동고총군 출토품 외형이 다르다. 옥전 23호묘는 옥전 M1호분에 선행하며 5세기 전반대로 편년할 수 있는 큰 무덤이다. 내부에서는 금이식, 갑주류, 마구류가 공반되었다. 금동관은 모관이며 고깔모양 몸체 좌우에 조우형 입식이 부착되었고 내부에 삼엽문이 투조로 표현되어 있다. 정수리 부분에는 대롱모양 장식이 부착되어 있으나 꼭대기에 반구형 장식은 없다. 문양이나 입식의 형태로 보면 고흥 길두리 안동고분, 공주 수촌리 4호묘 등 백제 한성기 금동관과 유사하다.

옥전 M6호분은 옥전고총군에서 상대적으로 늦은 단계에 위치하는 대형 무덤이다. 용봉문대도, 천, 장식마구, 유자이기 등과 함께 금동관 2점, 은관 1점이 출토되었다. 관은 피장자의 머리 쪽에서 출토되었지만 이식 등 공반유물로 보면 머리에서 조금 이격되어 있고 모두 정치된 양상을 보이고 있어 상자 속에 들어있었을 가능성이 있다.

은관은 입식 없이 대륜만 갖춘 것이다. 주연부에 점열문이 시문되어 있다. 2점의 금동관 가운데 1점은 부식이 극심해 세부적인 특징을 파악하기 어려우나 출자형 입식과 녹각형 입식으로 볼 수 있는 부품이 남아 있다. 신라로부터 전해진 완제품인지 현지에서 모방해 제작한 물품인지 분명하지 않다. 다른 1점의 금동관은 입식이 신라에서 유행한 출자형(出字形)이지만 세부형태에서 차이가 있다. 신라 관을 모방하여 제작한 것으로 볼 수 있다.

지금까지 발굴된 10점의 금속제 관 가운데 대가야양식을 갖춘 사례는 지산동 32호분과 30호분 2곽 출토품에 불과하다. 여타 관은 백제 혹은 신라양

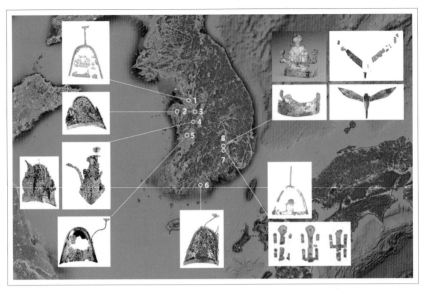

도42. 백제 한성기 금동관(1.요리, 2.부장리, 3.용원리, 4.수촌리, 5.입점리, 6.길두리)과 대가야 금속제 관
(7.옥전, 8.지산동)의 분포

식을 갖춘 것이다. 옥전 23호분 관은 백제양식을 띠며 제작의장으로 보면 백
제산 완제품이 전해진 것으로 볼 여지가 있다. 신라양식 관의 범주에 넣을 수
있는 사례는 지산동 518호분, 지산동 73호분 순장곽, 옥전 M6호분 금동관 2
점 등이다. 이 4점 가운데 3점 이상은 신라 관과의 차이가 상당하므로 대가야
공방에서 신라 관을 모방하여 제작한 것 같다.

발굴품은 아니지만 Leeum(전 고령 출토)이나 도쿄국립박물관 소장 금관
(전 경남 출토) 등을 통해 보면 주변국과는 다른 대가야적 색채가 뚜렷한 금
관도 제작되었음은 분명하다. 32호분과 30호분 2곽 출토품에 기준할 때 이미
5세기에는 초화형 입식을 갖춘 대가야양식 관이 제작되고 있었음을 알 수 있
다. 대가야 관의 세부 특징을 정리해보면 다음과 같다.

지산동 32호분 금동관은 대륜의 중위에 큼지막한 광배형 입식이 부착된
점이 주요 특징이다. 입식의 정부는 보주형을 띠며 소형 곁가지가 따로 부착

되어 있다. 대륜에는 상하 가장자리를 따라가면서 파상점열문이 시문되어 있고 6개의 원두정으로 입식이 고정되어 있다. 입식 중상위에 영락이 달렸지만 대륜에는 없다. 입식에는 횡선·X선 교차 문양이 베풀어져 있다.

30호분 2곽 금동관은 소형이다. 대륜의 길이는 14.7cm이고 너비는 3.6cm이며 전체 높이가 7.5cm에 불과하다. 무덤 주인공이 유아 혹은 소아인 점과 관련이 있을 것 같다. 대륜 위쪽에 보주형 입식 3개가 각각 1개씩의 못으로 고정되어 있으며 같은 간격으로 원형 영락 4개가 달려 있다. 대륜 가장자리를 따라가면서 파상점열문이 시문되어 있다. 대륜은 전면만, 입식은 전후면 모두 도금되어 있다.

518호분 금동관식의 경우 날개 모양 장식은 좌우 각 1개씩이며 왼쪽 장식은 가삽부에 결합하는 쪽이 남아 있고 오른쪽 장식은 상부 끝부분이 남아 있어 전체 형태를 그려볼 수 있다. 가삽부에 결합하는 쪽이 넓고 위로 향하며 조금씩 좁아진다. 전립식에 결합하는 부분은 조금 내만하며 3개의 못을 고정하였던 흔적이 남아 있고 위쪽 끝은 외연이 신라 관식과 달리 각진 면으로 마무리되어 있다. 문양의 개별 단위는 끝이 뾰족한 끌을 세워 표면에서 타격한 점무늬, 끝이 둥근 끌을 세워 이면에서 타격한 볼록 무늬이다. 점무늬는 조밀하게 시문되어 가장자리를 따라가며 열을 이루었고 마름모꼴 무늬의 네 꼭짓점마다 볼록 무늬가 베풀어져 있다. 가삽부의 일부에도 점열문이 시문되어 있다.

73호분 서순장곽 금동관식은 전립식과 좌우의 조우형 장식까지 함께 갖춘 것이다. 전립식은 하부가 좁은 것으로 보아 관모의 앞쪽에 끼워졌던 것 같고, 조우형 장식은 3개씩의 못이 있는 것으로 보아 어디엔가 부착되었던 것임을 알 수 있다. 전립식의 위쪽에는 원래 7개의 돌출부가 있었으나 일부 파손되었다. 측면에는 이면 타출된 볼록 장식이 좌우에 1개씩 있다. 약 2/3 정도에는 가장자리를 따라가며 2줄의 점열문이 베풀어져 있다. 조우형 장식에는 이면 타출된 볼록 장식이 각 1개씩 있고 접합부를 제외한 가장자리 전체에 2줄의 점열문이 시문되어 있다. 발굴 당시 관식의 표면과 주변에서 모시 · 견(絹) 등 여러 직물류와 가죽흔이 확인되었다.

75호분 봉토 내 1호 순장곽 철관식은 유례를 찾기 어려운 것이다. 하단 가장자리가 둥글게 처리되어 있다. 가삽부와 상부장식의 경계에 미약한 돌대가 있다. 상단에는 5개의 뾰족한 장식이 있다. 횡단면은 '∧'형이다. 관식의 표면과 이면에 직물흔이 수착되어 있다.

대가야의 모관 자료는 근래 발굴되기 시작했다고 해도 과언이 아니므로 제작지를 비롯하여 다양한 관점에서의 연구가 필요하다. 73호분과 75호분 순장곽 출토 관식의 제작지를 신라의 지방공방으로 추정하는 견해가 있다 (박보현 2014). 조우형 장식을 갖춘 관식, 고깔 모양의 관모가 조합되는 모관은 신라에서 크게 유행하였다. 그것의 계보는 전 집안 출토 관식이나 고분벽화 속 인물상으로 보면 고구려에서 찾을 수 있다. 왕도인 경주뿐만 아니라 지방 소재 고총에서도 출토되는데 제작지가 왕도일 것으로 보이지만 일부는 지방에서 제작되었을 가능성도 배제할 수 없다(김재열 2010a).

지산동 73호분 서순장곽 금동관식도 외형상으로 보면 신라양식을 띠는 것으로 보아 무리가 없다. 다만 제작지가 신라인지는 상세한 검토가 필요하다. 왜냐하면 세부적인 표현기법에서 이 관식만의 특징도 확인되며, 지산동 75호분 순장곽과 518호분 출토품처럼 신라에는 없는 재질과 형태를 갖춘 것이 지산동고총군에서 출토되기 때문이다. 즉, 신라양식의 범주에 넣을 수는 있겠으나 대가야 공방에서 신라양식을 수용하여 만들었을 가능성이 더 클 것 같다. 이는 합천 옥전 M6호분 금동관의 경우도 마찬가지이다.

대가야에서 관은 고령 지산동고총군과 합천 옥전고총군에 한정적으로 분포한다. 한성기 백제의 금동관은 화성, 서산, 천안, 공주, 익산, 고흥 등지에 넓게 분포하고 있어 대가야와 차이가 있다. 신라의 경우도 금동관은 신라 영역 내 주요 요충지 소재 고총에서 다수 출토된 바 있다. 유물 대부분은 신라양식을 띠고 있어 역시 대가야와 다르다.

대가야의 관 가운데 대가야양식이 발현된 것은 지산동고총군의 32호분과 30호분 2곽 출토품이 전부라 할 수 있다. 이 점은 후술할 금이식과는 다른 양상이다. 그 이유는 무엇일까. 대가야에서 금속제 관의 제작이 활발하지 않았거나 그것이 신분을 표상하는 물품이 아니었던 것으로 해석할 수도 있고, 지산동고총군 피장자들이 독점했기 때문일 수도 있다. 그러나 현재의 자료만으로 어느 쪽이라 단정하기는 어렵다.

지산동 32호분과 옥전 M6호분 관의 사례처럼 착장품이 아닌 경우 그것이 묻힌 맥락을 어떻게 보면 좋을까. 지산동고총군의 경우 30호분 2곽, 73호분과 75호분 순장곽 출토품은 착장품이다. 옥전고총군에서도 23호분 금동관의 경우 이식과 함께 착장품이다.

무덤 속에서 유물이 출토될 경우 그것이 묻힌 맥락은 다양할 수 있다. 망자 유해에 착장한 것일 수 있고, 부장품이라는 개념으로 함께 넣어준 것일 수도 있다. 상자에 격납된 물품이나 무덤 속에 가득 들어 있는 토기류는 부장품에 해당하는 것들이다. 그밖에 무덤 축조를 시작하여 봉토 조성을 완료하는 시점까지 거행된 장송의례의 흔적으로 상정할 수도 있다(최종규 2014).

그렇다면 지산동 32호분 금동관이 유개고배의 위에서 정연하지 않은 모습으로 발견된 점을 감안하면 의례의 과정에서 매납된 것이 아닐까 추정해볼 수 있다. 그것과는 달리 옥전 M6호분 관은 모두 머리 맡에 줄지어 놓여 있었다. 아마도 상자에 격납해 묻었을 가능성이 있어 지산동 32호분의 경우와는 다소 차이가 있다.

신라의 관 가운데도 비착장품인 경우가 있다. 강릉 초당동 B16호묘처럼 한쪽에 별도로 세워 매납하거나 경산 임당EⅢ-8호묘처럼 곽 위에 부장한 사례가 있다. 백제의 경우 왕도에서 상대적으로 가까운 화성 요리1호 목곽묘, 공주 수촌리 1호묘와 4호묘에서는 금동제 모관이 착장된 모습으로 출토되나 멀리 떨어진 고흥 길두리 안동고분에서는 별도의 공간에 부장되어 있었다.

대가야의 관 부장양상이 정형화되어 있지는 않지만 출토품 대부분을 부장

전용으로 만든 것이라 설명할 수 있는 근거가 없다. 아마도 생전에 소유자가 지녔던 사회적 지위를 표상하는 물품이었을 것이다.

신라나 백제의 경우 관이 출토되는 고총군의 위상은 높은 편이고 단위 유적 내에서 관 부장묘는 최상급 무덤에 한정되는 경향이 있다. 무덤의 규모로 보면 지산동 44호분, 45호분에서도 관이 출토될 법 하지만 그렇지 않은데 도굴 때문일 수도 있다. 기왕의 출토품만으로 보더라도 대가야에 대가야적 관 문화가 존재했음은 분명하다. 다만 고총 속에서 금속제 관이 출토되지 않는 경우가 많은 점이 문제이다. 그 이유에 대해 대가야에서는 용봉문대도의 중요도가 높았고 신라만큼 관식이나 관이 중요한 위치를 차지하지 않았기 때문이라 지적한 연구(박보현 2014)가 있지만 그에 더하여 망자의 유해를 염하고 매장하는 방식에서 차이가 있었기 때문은 아니었을까 한다. 여하튼 대가야 고총군에서는 금속제 관의 출토 여부만으로 무덤의 위계를 설정하기는 어렵다.

대가야에서 대관과 모관은 어떤 차이를 가졌고 모관 내에서의 재질차를 어떻게 이해하면 좋을까. 대관과 모관의 차이는 신라에서 전형적으로 확인된다. 양자는 동시기에 공존한 것으로, 용도에서 차이가 존재할 것이다. 32호분과 구 39호분 주곽에서 대관과 모관이 각각 출토되었기 때문에 대관〉모관의 위계를 설정하기가 어렵다. 구 39호분 주곽에 복수의 인물이 묻혔을 가능성이 높으므로 은제 전립식이 순장자의 소유물이라면 그와 같은 위계가 성립될 수는 있다. 더불어 30호분 2곽, 73호분과 75호분 순장곽에서 모관이 출토되었다는 점도 대관〉모관의 위계를 보여주는 근거로 해석될 여지가 있다. 그렇지만 518호분 주곽에서도 모관 부품인 금동제 관식이 출토되었으므로 다른 해석도 가능하다. 모관에서 보이는 은제, 금동제, 철제 관식의 위계에 대해 3자 가운데 철제품을 가장 낮은 위치에 배치할 수는 있겠으나 은제와 금동제품의 위계를 특정하기는 어렵다.

고대사회의 금공품 가운데 관은 소유자의 사회적 지위를 가장 잘 보여주며, 신라에서 전형이 확인된다. 신라 왕족은 화려한 금관을 독점했다. 금동관이나 은관은 귀족들과 지방 유력자들이 제한적으로 소유할 수 있었다.『삼국사기』직관지 색복(色服)조 기록에서 볼 수 있는 것처럼 세분화된 차별까지는 아니더라도 위계에 따라 차등을 둔 복식체계가 존재했다. 그에 비해 대가야에서는 금속장신구를 포함하는 세분화된 복식체계가 존재하지 않았을 가능성이 있다. 여타 물품을 무덤 속에 다량 부장하면서 관만 부장하지 않았다고 해석하기 보다는 관의 생산이 적었던 것으로 추정하고자 한다. 그렇기 때문에 외래의 금속제 관 문화가 쉽게 수용되었고 그것을 방제한 물품이 유행한 것은 아닐까 한다.

대가야의 장신구 가운데 다수를 점하는 것이 이식이다.[12] 이식의 경우도 관과 마찬가지로 고령 지산동고총군과 합천 옥전고총군에서 주로 출토되었다. 옥전고총군에서 다량 출토된 것은 도굴의 피해를 입지 않은 무덤을 다수 발굴하였기 때문일 수도 있지만, 다라(多羅)가 지녔던 위상과 관련지을 필요가 있다. 5세기 후반 이후 대가야양식 토기의 분포범위가 넓어지는 현상과 궤를 같이하며 이식도 함양, 산청, 진주, 고성, 창원, 순천, 남원, 장수로 확산되지만 발굴된 유물의 수량은 많지 않다.

고령에서는 지산동과 본관동고총군에서 출토된 바 있다. 지산동고총군의 경우 대형분 조사가 많지 않은 편이고 발굴된 대형분 가운데도 도굴된 것이 많아 이식의 출토 사례가 적다. 지산동 44호분과 45호분에서 볼 수 있듯이 도굴되지 않은 소형 석곽에서 주로 출토되었다.

지산동 구 39호분 주석실에서 2쌍의 이식이 출토되었다. 서단에서 출토된 이식의 경우 출토 상태를 담은 사진으로 보면 착장품인 것 같다. 세환에 공구체(空球體)가 연결되어 있고 사슬에 더 큰 공구체가 매달린 모습이 확인된다. 전모를 알기 어려우나 주환-유환-중간식(공구체)-사슬-수하식(공구체)의

---

12) 이 책에서는 素環耳飾을 제외하고 수식 갖춘 이식만을 검토의 대상으로 삼고자 한다.

구조를 갖추었을 것 같다. 연결금구는 가는 금사이다. 옥전 35호묘, 옥전 75호묘 이식과 유사해 보인다.

동단에서 출토된 이식은 출토 맥락을 알 수 없다. 주환은 세환이고 공구체 아래로 산치자형 수하식 2개가 달려 있다. 공구체에는 각목대(刻目帶), 수하식 표면에는 금립이 부착되어 있다.

지산동 44호분 6호, 11호, 32호 석곽에서 1쌍씩의 이식이 출토되었다. 6호 석곽의 경우 동단벽 두개골 편 부근에서 이식이 출토되었다. 11호 석곽에서는 인골 유존상태가 양호했고 서단벽 쪽에 위치한 두개골 양편에서 이식이 출토되었다. 32호 석곽의 경우 동남단벽 쪽에 위치한 두개골 주위에서 이식이 출토되었다.

세 쌍 모두 주환이 세환이고 공구체 중간식에 사슬로 수하식을 매단 유형이다. 수하식은 각기 달라 산치자형, 원추형, 낙하산형 등 다양하다. 쌍을 이

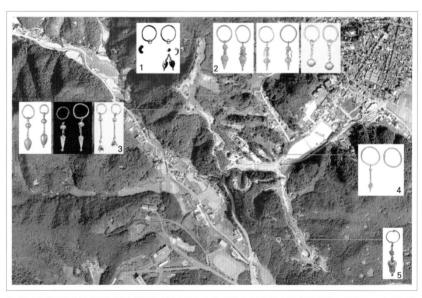

도43. 지산동고총군 이식 출토 위치(1.구 39호분, 2.45호분, 3.44호분, 4.30호분 주변 I-40호묘, 5.518호분)

룬 개별 이식을 살펴보면 각각 길이나 형태, 부품 등에 차이가 존재함을 알 수 있다. 물론 각 석곽별 이식 사이의 차이에 비하면 미미한 것이다. 당시 이식의 제작이 대량으로 이루어지지는 않았고 이식의 일부분이 망가졌을 때 원래의 모습으로 수리하거나 새로운 물품을 입수하기가 쉽지 않았음에 기인한 것 같다.

지산동 44호분 보고서에서는 1짝의 주환이 결실된 상태라고 서술하였다. 주환의 재질이 금동인 점, 주환의 외경에서 차이가 나는 점을 고려한 해석이다. 그러나 현재의 상태가 무덤에 묻힐 당시의 구성일 가능성이 있다. 제작 당시에는 동일한 재질과 크기였을 것이나 사용 과정에서 1짝의 주환이 결실되어 다른 세환을 끼워 사용하였을 것 같다.

11호 석곽 출토품은 모두 금제품이지만 주환의 크기가 다르다. 32호 석곽 출토품 가운데 1짝에는 낙하산형 수하식 위의 공구체가 없다. 이 역시 6호 석곽 이식과 같은 맥락에서 살펴볼 수 있다.

지산동 45호분에서는 다양한 재질의 이식이 복수로 출토되었다. 무덤의 중앙에 수혈식석곽 2기(보고서의 1실과 2실)이 병렬되어 있고 그 주변에 11기의 순장곽이 배치되어 있다. 1곽은 내부가 도굴되어 교란이 심한 편인데 동북부, 서남부, 중앙부에 유물이 남아 있었다. 동북부에 1인, 서남부에 2인이 매장된 것으로 추정할 수 있다. 금이식은 경식과 정연하게 공반된 점으로 보면 착장품임이 분명하다. 다만 극심한 도굴로 인해 석실 중앙에 유물이 별로 남아 있지 않아 불분명한 점이 있지만 3점의 이식 모두 무덤 주인공의 소유가 아닐 가능성이 있다. 금이식 가운데 1쌍은 중간식과 수하식에 화려한 금립장식이 부가되어 있고 다른 1쌍은 중간식 없이 사슬에 공구체가 매달린 간소한 유형이다.

2곽은 개석이 붕괴되는 바람에 도굴의 피해를 면하였다. 중앙부와 서남부에 토기군이, 동북부에는 이식과 경식을 갖춘 인골과 토기 1점이, 그 외에는 빈 공간으로 남아 있었다. 보고자는 동북부에서 출토된 이식을 착장품으로 파악했고 그 반대편의 빈 공간에서 장도(粧刀) 2점이 발굴된 점에 근거하여 이곳에도 1인이 묻혔던 것으로 추정했다. 이식은 주환이 가늘고 큰 편이다. 공구체 중간식 아래로 사슬과 원추형 수하식이 차례로 걸려 있다. 중간식과 수하식에 금립이 장식되어 있고 공구체 하부에 영락이 달려 있다. 1짝은 전체가 금이지만 다른 1짝의 주환과 유환이 은이다.

45호분 2호, 6호, 7호, 11호 석곽에서는 은이식이 출토되었다. 2호 석곽의 경우 이식은 피장자의 귀 부근에서 출토되었다. 6호 석곽의 경우 인골은 확인되지 않았고 이식은 수하식만 출토되었다. 7호 석곽의 경우도 인골은 확인되지 않았으며 이식은 주환이 금, 기타 부분은 은이다. 11호 석곽에서는 은이식 1개, 장도편 1점, 토기편 1점만이 출토되었다. 3호 석곽의 경우 동남부에서 금동이식 1쌍이 출토되었다. 전체 길이가 15cm 정도여서 마치 관의 수식처럼 길쭉하다. 10호 석곽에서 출토된 금환 1쌍은 이식으로 보이나 수하식이 없다.

2호, 6호, 7호, 11호 석곽 출토 은이식은 한 곳에서 같은 장인이 만들었다 해도 좋을 정도로 유사하다. 이 무덤에서는 금제품〉은제품의 위계가 보인다. 주곽과 부곽에 묻힌 순장자와 순장곽에 묻힌 순장자의 이식은 재질이나 장식에서 차이가 난다. 그것은 아마도 생전의 지위나 친족인지의 여부와 관련될지도 모르겠다.

30호분 주변 I지구 40호 석곽묘에서 금이식이 출토되었다. 1짝은 중간식과 수하식이 결실되었다. 다른 짝에 비해 주환이 굵다. 온전한 1짝의 경우 중간식이 공구체이고 수하식은 삼익형이다. 출토 양상으로 보면 착장품인 것 같다.

518호분 주곽 도굴갱에서 1짝만 수습된 이식은 주환, 유환, 연결금구, 중간식, 수하식을 갖추고 있다. 재질은 금과 은 합금이다.[13] 백제나 대가야 이식

---

13) 주환은 은(Ag) 20.17%, 금(Au) 79.82%이고 2개의 유환 가운데 유환1은 은 10.97%, 금 89.03%로 확인되었다(이예지 2016).

의 연결금구로 사슬이 사용될 때 중간식 아래쪽에 배치됨에 비해 이 이식은 유환과 중간식 사이에도 사슬이 부가되어 있어 특이하다. 공구체 중간식에는 금립이 장식되어 있다. 수하식은 산치자형 수하식의 범주에 넣을 수 있는 것이다. 하부에는 크고 작은 금립이 장식되어 있다.

본관동 36호분 석곽 중앙에서 남쪽으로 조금 치우친 곳에서 금이식 1쌍이 출토되었다. 1쌍이 정연하게 출토되어 착장품으로 볼 수 있다. 유환에 사슬을 연결하고 맨 아래에 공구체를 수하식으로 매단 유형이다. 공구체에 4개의 금립이 장식되어 있다.

대가야묘 가운데 가장 많은 이식이 출토된 곳은 합천 옥전고총군이다. 대가야에서 이 고총군이 가졌던 높은 위상을 상징적으로 보여주는 현상이다(조영제 2009). 합천에서는 옥전 이외에 반계제 가-A호묘에서 이식 1쌍이 출토되었다.

옥전고총군에서 출토된 이식 가운데 다수는 공구체 중간식에 사슬을 연결한 것이다. 수하식은 다양하여 심엽형, 원추형, 공구체, 산치자형 등이 있다. M3호분과 M4호분, 35호묘에는 이식이 복수로 묻혔다. 72호묘의 경우도 복수 부장의 가능성이 있으나 분명하지 않다. M11호분처럼 도굴갱에서 1짝만 출토된 것을 예외로 하면 착장하는 것이 기본이다. 영락과 금립 장식은 일부에 한정되고 각목대와 사슬을 갖춘 것이 많다.

옥전고총군은 유구 사이의 선후관계를 알 수 있는 자료가 많은 편이고 특히 토기가 다량 출토되었다. 발굴자는 중복관계와 토기에 대한 세밀한 검토를 통해 각 무덤에 연대를 부여했다. 역연대에 대해 발굴자보다 조금 빠르게 보는 견해도 있지만 상대연대에 대한 이론은 적은 편이다. 이식이 출토된 대형분의 순서는 M2호분(5세기 3/4분기)→M3호분(5세기 4/4분기)→M4호분(6세기 1/4분기)→M6호분(6세기 2/4분기)→M11호분(6세기 중엽) 순이다.

23호묘는 M2호분보다 빠른 5세기 전반에 축조된 무덤이다. M2호분 단계에 속하는 것으로 12호묘, 20호묘, 28호묘, 35호묘, 95호묘가 있다. M3호분

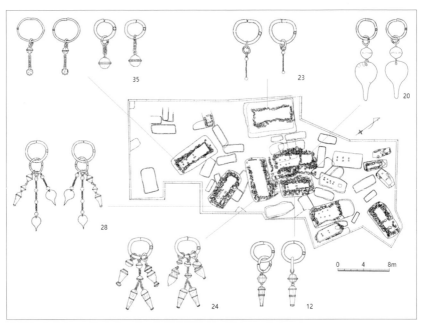

도44. 옥전고총군 5세기 이식의 분포1

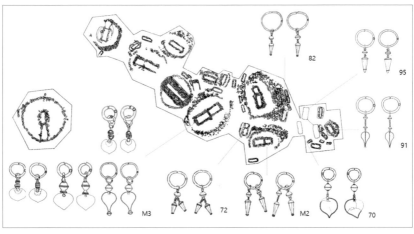

도45. 옥전고총군 5세기 이식의 분포2

단계에 속하는 것으로 24호묘, 70호묘, 72호묘, 82호묘, 91호묘가 있다. M4호분 단계에 속하는 것으로 75호묘가 있다. M6호분과 M11호분 단계의 여타 이식은 출토되지 않았다.

발굴자의 위와 같은 편년관을 적용하여 이식 출토 무덤의 위치를 표시해 보면 도44, 45와 같다. 도44는 옥전고총군 가운데 1차 발굴구역에서 출토된 이식의 분포이다. 12호묘, 20호묘, 24호묘, 28호묘, 35호묘 이식은 5세기 중엽 ~후반에 해당한다. 이곳에서는 M4호분 이후 시기의 이식은 출토되지 않았다. 24호묘, 28호묘처럼 주환에 복수의 이식을 매단 이식 출토 무덤이 서로 인접해 있음을 볼 수 있다.

도45는 고총 구역의 이식 분포이다. M2호분 이식처럼 원추형 수하식을 갖춘 이식 출토 무덤들이 서로 인접해 있다. 발굴자는 95호묘만 M2호분 단계이고, 72호묘와 82호묘는 M2호분보다 한 단계 늦은 M3호분 단계로 파악했다. M3호분 단계의 이식은 70호묘, 91호묘 출토품에서 볼 수 있듯이 형태가 다양하다. 옥전고총군에서 유일하게 출토된 삼익형 수하식 갖춘 이식이 이 단계에 해당한다.

도46은 M4호분 단계 이후의 이식을 모아본 것이다. 75호묘 이식을 제외하면 주환이 굵고 장식이 화려한 것들이다. M4호분 이식은 대가야의 여러 이식 가운데 가장 정교한 사례에 속한다. 이식의 주환에는 동시기에 유행한 여러 유형의 이식이 함께 걸려 있다. 중간식은 전부 공구체이고 상하로 금립이 부착되었으며 공구체의 하부에 영락을 단 것과 입방체를 붙이고 그것에 영락을 단 것이 있다. 이러한 기법은 새로운 것이다. 특히 입방체의 채용이 그러하다.[14] 수하식 가운데 원추형은 두 종류가 있다. 첫째는 수하식의 외연이 직

---

14) 신라 이식에서는 태환이식을 중심으로 중간식에 영락이 부가되거나 입방체가 부분적으로 활용된다. 백제의 경우도 무령왕비 이식의 중간식에 영락이 부가되어 있다. 옥전

선적인 것이다. 이러한 수하식은 대가야 이식의 초기부터 존속한 것으로, 옥전 72호분 이식의 수하식처럼 간소한 것으로부터 화려한 장식이 부가된 옥전 M4호분 이식처럼 바뀐 것 같다. 둘째는 지산동 45호분 1곽과 2곽 출토품에서 볼 수 있듯이 원추형 수하식 상부가 구상(球狀)인 것이다. 원추형 수하식과 산치자형 수하식이 같은 주환에 걸려 있기 때문에 양자는 동시대에 유행한 수하식이라 할 수 있다.

옥전고총군 이식 가운데 외래적 요소를 갖춘 사례가 있다. 백제계와 신라계로 구분할 수 있다. 전자는 20호묘, 23호묘, M11호분 이식이다. 후자는 M3호분 이식 3쌍과 89호묘 이식이다.

23호묘 이식은 중간식과 사슬, 공구체 수하식의 형태가 백제 한성기 이식

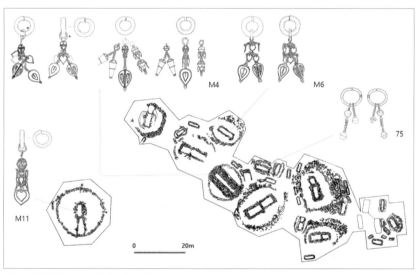

도46. 옥전고총군 6세기 이식의 분포

M4호분 이식의 이러한 요소들이 신라에서 온 것인지 백제에서 온 것인지 단정하기는 어렵다.

과 유사하다. M11호분 이식은 연결금구의 형태와 유리옥을 감입한 중간식으로 보면 백제 무령왕비, 공주 송산리 6호분 이식 등 백제 웅진기 이식과 유사하다. 다만 백제 이식은 중간식의 유리를 덮는 장식이 반구체임에 비하여 M11호분 이식은 소환반구체를 상하로 덮어 구체처럼 장식하였다는 점이 다르다. 완제품이 전해진 것으로 볼 수 있다. 이와 달리 20호묘 이식은 부품의 형태는 백제 이식과 유사하지만 주환이 더 가늘고 공구체를 비롯한 부품이 크다는 점을 고려하면 백제의 영향을 받아 대가야 공방에서 만든 것 같다.

M3호분에서 출토된 이식 4쌍 가운데 착장품 1쌍과 부장품 3쌍 중 2쌍이 신라 이식과 유사한 면모를 갖추었다. 2쌍은 중간식이 원통형이고 1쌍은 중간식이 구체·반구체이다. 전자 가운데 착장품은 표면에 금립이 장식되어 있다. 2쌍 모두 수하식이 횡으로 넓은 심엽형이며 자엽을 가지는 점도 신라 이식과 유사하다. 후자는 중간식에 2줄씩의 각목대가 장식되어 있다. 이와 같은 중간식은 대가야 이식에서는 본 예가 유일하지만, 경주 황남리 110호분과 황남대총 남분 출토품 등 신라 세환이식에서 확인된다. 크기 등에서 다소 차이가 있어 이 이식의 제작지가 신라라고 단정하기는 어렵지만 신라적 요소를 갖춘 것임은 분명하다.

옥전 89호묘 이식은 중간식이 소환구체와 소환반구체가 연접된 것이고 영락이 달려 있어 신라 이식과 유사하다. 신라 이식에 비해 전체 크기가 작은 편이다. 주환이 가늘고 유환이 여타 사례보다 큰 점으로 보면 방제품일 가능성도 있다.

M6호분 이식은 대가야에서 제작된 것으로 보이나 중간식의 제작의장에 신라 이식의 제작기법이 가미되었다. 즉, 중간식이 소환구체와 소환반구체를 이어 만든 것이다. 이러한 중간식은 신라 태환이식의 전형적인 부품이다. M6호분 이식의 중간식은 소환구체가 편구형이고 소환구체와 반구체 사이에 금판을 원통상으로 말아 끼워 넣은 점이 특이하다. 신라 이식의 일부 요소를 수용한 것으로 볼 수 있다.

거창 석강리 M13호분 주곽에서 1짝, 동곽에서 1쌍의 수식부이식이 대가야양식 토기와 함께 출토되었다. 주곽 출토품은 공구체 3개와 사슬, 산치자형에 가까운 수하식이 연결된 것이고 동곽출토품은 사슬 아래에 공구체 하나가 매달린 유형이다. 보고자는 이 무덤을 지산동 44호분 단계로 편년하였다.

함양 백천리 1-3호분에서는 두개골편과 함께 1쌍의 이식이 출토되었다. 대가야양식 토기, 성시구, 마구류, 장식대도가 공반되었다. 이식의 주환은 세환이며 작은 편이다. 중간식은 공구체이고 사슬과 심엽형 수하식을 갖추었다. 사슬이 여타 이식과 달리 겹사슬이다. 심엽형 수하식은 오목하며, 크고 작은 달개가 1개씩으로 구성되어 있다. 3-1호분 은이식은 중간식 없이 사슬에 심엽형 수하식이 달린 유형으로, 지산동 45호분 순장곽 출토품과 유사하다. 다만 수하식의 양 어깨선이 강조되어 있다. 그밖에 백전면 평정리 답357-3번지에서 금이식이 출토된 바 있다.

산청 평촌유적은 경호강의 범람과 퇴적으로 만들어진 하중도에 입지한다. 발굴된 무덤 249기 가운데 209호 석곽묘에서 착장되었던 것으로 보이는 이식 1쌍이 출토되었다. 대가야양식 토기, 방추차가 공반되었다. 이식은 비교적 간소한 유형이다. 주환은 세환이고 중간식 없이 유환에 사슬과 공구체가 차례로 달려 있다.

진주 중안동고분에서 출토된 이식 1짝이 있다. 중안동고분의 위치는 알려져 있지 않다. 진주를 대표하는 고총군인 수정봉·옥봉고분군에서 멀지 않은 곳에 있었던 것 같다. 중안동 출토품으로 전하는 유물로 동경, 마구, 은천 등이 있다. 이식의 주환은 세환이며 사각봉을 꼬아 만든 것이다. 중간식인 공구체에 금립과 영락이 장식되어 있다. 그 아래로 사슬과 산치자형 수하식이 달려 있다. 공구체 아래에 별도의 사슬 일부가 남아 있는 것으로 보아 원래 수식이 2줄이었음을 알 수 있다. 수하식 표면에 각목대와 금립이 장식되어 있다. 사각봉을 비틀어 꼬아 주환을 만드는 기법은 공주 수촌리 4호묘, 천안 용원리 37호묘, 서산 부장리 6호분구 6호묘 출토품 등 백제 한성기 이식에서도 확인된다.

고성 율대리 2호분 3곽에서 이식이 출토되었다. 토층 관찰용 트렌치에서 1
짝만 수습되었는데 착장품일 가능성이 있다. 신라양식 대부장경호, 대가야양
식 파수부완, 소가야양식 고배, 동천이 함께 출토되었다. 이식은 중간식이 공
구체이고 금사로 삼익형 수하식을 매단 유형이다. 수하식 하부에 구멍을 뚫
어 금사로 자그마한 공구체를 매단 점이 특이하다.

창원 다호리 B-15호묘에서 이식 1쌍이 출토되었다. 북동쪽 관대 위에서 정
연하게 출토된 것으로 보아 착장품임을 알 수 있다. 석곽 내에서는 현지산 토
기 3점이 출토되었으나 인접한 B-1호묘 주구에서 다량의 대가야양식 토기가
출토되었다. 이식의 중간식은 공구체이고 수하식은 삼익형이다. 수하식 끝에
는 횡으로 한 바퀴 돌려 감은 금대(金帶)가 있다. 일제시기에 다호리에서 도
굴된 것을 압수한 이식이 있다(朝鮮總督府博物館 1938).[15]

순천 운평리 M2호분 도굴갱에서 형태가 다른 이식이 함께 출토되었다. 대
가야양식 토기, 유자이기의 새 장식 등이 공반되었다. 이식 가운데 1짝은 대
가야양식이고 다른 1짝은 신라양식이다. 2쌍 가운데 1짝씩만 남은 것인지 혹
은 좌우가 다르게 착용한 것인지 알기 어렵다. 대가야양식을 띠는 이식은 길
이가 5.6cm로, 4.5cm인 신라양식 이식보다 길다. 주환은 세환이며 공구체 아
래에 사슬과 삼익형 수하식이 차례로 달려 있다. 수하식 아래에는 자그마한
공구체가 붙어 있다. 신라양식 이식은 중간식이 소환입방체이며 수하식은 크
고 작은 2매의 심엽형이다.

운평리 M4호분에서는 1쌍의 이식이 석곽 내 남단벽 쪽에서 대가야양식 토

---

15) 일제시기 출토품에 대해 조선총독부박물관 진열품 도감에는 '慶尙南道 昌原郡 東面
柴戶里 출토'로 설명되어 있으나 柴는 茶의 오자이다. 조선총독부 공문서에 따르면,
1935년 10월 3일 다호리 소재 밭에서 출토된 것이고 사건 재판이 종료된 후 1937년 6
월 6일에 '占有離脫物橫領事件' 압수품으로 조선총독부에 인계된 것임을 알 수 있다.

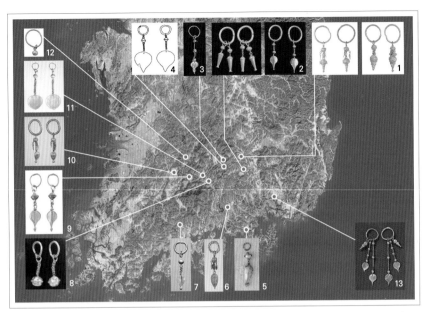

도47. 대가야 이식의 분포(1.고령 지산동, 2.합천 옥전, 3.거창 석강리, 4.합천 반계제, 5.고성 율대리, 6.진주 중안동, 7.순천 운평리, 8.산청 평촌리, 9.남원 월산리, 10.장수 봉서리, 11.함양 백천리, 12.장수 삼고리, 13.창원 다호리)

기, 대도, 재갈, 철모 등과 함께 출토되었다. 착장품일 가능성이 있다. 주환은 세환이며 공구체 아래에 2줄의 사슬이 걸리고 하부에 각각 공구체가 달려 있다.

남원 월산리 M5호분에서 출토된 이식 1쌍은 착장품이며 대가야양식 토기, 청자 계수호(鷄首壺), 철제 초두(鐎斗)가 공반되었다. 주환은 작은 편이고 중간식은 공구체이다. 그 아래로 사슬과 삼익형 수하식이 달려 있다. 수하식 하부에는 금립 4개가 부착되어 있다. 월산리 M6호분에서 출토된 이식 1쌍도 착장품이다. M5호분 출토품과 유사하나 삼익형 수하식에 금립장식이 없다.

장수 삼고리 2호분 1호석곽에서 이식 1짝이 출토되었다. 주환은 세환이며 중간식 없이 수하식으로 공구체를 매단 간소한 유형이다.

봉서리 출토로 전하는 이식이 있다. 중간식이 공구체이고 사슬과 산치자형

수하식이 이어져 있다. 공구체에는 금립이 장식되어 있고 영락이 달려 있다.[16]

그밖에 창녕에서 2예가 출토되었다. 교동 31호분 이식은 착장품이다. 주환은 세환이지만 옥전 M4호분이나 M6호분 이식처럼 굵은 편이다. 중간식은 위에 공구체가 있고 아래에 입방체가 이어져 있다. 구체에 금립이 장식되어 있다. 입방체 아래로 두 가닥의 사슬을 연결해 산치자형 수하식을 매단 구조이다. 합천 옥전 M4호분 이식과 매우 유사하다.

계성 A지구 1호분 이식도 착장품이다. 중간식에 구체가 없다는 점을 제외하면 교동 31호분 이식과 유사하다. 이 두 무덤에서 출토된 유물은 신라 토기 일색이고 교동고총군에서 출토된 여타 장신구류 대부분이 신라양식을 갖추었으므로 본 예는 대가야 금공문화의 중심지인 고령 혹은 합천에서 완제품이 전해진 것으로 볼 수 있다.

경산에서도 대가야양식 이식 1쌍이 발굴된 바 있다. 교촌리 다-10호묘 출토품이 그것이다. 주환은 여타 대가야 이식에 비해 굵은 편이며 동에 금박을 씌운 것이다. 유환에 사슬과 공구체가 차례로 달려 있다. 공구체의 표면과 하부에 크고 작은 금립이 장식되어 있다.

금이식을 비롯한 금공품이 대가야에 등장한 시점은 5세기 전반 무렵이다. 이는 백제, 신라보다 조금 늦은 것이며 5세기 중엽 이후 수량이 늘어나고 대가야양식이라 부를 수 있는 대가야적 금공문화가 성립한다. 고령뿐만 아니라 대가야권 전체를 놓고 볼 때 가장 이른 시기의 자료는 합천 옥전 23호묘 이식이다. 원판상 장식이 중간식으로 사용되었다. 이는 천안 용원리 9호석곽, 서산 부장리 6호분구 6호묘 출토품처럼 백제 한성기 이식에 유례가 있는 것이며 정교함을 함께 고려한다면 백제산일 가능성이 있다.

고령에서는 아직 5세기 전반까지 올라가는 고총이 많이 발굴되지 않아 이른 시기에 제작된 이식의 출토 사례가 없다. 그러나 옥전고총군 발굴조사 성

---

16) 발견신고를 통해 국가귀속된 유물이다. 국립전주박물관에 소장되어 있다.

과를 참고하면 장차 5세기 전반까지 올라가는 이식이 상당수 출토될 것으로 예상된다.

이식은 출토되지 않았으나 지산동 73호분 출토품 가운데 금공품이 다수 포함되어 있다. 단봉대도에서 볼 수 있듯이 지산동 73호분 단계의 금공품 가운데는 백제, 신라적 요소를 함께 활용하여 제작한 것이 있다. 즉, 이 시기가 되면 대가야에 금공품 생산체계가 이미 성립해있었음에 분명하다.

5세기 전반, 한반도 중남부지역의 정치적 상황을 고려할 때 특정 국가의 장인이 자발적으로 다른 나라로 이주하여 금공기술을 전해주었다고 보기는 어렵다. 그보다는 외교관계의 산물로 보는 것이 더 설득력이 있지 않을까 한다. 399~400년에 벌어진 전쟁에서 가야는 백제의 동맹국이자 신라의 적국이었다. 그 전쟁에서 가야와 백제는 큰 타격을 입었다. 당시의 가야는 김해의 금관가야를 지칭하는 것이지만 성립기의 대가야도 그에 참여하였을 가능성이 있다. 433년의 나제동맹에서 알 수 있듯이 5세기 2/4분기의 어느 시점이 되면 국제정세가 급변하여 신라, 가야, 백제 등 중남부지역 국가들 사이의 화친관계가 조성된다.

따라서 옥전 23호묘나 지산동 73호분 단계의 금공문화에서 확인되는 다양한 계보의 혼재양상은 399~400년 전쟁 이후 재편되던 다이내믹한 외교관계의 산물이라 평가할 수 있겠다. 뿐만 아니라 외래문화인 금공문화가 정착, 대가야양식을 발현할 정도로 발전한 이면에는 대가야의 성장이 전제되어 있었고 완숙의 경지에 올라 있던 대가야 제철기술이 금공기술 수용의 바탕이 되었을 것이다.[17]

그렇다면 금공품을 제작한 공방이 어느 곳에 위치했는지 의문이 든다. 아

---

17) 백제와 신라의 금공문화는 대가야 금공문화의 시작에 큰 영향을 주었을 뿐만 아니라 이후에도 단속적으로 영향을 미쳤다. 장식마구에서는 신라의 영향이 지속되었지만 장신구나 금속용기에서는 백제로부터의 영향이 더욱 컸다.

직 대가야 금공품 공방터는 발굴되지 않았다. 따라서 출토품을 분석하여 추론하는 방식만을 사용할 수밖에 없다. 대가야 금공품 가운데 동범으로 만든 물품을 찾기 어렵다. 주조품이 매우 드물기 때문이다. 금의 경우 청동기처럼 산지를 추정하기 어려우며 국가로 귀속된 중요유물에 대해서는 파괴분석방법을 활용할 수 없는 여건이므로 외형 및 제작기법을 분석하여 양식론의 입장에서 접근할 수밖에 없다. 그간 대가야유적에서 출토된 금공품의 제작기법이나 도안을 검토해보면 고구려, 백제, 신라 등 주변국 물품과 구분되는 특징을 보이고 있다. 이것을 대가야양식이라 규정할 때 그 중심지가 대가야의 왕도였던 현 고령일 가능성을 우선적으로 고려할 수 있다.

고총군의 규모나 출토 유물의 격으로 보면 대가야양식 이식을 비롯한 금공품의 제작지는 고령 지산동고총군 조영자들의 거주 구역에 인접해 있었을 것으로 보아 크게 무리가 없다. 다만 금공품 출토 사례가 많은 합천 옥전고총군 조영세력이 독자적으로 공방을 유지하였을 가능성은 없을까 하는 점도 고려할 필요가 있다. 아직 이를 밝힐 수 있는 자료는 적지만 공방이 존재했다 하더라도 그곳에서 장기간에 걸쳐 다량의 물품을 생산하기는 어려웠을 것이다.

대가야 이식의 주환은 모두 세환이며 현재까지 태환의 출토예가 없다. 이 점은 백제의 이식과 공통하는 점이다. 초현기의 가야 이식 가운데는 백제적 요소가 많이 관찰되므로 태환이식이 없는 것도 같은 맥락에서 이해할 수 있을 것이다. 다만 합천 옥전 M4호분이나 M6호분 이식처럼 6세기 전반이 되면 주환의 고리가 조금 굵어지고 태환처럼 속을 비게 만든 것이 등장한다. 이 점은 비슷한 시기에 제작된 것으로 보이는 백제 무령왕비 이식, 경주 보문리고분 이식에서도 확인된다.

중간식은 대부분 공구체이다. 반구체 2개를 땜으로 접합하여 구체를 만든 것이다. 옥전 20호묘 이식처럼 구체의 중간에 각목대가 장식되지 않은 것이 일부 존재하는데 백제 한성기 이식과 형태가 유사하다. 여기서 조금 변형된 것이 옥전 M2호분 출토품처럼 각목대가 부착된 것이고, 지산동 45호분 1곽과 2곽 출토품처럼 금립과 영락이 장식된 사례가 가장 늦을 것 같다.

수하식은 다른 나라의 경우처럼 심엽형 장식이 유행하였으며 금판을 둥글게 말아 만든 원추형, 삼익형, 공구체, 산치자형 등 다양한 형태의 수하식이 공존하였다. 이 가운데 가장 대가야적 색채가 짙은 것은 원추형이다. 옥전 M2호분 예처럼 위가 넓고 아래로 내려오면서 좁아지며 끝에 각목대를 감아 장식한 것이 있고, 지산동 45호분 1실과 2실 출토품처럼 위에서 아래로 내려오면서 급격히 좁아지며 맨 아래에 금립을 붙인 것이 있다. 산치자형 장식도 대가야적인 수하식이다.

이식의 각 부품을 연결하는 금구로 금사를 이용한 것이 많고 수하식을 매달기 위해 금사를 엮어 만든 사슬이 많이 사용된다. 사슬 가운데는 함양 백천리 1-3호묘 이식처럼 겹사슬이 쓰인 경우도 있다. 이처럼 공구체와 사슬이 포함된 이식은 일본 열도에서도 유행하였다. 다만 열도 출토품은 대가야 이식에 비하여 길이가 긴 편이다.

대가야양식 이식은 고령과 합천에 집중되며 함양, 산청, 진주, 고성, 창원, 순천, 남원, 장수 등 여러 지역에서 출토된다. 고총군으로 보면 고령 지산동 고총군과 합천 옥전고총군에 집중되는 현상이 뚜렷하다. 이식이 묻힌 무덤의 연대는 5세기 전반부터 6세기 중엽까지 약 1세기 이상이지만 중심연대는 5세기 후반~6세기 전반이다.

신라권에 속하는 경산, 창녕에서 3점의 출토 사례가 있고 일본열도에서는 완제품이 전해졌을 뿐만 아니라 현지에서 방제품도 다수 만들어졌다. 경산, 창녕, 일본열도의 경우는 공반유물로 보면 가야권 이식과는 출토 맥락이 다르다.

대가야양식 이식의 분포를 살펴보면 고령 지산동과 합천 옥전을 양축으로 서쪽으로 진행하면서 거창 석강리, 합천 반계제, 산청 평촌리, 함양 백천리, 남원 월산리, 장수 봉서리, 장수 삼고리가 하나의 루트 상에 위치한다. 백제와의 접경지로 이어지는 방향이다. 남쪽으로는 낙동강에 인접한 다호리, 남강변의 중안동, 남해안에서 멀지 않은 고성 율대리, 순천 운평리에 분포한다. 대가야양식 토기와 공반하는 경우가 많고 공반하지 않더라도 공반하는 무덤에 인접해 있다.

이와 같은 이식 분포권을 대가야의 영역으로 치환하기는 어렵지만 대가야양식 토기와의 조합관계를 고려할 때 영역은 아니라 하더라도 세력권으로 묶어볼 여지가 충분하다. 장식대도까지 포함하여 출토 현황을 살펴보면 다음과 같다.

고령 지산동고총군에서는 관·이식·대도가, 본관동고총군에서는 이식이 출토되었다. 함양 백천리고총군에서는 이식·대도가 출토되었다. 합천 옥전고총군에서는 관·이식·대도가, 반계제고분군에서는 이식·대도가, 평정리에서는 이식이 출토되었다. 산청 생초고총군에서는 대도, 평촌리가야묘군에서는 이식, 중촌리고총군에서는 대도가 출토되었다. 남원 월산리고총군에서는 대도·이식, 유곡리·두락리고총군에서는 대도가 출토되었다. 창원 다호리가야묘군, 고성 율대리고총군, 진주 중안동고분, 순천 운평리고총군, 장수 봉서리, 삼고리가야묘군에서는 이식이 출토되었다. 그밖에 함안 말이산고총군에서도 이식과 대도가 출토되었으나 대가야양식 금공품과는 차이가 있다.

이처럼 단위 무덤군에 기준하여 대가야양식 유물이 출토되는 곳을 다음의 몇가지로 구분할 수 있다.

첫째, 특정 시기의 유구에서 대가야양식 일색의 토기가 출토되고 중심 묘역에 이식, 장식대도 등 금공품이 부장되는 유형이다. 왕도인 고령 일원의 고총군은 당연히 이 유형에 속한다. 그리고 합천 옥전고총군, 반계제고총군, 산청 생초고총군, 함양 백천리고총군, 남원 월산리와 유곡리·두락리고총군의 경우 대가야양식 토기의 전기종과 금공품이 출토되고 있어 본 유형으로 분류할 수 있다. 다만, 고령에서 멀어질수록 현지에서 생산된 토기의 점유율이 점증한다.

둘째, 특정 시기의 유구에서 대가야양식 토기가 집중적으로 출토되고 중심 묘역에 이식 등 간단한 금공품이 부장되는 유형이다. 첫째 유형과 유사하지만 토기류의 기종 구성이 단순하며, 대가야양식 유물의 존속기간이 한 세대 정도로 짧다. 순천과 남원, 장수에 분포하는 고총군이 본 유형에 해당한다. 순천 운평리 M2호분에서는 현지산 대가야양식 토기, 대가야양식과 신라양식 이식이 공반되었다.

셋째, 현지 토기가 중심을 이루고 대가야양식 유물이 소수에 불과한 유형이다. 다호리가야묘군이나 중촌리고총군, 율대리고총군이 그에 해당한다.

위 세 유형 가운데 첫째와 둘째 유형의 분포권을 대가야의 권역이라 추정해볼 수 있다. 이에 대해 유물에서 확인되는 양식 분포권을 정치체의 공간적 범위라 단정하기 어렵다는 비판이 있을 수 있다. 그러나 첫째와 둘째 유형의 경우 묘제, 토기, 금공품, 의기 등 고고학 자료 전체에 걸쳐 매우 유사한 특징을 공유하고 있으며, 특히 군사적 긴장감이 만연해 있었을 5세기 영남지역의 정치상황을 함께 고려한다면 교역권, 문화권으로 한정시켜 해석하기는 어렵다. 그러면 셋째 유형을 대가야의 권역으로 볼 수는 없을까. 현재까지의 고고학적 발굴 및 연구 성과에 따르면 이 유형은 금관가야나 소가야 권역으로 보는 것이 적절할 것 같다.

이식이나 장식대도 등 대가야양식 금공품의 제작지를 대가야로 보고 소유의 확산이 이루어지는 계기를 대가야의 성장과 관련지어 해석한다면, 당연히 그 중심에 위치하였을 대가야 왕은 금공품 사여의 주체로서 존재했을 것이다. 479년 남제에 견사한 가라왕, 481년 고구려와의 전쟁에서 백제와 함께 참전하여 신라를 도운 가야의 왕, 법흥왕대 신라와 혼인동맹을 맺은 가야 국왕은 대가야 왕을 지칭하므로 외교와 전쟁을 수행할 수 있을 정도의 통합된 왕권의 존재는 상정할 수 있다.

금속장신구로 보면 백제나 신라에 비해 대가야의 왕권이 상대적으로 미약했을 가능성이 엿보인다. 물론 한 단면에 불과한 것이지만 백제나 신라와 달리 금속장신구의 제작과 소유에서 정형성이 덜 보인다는 점을 지적할 수 있다. 대가야의 금속장신구는 관복의 부품이라기보다는 신체를 장식하는 장신구로서의 기능을 지녔던 것으로 보인다. 이처럼 금공품을 사여하여 각 지역

세력을 지배체제에 편입시키고 그들을 매개로 국가의 권력을 관철하는 지배 방식이 대가야에도 존재한 것 같으나 백제와 신라처럼 정형화되지 않은 것 같다. 즉, 연맹의 일원임을 확인하는 정도에 머물렀던 것 같으며 상대적으로 느슨한 상호관계의 징표였던 것으로 이해할 수 있다.

이상에서 대가야의 금속장신구 가운데 관과 이식을 집성하고 그것의 분포 양상을 검토해 보았다. 가야인들이 사용하였던 관과 이식에는 가야의 문화적 수준, 가야의 성장 과정 등이 투영되어 있다. 가야는 고구려, 백제, 신라 등 주변국과 다른 '가야적 색채'가 현저한 금공문화를 창출해 공유했음을 알 수 있었다.

대가야적인 금속장신구문화가 탄생하기까지는 백제와 신라로부터의 영향이 있었다. 특히 백제는 대가야의 오랜 우방이었으며 새로운 문화를 지속적으로 전해주는 원천이었던 것 같다. 대가야에서 금공문화가 개시되는 5세기 전반의 금공품 가운데는 백제의 그것과 매우 유사한 사례가 다수 확인되기 때문이다. 이러한 단계를 지나 5세기 후반이 되면 대가야적인 특색을 더욱더 현저하게 갖춘 금공품이 등장한다.

대가야의 관과 이식은 주변국 장신구에 비하여 심플한 형태적 특징을 보인다. 즉, 신라의 장신구가 지극한 화려함을 추구한 것이라면 대가야의 경우 간결하면서도 세련된 모습을 보여준다. 고령 지산동 32호분 금동관은 풀 혹은 꽃모양의 장식을 갖추고 있어 주변국의 관과는 차이가 있고, 지산동과 합천 옥전고총군에서 많이 출토된 금이식은 속이 비어 있는 둥근 구슬과 나무열매 모양의 장식을 주요 모티브로 삼고 있어 특색이 있다.

관과 이식을 소재로 대가야의 공간적 범위를 찾아낼 수 있는 시기는 5세기 후반 이후이다. 이 무렵이 되면 고구려, 백제, 신라양식과 구별되는 가야양식 금공품이 제작되어 광역적 분포를 보이기 때문이다. 그것의 배경이 무엇인지 단정하기는 어렵지만 고려해 볼 수 있는 것은 대가야의 성장이다. 특히, 대가야 왕이 중국 남조에 사신을 보낸 479년 무렵, 대가야의 왕은 연맹을 구성한 유력자들을 결속하고 또 그들을 매개로 가야 사회를 유지하기 위해 대가야적인 금속장신구를 본격적으로 제작, 활용한 것으로 추정해볼 수 있다.

그러나 대가야의 금속장신구 문화는 가야 여러 나라 중에서는 실체가 뚜렷한 편이지만, 같은 시기의 신라에 비한다면 정형성이 낮은 것으로 평가할 수 있다. 이 점은 대가야의 왕권 내지 집권력의 한계와 관련될 것 같다.

아라가야의 복식품

함안 말이산의 대형 고총에 대한 발굴이 많이 이루어졌음에도 불구하고 아라가야의 귀금속제 복식품은 출토 사례가 적다. 도굴에도 원인이 있겠지만 대가야권에 비해 복식품의 제작이 활발하지 않았던 것 같다. 다만 근래 조금씩 아라가야적인 복식품이 출토되고 있어 그것을 통해 주변국과는 다른 아라가야양식을 설정할 수 있게 되었다.

가장 주목되는 것은 말이산 45호분 출토 금동관이다. 말이산 45호분의 매장주체부는 목곽묘이다. 묘광의 길이가 9.7m, 너비가 4.53m에 달한다. 금동관 편은 목곽 내 서쪽에 해당하는 마갑과 그 남쪽 마구류 사이에서 출토되었다. 발굴 당시 아홉 조각으로 부서진 채 드러났지만 보존처리 과정에서 접합작업이 진행되어 현재는 세

도48. 말이산 45호분 금동관 복원안(날개 일부 미복원)

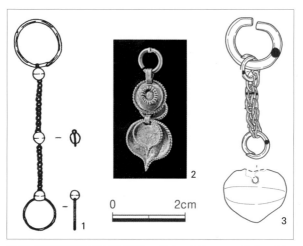

도49. 아라가야적인 이식의 사례(1.도항리 11호석곽묘, 2.도항리 4-가호
묘, 3.남문외 6-2호석곽묘)

조각으로 분리되어 있다. 이 금동관에서 30cm가량 떨어진 채 발견된 마구류
에는 안교, 등자, 행엽, 운주가 포함되어 있다. 대부분 철제품이며 행엽 가운
데 일부에서 도금 흔적이 확인된다.

　금동관의 주요 문양은 대향의 쌍조문이다. 두 마리의 새는 날개부가 서로
연접되어 있다. 크기나 굴곡 등으로 보면 지산동 30호분 2곽 금동관처럼 유
기질 관의 전면에 부착한 금동관의 일부로 보인다. 다른 금동관들과 달리 하
나의 동판에 대륜과 입식의 윤곽을 그린 다음 여백부를 투조하여 기본형을
만든 것이다. 2개가 1조를 이루는 소공이 많이 뚫려 있다(도48). 그 가운데 일
부는 유기질제 장식을 매달기 위한 것이고 또 일부는 유기질제 관의 표면에
부착하기 위한 용도로 보인다. 표면과 이면 모두에 아말감기법으로 도금이
이루어졌다.[18] 대륜의 횡단면은 내측을 향해 호선을 이루며 가장자리는 위쪽

18) 저자는 이 유물을 사진으로 처음 접하였을 때 안교의 일부분일 가능성을 고려하였다.

이 조금 더 넓어 끝부분이 사선을 이룬다. 대륜의 투조 문양대는 상하 2열이고 단위 문양은 종장방형이며, 투조가 정교하지 않아 크기가 일정하지 않다.

이 관은 도안 및 제작기법이 주변국 금공품과 현격히 달라 아라가야 공방에서 제작되었을 가능성이 크다. 대금구 가운데도 아라가야적 색채가 짙은 사례가 있다. 말이산 13호분 교란토 수습 금동제 과판 1점은 진식대금구의 특징을 일부 갖춘 것이지만 간소하고 주변국 과판과 차이가 있어 아라가야산일 가능성이 있다. 아라가야적인 이식도 몇 점 출토되었다. 함안-여상간 도로 확포장공사구간 내 도항리 11호 석곽묘, 도항리 4-가호묘, 남문외 6-2호 석곽묘 이식(도49)은 주변국 이식과 차이가 있어 이 역시 아라가야산일 가능성이 있다.

이처럼 삼국시대 금공품에서 특정 양식이라 규정할 정도의 특색이 보일 경우 그것의 제작지를 해당 금공품의 분포권 안으로 좁혀볼 수 있다. 그렇다면 말이산 45호분 금동관을 비롯한 말이산고총군 출토 장신구를 아라가야산으로 볼 수 있다. 다만 자료가 적어 이를 소재로 복식사여체제를 논하기는 어렵다.

소가야의 복식품

소가야의 중심지는 경남 고성 일원이며, 현 고성읍 내에 자리한 송학동고총군이 소가야 최상부를 구성한 인물들의 묘역임이 밝혀지고 있다. 소가야양식 토기는 고성, 진주, 사천을 중심으로 섬진강 이서 일부, 운봉고원 일부, 마산, 칠원, 진례 등 넓은 범위에 분포한다. 이 모든 지역을 소가야의 경역이라 부르기는 어렵지만 소가야의 문화권이었을 가능성은 있다.

그런데 소가야양식 토기의 분포권은 일정하지 않다. 시기에 따라 외연의

그러나 실견한 결과 그러한 생각이 틀렸음을 알게 되었다. 유물의 크기와 형태, 그리고 이면에도 도금이 이루어진 점 등을 통해 안교일 가능성을 배제하였다.

변화가 보이는데, 5세기 후반 대가야양식 토기의 확산과 관련하여 범위가 축소되는 경향이 있다. 대가야양식 토기의 확산에는 대가야산 금공품이 수반한다. 어떤 곳에서는 소가야양식이 대가야양식으로 교체되기도 하고 또 다른 곳에서는 양자가 혼재하기도 한다.

이 절에서는 소가야의 중핵이라 할 수 있는 고성 지역 출토 복식품에 대해 검토하고자 한다. 통상 고대사회의 복식품은 특정 정치체의 문화적 특징을 잘 보여주는 물품이자 유력자들의 위세품으로 쓰였다. 소가야에 귀금속 복식문화가 존재했는지, 존재했다면 어떤 양상으로 전개되었는지 밝힐 수 있다면 소가야의 성장 및 소가야사의 전개 과정을 이해하는데 도움이 될 수 있을 것 같다.

고성지역 소가야묘에서는 약간의 금속장신구가 출토된 바 있다. 송학동 1호분 내 여러 석곽 및 석실에서 이식, 천, 대금구가 출토되었다. 율대리 2호분과 내산리 소가야묘에서도 이식과 천이 출토된 바 있다. 아직 고성지역에서 금속장신구의 전형이라 할 수 있는 금동관이나 금동식리는 출토된 바 없다.

동아대학교박물관은 2000년에서 2002년까지 3차에 걸쳐 송학동 1호분을 발굴하였다. 이 무덤은 당초 전방후원분일 가능성이 제기되었으나 발굴 결과 여러 기의 무덤이 연접된 것으로 밝혀졌다. 1A호분에는 11기의 수혈식석곽, 1B호분에는 횡혈식석실 1기와 2기의 수혈식석곽이 조성되어 있었다. 양자 사이에 조성된 1C호분에는 대형 횡혈식석실 1기가 들어있었다.

7기의 유구에서 모두 14개[19]의 이식이 출토되었다. 2개씩 출토된 이식은 1쌍일 가능성이 있다. 14개 중 11개가 금이다. 1A-2호묘 출토 공구체는 은지금장으로 보고되었다. 가야의 여타 이식처럼 태환은 없고 모두 세환이다. 대

---

19) 통상 이식을 計數할 때 '점'이라는 표현을 쓴다. 1짝 혹은 1쌍이 출토되었을 때 모두를 1점으로 표현하는 경우가 있어 이 책에서는 잠정적으로 '개'라는 표현을 함께 사용하였다.

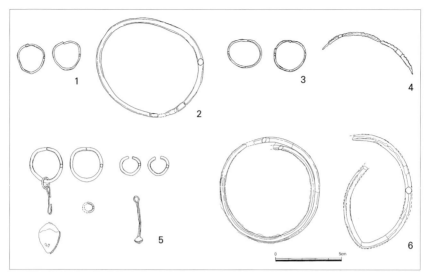

도50. 송학동 1호분 출토 이식과 팔찌(1·2.1A-9호묘, 3·4.1A-4호묘, 5·6.1A-11호묘)

부분 수식 없는 소환(素環)이지만 1A-11호묘 출토품 가운데 일부는 수식부 이식이었을 가능성이 있다.

1A-4호묘(2개), 1A-9호묘(2개), 1B-2호묘(2개), 1B-3호묘(2개) 출토품 은 각각 1쌍, 1A-11호묘(4개) 출토품은 2쌍일 가능성이 있다. 외경은 1A-11 호묘 출토품을 제외하면 2.1~2.65cm 범위이다. 굵기는 금동제품을 제외하면 0.1~0.25cm여서 삼국시대 다른 소환이식에 비해 가는 편이다.

3기의 유구에서 5개의 천이 출토되었다. 모두 동제품이며, 1A-4호묘 출 토품에는 각목문이 새겨져 있고 1A-9호묘와 1A-11호묘 천에는 무늬가 없 다. 각목문이 새겨진 천의 굵기는 0.2~0.3cm이고 무늬가 없는 천의 굵기는 0.4cm이다. 파손되거나 찌그러져 있어 원래의 크기를 계측하기 어려우나 찌 그러진 채로 계측하면 외경은 7.1~8.0cm 정도이다. 천이 출토된 3기의 유구 에서 모두 이식이 출토되었다.

1C호묘에서 출토된 은대금구는 착장품이다. 교구 1개, 과판 3개, 대단금구

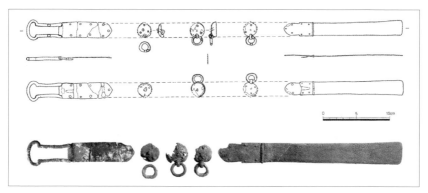

도51. 송학동 1호분 1C호묘 은대금구

1개로 구성되어 있다. 교구의 길이는 12.2cm, 과판 대착부(帶着部)의 길이와 너비는 모두 2.2cm, 대단금구의 길이는 17.2cm이다(도51). 교구는 망자의 왼쪽에서 오른쪽으로 향한 모습으로, 과판은 밀집되지 않고 일정한 간격을 유지한 모습으로 출토되었다. 대단금구의 출토 모습이 특이한데, 망자의 가랑이 사이 아래쪽으로 늘어뜨려진 양상이다.

교구는 버섯형 연금(緣金)과 길쭉한 띠연결부가 경첩식으로 연결되어 있다. 연금의 단면은 둥근 편이고 자금(刺金)은 없다. 띠연결부에는 원래 9개의 못이 박혔던 것으로 보인다. 못 가운데 일부는 혁대 고정용이 아닌 장식적 요소로 보인다.

과판은 대착부가 역심엽형이고 하부에 소환이 걸려 있다. 이 과판의 주요 특징은 대착부의 형태와 구조이다. 보고서의 도면과 사진이 상세하지 않아 정확하게 파악하기는 어려우나 기왕의 신라 과판과는 다소 차이가 있다. 가장자리를 따라가며 박혀 있는 3개의 못은 띠 고정용이 아니다. 아마도 백제 왕흥사지 목탑지 은제 과판의 경우처럼 내측에 부착된 은판 고정용이거나 혹은 표면 장식용일 수 있는데 전자일 가능성이 더 큰 것 같다. 중앙에 박혀 있는 것은 못이 아니고 대착부를 띠에 바느질하듯이 꿰맬 때 필요한 부품이다.

대단금구는 장방형판과 띠연결부로 구성되며 교구와 달리 부품 사이의 유동성이 없다. 원래 5개의 못이 부착되었던 것 같지만 모두가 띠 고정용으로 쓰이지는 않은 것 같다.

국립진주박물관은 1989년에 14번 국도 확·포장공사 구간 내 율대리 2호분을 발굴하였다. 봉토의 규모가 22m에 달하는 무덤 내부에는 5기의 석곽묘가 조성되어 있었다. 그 중 3곽에서 금이식 1짝과 동천 1쌍이 출토되었다. 신라양식 대부장경호, 대가야양식 파수부완, 소가야양식 고배가 함께 출토되었다.

이식은 토층 관찰용 트렌치에서 1짝만 수습되었는데 착장품일 가능성이 있다. 이식은 중간식이 공구체이고 금사로 삼익형 수하식을 매단 유형이다. 수하식 하부에 구멍을 뚫어 금사로 자그마한 공구체를 매단 점이 특이하다. 대가야양식을 갖춘 것이지만 정교함은 떨어진다. 소환 하나가 별도로 수습되었는데 이 이식의 주환이거나 유환일 가능성이 있다. 이 부품을 합쳤을 때의 길이는 5.6cm이다.

천은 좌우 팔목에 1점씩 착장된 모습으로 출토되었다. 발굴 당시 천 안에 팔뼈 일부가 남아 있었다고 한다. 외환이 둥근 편이며 가장자리를 따라가면서 0.4~0.5cm 간격으로 각목문이 새겨져 있다. 외환의 지름은 7.3×8.0cm이다.

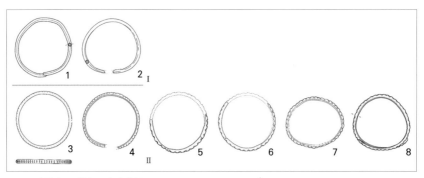

도52. 내산리 소가야묘 팔찌의 분류(1·2·4.34호묘 주실, 3.21호묘 11곽, 5·6.60호묘, 7.8호묘 3곽, 8.34호묘 1곽)

고성 내산리에는 소가야묘가 군집을 이루며 분포한다.[20] 고총의 경우 주로 5세기 후반 이후 축조되기 시작하여 6세기 중엽경까지 이어진다. 발굴 결과 하나의 봉토 안에 여러 기의 크고 작은 석곽묘, 옹관묘, 목곽묘가 들어 있었다. 토기는 소가야양식을 갖춘 것이 주종을 이루지만 대가야양식 토기, 호남지역 토기, 신라양식 토기가 섞여 있다. 일부 무덤에서 약간의 이식과 천이 출토되었다.

수식부이식은 출토된 바 없고 모두 소환이다. 보고서가 발간된 자료에 기준할 때 12기의 유구에서 15개의 이식이 출토되었다. 재질로 보면 금제품이 7개, 은제품이 1개, 금동제품이 5개, 동제품이 2개로 금제품이 가장 많다. 규격에서 정형성이 없다.

1호묘 1곽, 64호묘 주곽에서는 금제품이 각 1쌍, 8호분 2곽에서 금동제품 1쌍이 출토되었고 나머지 유구에서는 1개씩만이 출토되었다. 1호묘 3곽, 21호묘 1곽, 34호묘 주실에서 금제품이 1개씩 출토되었다. 21호묘 2곽에서는 은제품 1개가 출토되었고 36호묘 2곽과 60호묘, 63호묘 1곽에서는 금동제품이 1개씩 출토되었다. 63호묘 3곽과 같은 무덤 6곽에서 동제품이 1개씩 출토되었다.

7기의 유구에서 11개의 천이 출토되었다. 은제품은 2개, 동제품은 9개이다. 1호묘 3곽과 34호묘 1곽에서는 이식이 함께 출토되었다. 복수의 천이 출토될 경우 좌완과 우완에 나뉘어 착장되었던 것 같다.

1호묘 3곽, 8호묘 3곽, 21호묘 11곽, 34호묘 1곽에서는 각각 동천 1개씩, 60호묘에서는 1쌍이 출토되었다. 1호분 3곽 출토품은 유존상태가 좋지 않지

---

20) 국립창원문화재연구소(현 국립가야문화재연구소)가 내산리 소가야묘군을 수년 간 발굴하였고 조사보고서는 모두 발간되었다. 근년 강산문화재연구원과 가야문물연구원에서 추가적인 발굴을 실시한 바 있다. 이 책에서는 발굴조사보고서가 간행된 자료에 한정하여 검토하고자 한다.

만 외연에 각목문이 시문된 것으로 보인다. 8호분 3곽, 21호분 11곽, 34호묘 1곽, 60호묘 출토품도 외연에 각목문이 시문되어 있다.

28호분 1곽에서는 은천 1개가 출토되었다. 한쪽은 트여 있고 외연에 50개의 돌기가 장식되어 있다.

34호묘 주실에서는 4점의 천이 출토되었다. 좌우 팔목에 2점씩 착장된 양상인데, 1개는 은제품이고 3개는 동제품이다. 2개에는 무늬가 없고 1개에는 각목문, 다른 1개에는 돌기가 장식되어 있다.

송학동 1호분 1C호묘에서는 금과 은으로 장식된 장식도가 출토되었다. 대도 가운데 파부(把部)에 은사가 감기고 초구금구(鞘口金具)가 은으로 장식되어 있다. 모자도(母子刀) 가운데 1점에는 은으로 장식이 가해졌다. 특히 주목되는 것은 길이가 25.8cm인 금은장 도자이다. 은대금구의 대단금구와 함께 허리띠의 아래쪽에서 현수된 듯한 양상으로 출토되었다. 병두금구, 초구금구, 초미금구는 금판으로, 파부에는 은제 각목대를 감아 장식한 것이다. 무령왕릉을 비롯한 웅진기 백제묘 출토품과 비교할 수 있는 자료이다.

그간 소가야 복식품에 관한 연구가 미진하여 고성 지역 소가야묘 출토품 가운데 어떤 것을 소가야산이라 부를 수 있을지 분명히 말하기 어렵다. 장신구 가운데 천의 일부가 주변국 자료와 다소 다른 특징을 갖추었으므로 그것을 소가야산이라고 구분할 수 있다. 천 가운데 돌기를 갖춘 것은 신라산일 가능성이 있다. 그 외에 이식, 대금구, 장식도는 외래품일 가능성이 있다.

내산리 소가야묘군에서 발굴된 천 가운데 소가야산으로 특정할 수 있는 자료를 모아 보면 도52와 같다. 그 중 무늬가 없는 것을 Ⅰ류, 각목문이 시문된 것을 Ⅱ류로 나눌 수 있다. 물론 단면 형태나 재질, 단절 여부 등에 따라 더 분류할 수 있으나 출토 유물의 개체수가 적은 편이어서 세분하지 않는다.

Ⅰ류에 해당하는 것은 34호분 주실 출토품이다. 2점 가운데 1점은 은천, 다른 1점은 동천이다. 은제품은 단면 4각봉을 휘어 만든 것이다. 무늬가 없어 팔찌만으로 제작 시점이나 제작지를 특정하기 어렵다. 신라의 경우 황남대총

북분에서 무늬 없는 천 10점이 출토되었다. 창녕 계성 Ⅱ지구 1호분의 사례로 보면 이러한 유형의 팔찌는 6세기까지 여전히 존속했던 것 같다.

Ⅱ류에 해당하는 것은 8호묘 3곽, 21호묘 11곽, 34호묘 주실과 1곽, 60호묘 출토품으로 내산리 천 가운데 가장 많은 유형이다. 1호분 3곽 출토품도 이 유형에 속할 가능성이 있다. 이 유형의 천은 삼국시대 여러 나라에서 유행했다. 백제 천 가운데는 무령왕릉 출토품이 전형이고 부여 왕흥사지 사리공양품에도 각목문 천이 포함되어 있다. 무령왕비의 매장 시점은 529년이고 왕흥사지의 사리공양 시점은 577년이다. 신라의 경우 이 유형의 천은 금관총이 축조되는 5세기 후반에 등장하여 서봉총 단계까지 유행한다.

소가야묘 출토 각목문 천을 대가야, 신라의 동류 천과 비교해보면 다소 차이가 확인된다. 신라 천은 재질별로 다소 차이가 있지만 금관총, 서봉총 천처럼 각목문이 조밀하게 시문되어 있고 팔찌를 뉘었을 때 팔목에 닿는 내측과 각목문이 시문된 외연 사이가 넓은 편이다. 각목문은 조밀한 것에서 성근 것으로 변화한다.

신라 천의 이러한 특징은 옥전 28호분이나 M2호분 출토품과는 꽤나 다르다. 옥전고총군 발굴자는 두 무덤의 연대를 5세기 3/4분기로 설정했다. 이러한 연대관을 수용한다면 이 두 무덤은 금관총에 선행하는 것이어서 옥전 각목문 천이 신라로부터 영향을 받은 것이라고 설명하기는 어렵다. 따라서 아직 자료는 발굴되지 않았으나 무령왕릉 출토품과 연결되는 의장을 일부 갖추었다는 점에 주목하면 옥전 천은 백제로부터 전해진 완제품이거나 백제양식을 수용한 것으로 추정할 수 있다.

진주 중안동에서 출토된 은천은 외연의 각목대가 성근 편이고 돌출도가 현저하다. 이는 무령왕비 팔찌와 유사한 점이다. 또한 팔목에 닿는 부위와 각목대 사이가 매우 좁다. 이는 무령왕비 및 옥전고총군 천과 유사하다. 소가야권 천 가운데 특이한 사례이며 공반된 수식부이식 1점이 전형적 대가야양식을 띠는 점으로 보면 대가야산일 가능성도 고려할 수 있다. 다만 대가야의 천

도53. 소가야(1.내산리, 2.율대리, 3.송학동, 4.중안동)와 대가야의 팔찌 분포(5.옥전, 6.백천리)

은 아직 실체가 해명되지 않아 판단을 보류하고자 한다. 고성 율대리 2호분 3 곽 동천은 윤부 단면이 방형에 가깝고 각목문이 성근 것으로 합천 봉계리 대형묘 출토품과 유사하다. 대가야양식 수식부이식 1점이 공반되었다. 윤부의 단면 형태는 다소 다르지만 내산리 21호분 11곽 천과 비교해볼 수 있다.

이처럼 내산리 소가야묘의 Ⅱ류 천은 외형으로 보아 신라산으로 보기 어렵다. 아직 자료가 부족하지만 백제-대가야-소가야로 이어지는 계보 관계를 설정할 수 있다. 다만 외형에서 다소 차이가 있고 수량에서도 소가야묘 출토품이 많은 점을 고려하여 이 책에서는 소가야산이라 특정하고자 한다.[21] 현재까지의 자료에 기준한다면 소가야에서 Ⅱ류 천이 등장할 수 있는 상한 연대는 5세기 후반이고 6세기 전반 무렵 유력자들이 선호하는 장신구로 유행

---

21) 이와는 달리 소가야묘 출토 천을 신라양식 천의 모방품으로 추정하기도 한다(신은희 2005).

한 것 같다.

이처럼 고성 일원에서 출토된 복식품 가운데 소가야산으로 볼 수 있는 것은 송학동과 내산리에서 출토된 각목문 동천에 한정된다. 각목문이 시문된 천은 백제, 대가야, 신라 유적에서도 출토된 바 있으나 그것들과 소가야묘 천은 다소 달라 이를 소가야산으로 볼 여지가 있다. 그밖에 다수는 백제, 대가야, 신라에서 제작된 것으로 볼 수 있다.

전체적으로 보면 고성지역 소가야묘 출토 복식품 중에는 소가야산보다는 외래품이 다수를 점한다. 외래품은 계보에서 다양성을 보인다. 이는 해상교통의 요지에 자리잡고 주변국과 다양한 교류를 수행하던 소가야인들의 면모를 잘 보여주는 현상이기도 하고, 주변 제국이 소가야를 부용 내지 복속시키려 노력한 산물일 수도 있다.

금관가야의 복식품

김해는 줄곧 금관가야의 왕도였다. 금관가야의 왕족은 김해에 터를 잡은 이후 그곳에서 오랫동안 나라를 유지하였다. 그 시기의 김해에는 다양한 물산이 집중되었을 것이다. 이러한 물산을 토대로 금관가야적 색채가 짙은 공예품의 제작이 가능하였을 것이다. 토기에서 보이는 '금관가야양식'이 그에 해당한다. 그런데 금관가야에서 금속제 복식품의 출토 사례는 매우 적은 편이며 그것에서는 금관가야양식을 설정하기 어렵다.

한편, 김해의 가야 유적에서는 다양한 계보를 가진 외래유물이 출토된다. 인접한 신라에서 들여온 것뿐만 아니라 왜, 중국, 북방, 그리고 멀리 서역에서 만들어진 것도 포함되어 있다. 그 가운데 중국 진식대금구가 포함되어 있다.

금관가야의 성립 시점은 명확하지 않다. 그것은 삼국시대를 구성하였던 모든 나라들이 마찬가지이다. 고고학계에서는 김해 대성동 29호분이 만들어진

3세기 후반 무렵으로 보는 견해가 있다. 『삼국사기』에는 금관가야가 532년 멸망한 것으로 기록되어 있지만 고고학 자료로 보면 5세기 중엽 이후의 실체가 애매하다. 물질문화에서 금관가야양식이라 부를 수 있는 요소가 사라지고 신라양식 일색으로 변화하기 때문이다.

5~6세기의 동아시아는 황금의 시대라 부를만하다. 고구려·백제·신라뿐만 아니라 삼연(三燕), 왜의 무덤에서 각종 금속공예품이 다량 출토된다. 가야 역시 예외는 아니었다. 처음에는 백제의 영향을 많이 받았으나 곧 가야적 특색이 드러났다. 여기서 가야는 대가야를 지칭한다. 금관가야에 왜 독자적 금속공예문화가 발현되지 않았는지 아직 그것의 원인은 해명되지 않았다.

금공품 가운데 관을 비롯한 장신구는 소유자의 위세를 가장 잘 보여주며 복식의 일부였다. 대가야에서는 초화형 입식을 갖춘 대관과 함께 신라와 백제양식을 띠는 금속제 관이 출토된 바 있다. 그러나 김해에서는 금관가야양식이라 부를 수 있는 금속제 관이 출토된 바 없다.

다만 김해 대성동 29호분에서 관으로 추정되는 금동판 조각이 발굴된 바 있다. 도굴갱 내에서 검출된 것으로 조각만 일부 남아 있기 때문에 원형을 알기 어렵다. 대륜으로 추정되는 부품은 잔존 길이 9.cm, 너비 1.9cm이다. 문양이 시문되어 있지 않다. 입식은 대륜에 부착된 부분을 제외하고는 복원이 불가능하다. 잔존 길이 2.1cm, 너비 1.48cm이며 금동사로 대륜에 고정한 것이다. 입식 편 가운데는 작은 구멍이 2개씩 조합을 이룬 곳이 있고 영락 고정용 금동사가 남아 있으며 별도로 원형 영락이 수습되었다.

이 금동 조각이 출토된 대성동 29호분은 3세기 후반으로 편년되지만, 이 시기의 금동관은 한반도와 만주 일원에서 발굴된 바 없다. 신라에서도 가장 오래된 것이 5세기 전반에야 등장한다.

가야 사회 전체에서 본다면 5세기 무렵에는 가야적 특색을 갖춘 이식이 만들어져 최상급 인물들의 위세품으로 활용되었다. 가야 이식의 대부분은 대가야양식을 띤다. 주환에 기준할 때 모두 세환이식이며 백제의 경우와 마찬가지로 태환이식은 출토된 바 없다. 중간식으로 구체, 수하식으로 심엽형 · 원추형 · 산치자형 장식이 유행하였다. 함안 도항리고분군 출토품 가운데 대가야 이식과 양식적 특징을 달리하는 사례가 있다.

이에 비해 대성동가야묘군을 위시한 금관가야 유적에서는 수식 갖춘 이식의 출토 사례가 매우 적다. 기왕에 출토된 것은 모두 신라양식을 띤다. 수식 갖춘 이식이 출토된 무덤, 이식의 특징에 대하여 간략히 정리하면 다음과 같다.

첫째, 가야의 숲 1호 석곽묘 출토품(도54-좌)이다. 이 무덤은 묘광의 잔존 길이 5.1m, 너비 1.66m이다. 무덤 내에서는 두침으로 보이는 소형 할석이 드러났는데, 그 주변에서 금이식이 출토되었다. 함께 출토된 고배, 대부장경호 등의 토기류는 신라양식을 띤다.

이식은 신라 세환이식과 형태적으로 유사하지만 세부적으로는 이 이식만의 특징도 살펴진다. 주환이 매우 가늘고 금봉을 비틀어 꼬아 만든 흔적이 있다. 주환 굵기는 1.8mm, 전체 길이는 6.9cm이다.

중간식은 구체와 반구체로 구성되어 있고 양자 사이에 끼워진 장식은 원통형이며 세로로 선무늬가 있다. 이 부품은 경주 황남대총 북분 이식에서도 보이지만 신라에서 유행한 것은 아니다. 심엽형 수하식도 연결금구에 걸기 위한 구멍 주위가 위쪽으로 돌출되어 있어 신라 이식과 차이가 있다. 토기나

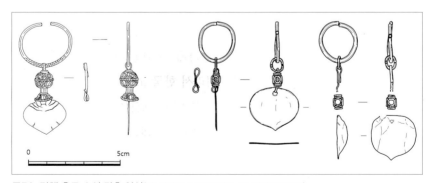

도54. 김해 출토 수식 갖춘 이식(좌: 가야의 숲 1호석곽묘, 우: 대성동87호묘)

이식으로 보면 5세기로 편년할 수 있다.

둘째, 대성동 87호묘 출토품(도54-우)이다. 이식이 출토된 무덤은 수혈식 석곽묘로 묘광은 잔존 길이 4.18m, 너비 1.65m이다. 피장자의 치아가 석실 내 동쪽 단벽 가까이에서 출토되었다. 그 부근에서 금이식 1쌍과 유리제 경식이 출토되었다. 철모, 철정, 철겸과 철부 등이 공반되었다. 토기로 보면 5세기로 편년할 수 있다.

이식은 주환, 유환, 연결금구, 중간식, 수하식을 모두 갖추었다. 중간식은 작은 고리를 이어붙여 만든 입방체이고 수하식은 심엽형이다. 주환의 지름은 2.2cm, 입방체의 길이는 0.7~0.8cm, 수하식의 너비는 2.5~2.7cm이다.

위의 이식은 신라 세환이식의 특징을 갖춘 것이다. 신라의 세환이식 가운데 초기에 유행한 형식은 중간식이 소환구체나 입방체로 구성되어 있다. 5세기 후반 이후 종류가 다양해지며 매우 작은 소환과 각목대 등을 조합하여 만든 원통형 장식이 중간식으로 이용되는데, 이후 6세기까지 지속적인 변화를 겪으며 제작된다. 이와 같은 흐름에서 보면 김해 출토 세환이식 2점은 신라 양식 이식 가운데 이른 단계의 특징을 갖춘 것으로 볼 수 있다.

다만 주환의 굵기나 제작기법, 중간식 및 수하식의 세부 제작기법 등에서 조악하거나 경주에서 잘 보이지 않는 형태를 갖추고 있어 경주산은 아니고 김해의 공방에서 신라 이식을 모방하여 제작한 것으로 볼 수 있다.

이상에서 살펴본 것처럼 백제와 가야 여러나라 가운데 백제에만 복식사여체제가 존재했다. 그렇지만 그 경우도 신라에 비하면 복식품 사이의 유사도가 낮고 출토 수량 또한 적은 편이다. 따라서 한국 고대사에서 복식사여체제의 전형은 5~6세기의 신라에서 찾아볼 수 있고 그것은 신라가 영역국가로 성장하는 과정에서 거쳤던 과도기적 체제였던 것으로 이해할 수 있다.

참고문헌

1. 보고서, 보고문, 도록

강릉대학교박물관, 1993, 『강릉 초당동129-5번지 현대아파트 신축부지 내 문화유적 긴급수습발굴조사 약보고서』

강릉원주대학교박물관, 2011, 『강릉 초당동고분군』

강원고고문화연구원 외, 2021, 『강릉 초당동유적 I -강릉 초당1처리분구 하수관로 정비사업부지내 유적발굴조사보고서-』

강원문화재연구소, 2007, 『강릉초당동유적Ⅲ』

경남고고학연구소, 2000, 『함안 도항리·말산리유적』

경남고고학연구소 외, 2001, 『창녕 계성 신라고총군』

경남발전연구원 역사문화센터, 2007, 『산청 평촌리유적Ⅱ-산청군 생초 반갯들 수해복구사업지구내 유적 발굴조사』

경남발전연구원 역사문화센터 외, 2016, 『남해 남치리 백제석실』

경북대학교박물관, 2003, 『대구 화원 성산리1호분』

경북대학교박물관, 2006, 『의성 대리리3호분』

경북대학교박물관 외, 2009, 『고령 지산동44호분-대가야왕릉-』

경상대학교박물관, 1988, 『합천 옥전고분군 I 』

경상대학교박물관, 1990,『합천 옥전고분군Ⅱ』

경상대학교박물관, 1990,『합천 옥전고분군Ⅲ』

경상대학교박물관, 1993,『합천 옥전고분군Ⅳ』

경상대학교박물관, 1995,『합천 옥전고분군Ⅴ』

경상대학교박물관, 1997,『합천 옥전고분군Ⅵ』

경상대학교박물관, 1998,『합천 옥전고분군Ⅶ』

경상대학교박물관, 1999,『합천 옥전고분군Ⅷ』

경상대학교박물관, 2000,『합천 옥전고분군Ⅸ』

경상대학교박물관, 2003,『합천 옥전고분군Ⅹ』

경상대학교박물관, 2004,『의령 경산리고분군』

경상대학교박물관, 2009,『산청 생초 M12 · M13호분』

경상북도문화재연구원, 2003,『포항 옥성리고분군 발굴조사보고서』

경상북도문화재연구원 외, 2012,『의성 금성산고분군내 의성 대리리2호분I-A봉토-』

경성대학교박물관, 2000,『김해 구지로분묘군』

경성대학교박물관, 2000,『김해 대성동고분군Ⅰ』

경성대학교박물관, 2000,『김해 대성동고분군Ⅱ』

경성대학교박물관, 2003,『김해 대성동고분군Ⅲ』

경주문화재연구소, 1995,『경주 황남동 106-3번지 고분군 발굴조사보고서』

계명대학교박물관, 1981,『고령 지산동고분군 32~35호분 · 주변석곽묘』

계명대학교박물관, 1995,『고령 본관동고분군』

계명대학교행소박물관, 2006,『성주 성산동고분군』

공주대학교박물관 외, 2000,『천안 용원리고분군』

관동대학교박물관 외, 1994,『동해 북평공단 조성지역 문화유적 발굴조사보고서』

국립가야문화재연구소, 2011,『창녕 송현동고분군1-6 · 7호분 발굴조사보고-』

국립가야문화재연구소, 2016,『고령 지산동고분군 518호분 발굴조사보고서』

국립경주문화재연구소, 2011,『경주 쪽샘지구 발굴조사보고서Ⅰ-A지구-』

국립경주문화재연구소, 2013,『경주 쪽샘지구 신라고분Ⅲ-B1호 발굴조사보고서-』

국립경주문화재연구소, 2016,『경주 쪽샘지구 신라고분유적Ⅶ-B지구 연접분 발굴조
사보고서-』

국립경주문화재연구소, 2018, 『경주 쪽샘지구 신라고분유적IX-C10호 목곽묘·C16호 적석목곽묘-』

국립경주문화재연구소, 2021, 『경주 쪽샘지구 신라고분유적XII-H85·86호, L17·137호 발굴조사보고서-』

국립경주박물관, 1990, 『경주 월성로고분군』

국립경주박물관, 1993, 『경주 황성동석실분』

국립경주박물관, 1995, 『냉수리고분』

국립경주박물관, 1999, 『영덕 괴시리 16호분』

국립경주박물관, 2001, 『경주 조양동유적II』

국립경주박물관, 2007, 『영천 용전리유적』

국립경주박물관, 2011, 『경주 보문동합장분』

국립경주박물관, 2012, 『경주 계림로 신라묘I』

국립경주박물관, 2014, 『경주 계림로 신라묘II』

국립경주박물관, 2021, 『경주 금척리 신라묘』

국립공주박물관, 2019, 『무령왕릉 신보고서V』

국립광주박물관 외, 1988, 『나주 반남고분군 종합조사보고서』

국립김해박물관, 2015, 『창녕 교동 7호분』

국립김해박물관, 2020, 『창녕 교동 89호분』

국립김해박물관, 2021, 『삼국시대 금동관 비교연구』

국립나주문화재연구소, 2017, 『나주 복암리 정촌고분 발굴조사보고서』

국립나주문화재연구소, 2019, 『나주 송제리고분』(팸플릿)

국립문화재연구소, 2020, 『한국고고학저널2019』

국립문화재연구소, 2021, 『한국고고학저널2020』

국립문화재연구소 외, 2001, 『나주 복암리 3호분 발굴조사보고서』

국립박물관, 1948, 『경주 노서리 호우총과 은령총』

국립박물관, 1955, 『경주 노서리138호분·쌍상총·마총』

국립박물관, 1962, 『의성 탑리고분』

국립박물관, 1964, 『황오리 4·5호고분, 황남리 파괴고분 발굴조사 보고서』

국립부여문화재연구소, 2009, 『왕흥사지III-목탑지 금당지 발굴조사보고서-』

국립부여박물관 · 부여군, 2000,『능사, 부여 능산리사지발굴조사 진전보고서』

국립중앙박물관, 2014,『경주 서봉총Ⅰ-유물편-』

국립중앙박물관 외, 2001,『창원 다호리유적』

국립진주박물관, 1990,『고성 율대리 2호분』

국립진주박물관 외, 1987,『합천 반계제고분군』

국립창원문화재연구소, 1999,『함안 도항리고분군Ⅱ』

국립창원문화재연구소, 2000,『울산 조일리고분군』

국립창원문화재연구소, 2002,『고성 내산리고분군Ⅰ』

국립창원문화재연구소, 2005,『고성 내산리고분군Ⅱ』

국립창원문화재연구소, 2007,『고성 내산리고분군Ⅲ』

국립춘천박물관, 2008,『권력의 상징, 관-경주에서 강원까지-』

대가야박물관, 2015,『고령 지산동 대가야고분군』

대구한의대학교박물관, 2005,『개관10주년기념 발굴유물 특별전』

대동문화재연구원 외, 2012,『고령 지산동 제73~75호분』

대동문화재연구원, 2020,『고령 지산동 대가야고분군Ⅰ』

대성동고분박물관, 2015,『김해 대성동고분군-70호분 주곽 · 95호분-』

대성동고분박물관, 2015,『김해 대성동고분군-85호분~91호분-』

동아대학교박물관, 1991,『양산 금조총 · 부부총』

동아대학교박물관, 1992,『창녕 교동고분군』

동아대학교박물관, 2005,『고성 송학동고분군 제1호분 발굴조사보고서』

동아세아문화재연구원, 2017,『밀양 양동리고분군』

동아세아문화재연구원 외, 2006,『김해 가야의 숲 조성부지내 김해 무계리 공동주택
　　　　건설부지내 유적 발굴조사 보고서』

동양문물연구원 외, 2021,『거창 석강리고분군 M13호분』

두류문화재연구원, 2021,『함안 말이산고분군-함안 말이산고분군 정비사업부지내
　　　　유적-』

문화공보부 문화재관리국, 1973,『무령왕릉 발굴조사보고서』

문화재관리국 경주사적관리사무소, 1975,『경주지구고분발굴조사보고서1』

문화재관리국 경주사적관리사무소, 1980,『경주지구고분발굴조사보고서2』

문화재연구소, 1974,『천마총 발굴조사보고서』

문화재연구소, 1984,『황룡사 유적발굴조사 보고서Ⅰ』

문화재연구소, 1985,『황남대총 북분 발굴조사보고서』

문화재연구소, 1993,『황남대총 남분 발굴조사보고서-도면·도판-』

문화재연구소, 1994,『황남대총 남분 발굴조사보고서-본문-』

문화재연구소·대구대학교박물관, 1995,『순흥 읍내리벽화고분 발굴조사보고서』

부산대학교, 1997,『울산 하대유적-고분Ⅰ-』

부산대학교박물관, 1983,『동래 복천동고분군Ⅰ』

부산대학교박물관, 1986,『함양 백천리 1호분』

부산대학교박물관 외, 2021,『함양 백천리고분군』

삼강문화재연구원, 2021,『함안 남문외고분군-6·7·15호분 및 2구역 시·발굴조사
　　　보고서-』

성림문화재연구원, 2016,『의성 대리리 45호분』

성림문화재연구원, 2016,『의성 대리리고분군』

성림문화재연구원 외, 2014,『울진 신울진원전건설부지 I구역 1지점유적 울진 덕천리
　　　신라묘군』

세종문화재연구원, 2019,『포항 남옥지구 도시개발산업부지내 포항 남성리고분군』

순천대학교박물관 외, 2010,『순천 운평리유적Ⅱ』

신라 천년의 역사와 문화 편찬위원회, 2016a,『신라 천년의 역사와 문화 자료집1』

신라 천년의 역사와 문화 편찬위원회, 2016b,『신라 천년의 역사와 문화 자료집2』

신라 천년의 역사와 문화 편찬위원회, 2016c,『신라 천년의 역사와 문화 자료집3』

신라 천년의 역사와 문화 편찬위원회, 2016d,『신라 천년의 역사와 문화 자료집4』

신라 천년의 역사와 문화 편찬위원회, 2016e,『신라 천년의 역사와 문화 자료집5』

신라 천년의 역사와 문화 편찬위원회, 2016f,『신라 천년의 역사와 문화 자료집7』

영남대학교박물관, 1975,「황남동 미추왕릉 전지역 고분군」,『황남동고분발굴조사개
　　　보』

영남대학교박물관, 1991,『경산 북사리고분군』

영남대학교박물관, 1991,『창녕 계성리고분군-계남1·4호분-』

영남대학교박물관, 1999,『경산 임당지역고분군Ⅳ』

영남대학교박물관, 2003,『경산 임당지역 고분군Ⅶ』

영남대학교박물관 외, 1994,『경산 임당지역 고분군Ⅱ-조영EⅢ-8호분 외-』

영남매장문화재연구원, 1998,『포항 옥성리고분군Ⅱ』

영남매장문화재연구원 외, 1998,『고령 지산동30호분』

영남문화재연구원, 2001,『경주 사라리유적Ⅱ-목관묘, 주거지-』

영남문화재연구원, 2002,『경주 구어리고분군Ⅰ』

영남문화재연구원, 2002,『대구 가천동고분군Ⅰ』

영남문화재연구원, 2002,『대구 가천동고분군Ⅱ』

영남문화재연구원, 2008,『경주 덕천리유적Ⅱ-목관묘-』

영남문화재연구원, 2009,『경주 방내리고분군』

영남문화재연구원, 2009,『경산 신대리 670번지유적』

영남문화재연구원, 2010,『경산 신대리유적Ⅰ』

영남문화재연구원, 2010,『경주 황성동 575번지 고분군』

예맥문화재연구원 외, 2021,『강릉 초당동유적-강릉 초당동(253-2번지) 도시계획도
　　　　로 개설공사부지내 유적 발굴조사보고서-』

우리문화재연구원, 2012,『울산 약사동유적』

윤용진, 1979,「Ⅱ. 고령 지산동 44호고분 발굴조사보고」,『대가야고분발굴조사보고
　　　　서』, 고령군

이범기 외, 2020,「영암 내동리 쌍무덤 2차 학술발굴조사 성과」,『전남문화재』19, 전
　　　　남문화재연구소

전북대학교박물관 외, 1989,『두락리 발굴조사보고서』

전북문화재연구원 외, 2012,『남원 월산리고분군』

전주문화유산연구원, 2020,『장수 삼고리 고분군-1~3호분-』

정징원, 1977,「A지구 고분 발굴조사보고」,『창녕 계성고분군 발굴조사보고』, 경상
　　　　남도

정징원·안재호, 1987,「동래 복천동 38호분과 부장유물」,『삼불김원룡교수 정년퇴임
　　　　기념논총-고고학편-』, 일지사

중원문화재연구원, 2008,『문경 신현리고분군Ⅱ』

최권호, 2012,「순천 운평리고분군 3차 발굴조사」,『2012년 유적조사 발표회』, 한국고고학회

최순우, 1978,「삼척 갈야산 적석고분 개보」,『고고미술』138·139, 한국미술사학회

충청남도역사문화연구원, 2008,『서산 부장리유적』

충청남도역사문화연구원 외, 2007,『공주 수촌리유적』

한국고고환경연구소 외, 2015,『연기 나성리유적』

한국문화유산연구원 외, 2018,『화성 요리고분군-화성 향남2지구 동서간선도로 내 문화유적 발굴조사 보고서』

한국문화재보호재단, 2003,『경주 황성동유적Ⅰ-강변로 개설구간 발굴조사보고서-』

한국문화재보호재단, 2005,『경주 황성동유적Ⅱ~Ⅳ-강변로 3-A공구 개설구간내 발굴조사보고서-』

한국문화재보호재단, 2011,「4. 경주 탑동21-3·4번지 유적」,『2010년도 소규모발굴조사 보고서Ⅳ-경북2-』

한국문화재보호재단, 2011,『울산 하삼정고분군』

한국문화재보호재단 외, 1998,『경산 임당유적』

한빛문화재연구원, 2012,『포항 성곡리유적』

한성백제박물관, 2021,『서울 석촌동고분군Ⅲ』

호암미술관, 2000,『창녕 계성고분군』

국립경주박물관, 2001,『특별전 신라황금』

국립대구박물관, 2000,『압독사람들의 삶과 죽음』

국립대구박물관, 2002,『특별전 소문국에서 의성으로』

국립춘천박물관, 2008,『권력의 상징, 관-경주에서 강원까지-』

대구한의대학교박물관, 2005,『개관10주년기념 발굴유물 특별전』

대성동고분박물관, 2013,『동아시아 교역의 가교, 대성동고분군』

동의대학교박물관, 2000,『김해 양동리 고분문화』

복천박물관, 2010,『履 고대의 신』

삼성미술관 Leeum, 2011,『삼성미술관 Leeum 소장품 선집, 고미술』

吉林省文物考古研究所 외, 2004,『集安高句麗王陵』, 文物出版社

吉林省文物考古研究所 외, 2010,『集安出土高句麗文物集粹』, 科學出版社

遼寧省文物考古研究所, 2002,『三燕文物精粹』, 遼寧人民出版社

濱田靑陵, 1932,『慶州の金冠塚』, 慶州古蹟保存會, 似玉堂

原田淑人, 1922,「慶尙北道慶州郡内東面普門里古墳及慶山郡淸道郡金泉郡尙州郡並慶
　　　尙南道梁山郡東萊郡諸遺蹟調査報告書」,『大正七年度古蹟調査報告 第一册』,
　　　朝鮮總督府

有光敎一・藤井和夫, 2000,『朝鮮古蹟硏究會遺稿Ⅰ-慶州皇吾里第16號墳 慶州路西
　　　里215番地古墳發掘調査報告書 1932-1933』, 유네스코 동아시아문화연구센
　　　터 財團法人 東洋文庫

有光敎一・藤井和夫, 2003,「附篇高靈主山第39號墳發掘調査槪報」,『朝 鮮古蹟硏究會
　　　遺稿Ⅱ公州宋山里第29號墳 高靈主山第39號墳發掘調査報告 1933, 1939』, 유
　　　네스코東아시아문화연구센터 財團法人 東洋文庫

有光敎一, 1980,「羅州潘南面新村里第九號墳發掘調査記錄-主として小川敬吉氏手記
　　　の紹介-」,『朝鮮學報』94, 朝鮮學會

朝鮮總督府, 1916,『朝鮮古蹟圖譜 三』

朝鮮總督府, 1924,『古蹟調査特別報告第三册 慶州金冠塚と其遺寶』

朝鮮總督府, 1927,『梁山夫婦塚と其遺物』

朝鮮總督府, 1931,「慶尙北道達城郡達西面古墳發掘調査報告」,『昭和6年度古蹟調査
　　　報告』

朝鮮總督府, 1932,「慶州金鈴塚飾履塚發掘調査報告」,『大正十三年度古蹟調査報告』

朝鮮總督府博物館, 1938,『博物館陳列品圖鑑』12

穴澤咊光・馬目順一, 1973,「羅州潘南面古墳群-梅原考古資料による谷井濟一氏發掘
　　　遺物の硏究-」,『古代學硏究』70, 古代學硏究會

穴澤咊光・馬目順一, 1975,「昌寧校洞古墳群-梅原考古資料を中心とした谷井濟一氏
　　　發掘資料の硏究」,『考古學雜誌』60-4, 日本考古學會

2. 저서

강종훈, 2000,『신라상고사 연구』, 서울대학교출판부

계명대학교 한국학연구원 외, 2002,『진·변한사연구』

계명대학교 한국학연구원 외, 2019, 『가야사의 공간적 범위』

국립나주문화재연구소, 2019, 『고대 동아시아의 금동신발과 금동관』

국립나주박물관, 2019, 『나주 신촌리 금동관의 재조명』

국사편찬위원회, 1987, 『국역 중국정사 조선전』

권오영, 2005, 『고대 동아시아 문명교류사의 빛 무령왕릉』, 돌베개

권용대, 2018, 『울산의 고분과 고대사회』, 서경문화사

김도영, 2022, 『금공품으로 본 고대 동아시아 세계』, 진인진

김병모, 1998, 『금관의 비밀』, 푸른역사

김용성, 1998, 『신라의 고총과 지역집단』, 춘추각

김용성, 2009, 『신라왕도의 고총과 그 주변』, 학연문화사

김용성, 2015, 『신라고분고고학의 탐색』, 진인진

김원룡, 1960, 『신라토기의 연구』, 을유문화사

김태식, 2001, 『풍납토성 500년 백제를 깨우다』, 김영사

김태식 외, 2008, 『한국 고대 사국의 국경선』, 서경문화사

남궁영임, 2003, 『고신라 금속장신구 연구』, 북스힐

노태돈, 2009, 『삼국통일전쟁사』, 서울대학교출판부

노태돈, 2014, 『한국고대사』, 경세원

무함마드 깐수, 1992, 『신라 · 서역 교류사』, 단국대학교 출판부

박방룡, 2013, 『신라도성』, 학연문화사

부산대학교 한국민족문화연구소 외, 2011, 『고대 창녕지역사의 재조명』

山本孝文, 2006, 『삼국시대 율령의 고고학적 연구』, 서경문화사

선석열, 2001, 『신라국가 성립과정 연구』, 혜안

세종문화재연구원, 2012, 『원삼국 · 삼국시대 역연대론』, 학연문화사

양정석, 2004, 『황룡사의 조영과 왕권』, 서경문화사

영남고고학회, 2015, 『영남의 고고학』

울산대학교박물관, 2001, 『무덤이 말하는 고대 울산』

이근직, 2013, 『천년의 왕도, 천년의 기억-신라 왕경의 변천 과정-』, 학연문화사

이기동, 1990, 『신라 골품제사회와 화랑도』, 일조각

이기동, 1997, 『신라사회사연구』, 일조각

이난영, 2000, 『한국 고대의 금속공예』, 서울대학교 출판부

이동주, 2019, 『신라 왕경 형성과정 연구』, 경인문화사

이송란, 2004, 『신라금속공예연구』, 일지사

이은창, 1978, 『한국 복식의 역사-고대편-』, 세종대왕기념사업회

이종선, 2000, 『고신라왕릉연구』, 학연문화사

이한상, 2004, 『황금의 나라 신라』, 김영사

이한상, 2009, 『장신구 사여체제로 본 백제의 지방 지배』, 서경문화사

이한상, 2011, 『동아시아 고대 금속제 장신구문화』, 고고

이현혜, 1984, 『삼한사회형성과정연구』, 일조각

이희준, 2007, 『신라고고학연구』, 사회평론

전덕재, 1996, 『신라육부체제연구』, 일조각

전덕재, 2002, 『한국 고대사회의 왕경인과 지방민』, 태학사

전덕재, 2006, 『한국고대사회경제사』, 태학사

조영제, 2009, 『옥전고분군과 다라국』, 혜안

주보돈, 1998, 『신라 지방통치체제의 정비과정과 촌락』, 신서원

주보돈, 2002, 『금석문과 신라사』, 지식산업사

주보돈, 2020, 『신라 왕경의 이해』, 주류성

최병현, 1992, 『신라고분연구』, 일지사

최병현, 2021, 『신라 6부의 고분 연구』, 사회평론아카데미

최종규, 1995, 『삼한고고학연구』, 서경문화사

최종규, 2014, 『칠상집I-장송』, 고고

콜린 렌프류 · 폴반(이희준 역), 2006, 『현대고고학의 이해』, 사회평론

하일식, 2006, 『신라 집권관료제 연구』, 혜안

한국고대사탐구학회 외, 2011, 『조문국의 성쇠와 지배세력의 동향』, 경인문화사

한국고대사학회, 2021, 『한국고대사와 창녕』, 주류성

한국고대사학회 외, 2011, 『울진봉평리 신라비와 한국 고대 금석문』

홍보식, 2003, 『신라 후기 고분문화 연구』, 춘추각

磯部欣三, 1992, 『佐渡金山』, 中央公論社

金宇大, 2017, 『金工品から讀む古代朝鮮と倭』, 京都大學學術出版會

山根俊久, 1974,『石見銀山に關する研究』, 臨川書店

小浪博, 1934,『金銀銅採鑛冶金學』, 修教社書院

小葉田淳, 1968,『日本鑛山史の研究』, 岩波書店

小倉武之助, 1964,『小倉コレクション目錄』

早乙女雅博, 2010,『新羅考古學研究』

倉橋藤治郎, 1938,『採鑛冶金工學最近の進步』, 工業圖書株式會社

土屋隆史, 2018,『古墳時代の日朝交流と金工品』, 雄山閣

3. 논문

강봉룡, 1987, 「신라 주제의 형성과 운영」, 『한국사론』 16, 서울대학교 국사학과

강종훈, 1991, 「신라 상고기년의 재검토」, 『한국사론』 26, 서울대학교 국사학과

강종훈, 2007, 「신라 상대」, 『한국고대사 연구의 새동향』, 서경문화사

강현숙, 1996, 「경주에서 횡혈식석실분의 등장에 대하여」, 『신라고고학의 제문제』, 한국고고학회

구문경, 2009, 「영동지역의 신라 관과 관식」, 『신라문물연구』 2, 국립경주박물관

구효선, 2009, 「의관제를 통해 본 중고기 귀족의 양상」, 『신라문화』 34, 동국대학교 신라문화연구소

권오영, 1988, 「4세기 백제의 지방통제방식 일례-동진청자의 유입경위를 중심으로-」, 『한국사론』 18, 서울대학교 국사학과

권오영, 1991, 「고대 영남지방의 순장」, 『한국고대사논총』 4, 한국고대사회연구소

권오영, 2004, 「물자 기술 사상의 흐름을 통해 본 백제와 낙랑의 교섭」, 『한성기 백제의 물 류시스템과 대외교섭』, 학연문화사

권용대, 2021, 「양산지역 고분 연구」, 『영남고고학』 89, 영남고고학회

권준희, 2001, 「신라복식의 변천연구」, 서울대학교 박사학위논문

권향아, 2002, 「삼국시대 신라이식의 제작기법 연구」, 동아대학교 박사학위논문

吉井秀夫, 1996, 「금동제 신발의 제작기술」, 『석오 윤용진교수 정년퇴임기념논총』

김구군, 2001, 「호형대구의 형식분류와 편년」, 『경북대학교 고고인류학과 20주년기념논총』

김규운, 2018, 「고고자료로 본 소가야의 권역과 변천」, 『한국고대사연구』 92, 한국고대사학회

김낙중, 2000, 「5~6세기 영산강유역 정치체의 성격-나주 복암리 3호분 출토 위세품 분석-」, 『백제연구』 32, 충남대학교 백제연구소

김낙중, 2009, 「영산강유역 정치체와 백제왕권의 관계변화-금속제 복식유물을 중심으로-」, 『백제연구』 50, 충남대학교 백제연구소

김낙중, 2014, 「가야계 환두대도와 백제」, 『백제문화』 50, 공주대학교 백제문화연구소

김낙중, 2019, 「나주 신촌리 금동관 착장자의 정치적 성격」, 『나주 신촌리 금동관의 재조명』, 국립나주박물관

김낙중, 2021, 「영산강유역권 마한 관련 유적의 최신 조사 성과와 의의」, 『호남고고학보』 67, 호남고고학회

김대환, 2008, 「고분자료로 본 신라의 국가형성」, 『국가형성의 고고학』, 사회평론

김도영, 2018, 「신라 대장신구의 전개와 의미」, 『한국고고학보』 107, 한국고고학회

김도헌, 2000, 「진주 중안동 출토 유물」, 『가야고고학논총』 3, 가락국사적개발연구원

김두철, 2014, 「신라·가야의 경계로서 경주와 부산」, 『영남고고학』 70, 영남고고학회

김무중, 2004, 「화성 기안리 제철유적 출토 낙랑계 토기에 대하여」, 『백제연구』 40, 충남대학교 백제연구소

김영민, 1996, 「영남지역 삼한후기문화의 특징과 지역성」, 부산대학교 석사학위논문

김옥순, 2007, 「의성지역의 토기양식과 사회집단의 성격」, 『다시 찾아야할 조문국』, 의성군 외

김용성, 2002, 「고신라 경주 중심고분군의 조묘구역 변천과정」, 『청계사학』 16·17, 한국정신문화연구원 청계사학회

김용성, 2002, 「의성지역 고분문화의 성격」, 『소문국에서 의성으로』, 국립대구박물관

김용성, 2011, 「대구 서북부 고총과 그 축조집단의 성격」, 『중앙고고연구』 8, 중앙문화재연구원

김우대, 2013, 「신라 수식부이식의 계통과 변천」, 『한국고고학보』 89, 한국고고학회

김원룡, 1965, 「신라금관의 계통」, 『조명기박사화갑기념불교사학논총』, 간행위원회

김의만, 2008, 「신라의 의관제와 골품제」, 『경주사학』 27, 경주사학회

김일규, 2013, 「금관가야고분 출토 외래유물의 성격과 의의」, 『호남고고학보』 60, 호남고고학회

김재열 · 박세은, 2010, 「경산 북사리 1호묘 허리띠장식의 연대와 제작지」, 『계왕개래』 9, 영남대학교박물관

김재열, 2007, 「경산지역 고분의 장신구 연구」, 영남대학교 석사학위논문

김재열, 2009, 「왜관 낙산리 6호묘 금동관의 분석과 검토」, 『문화재조사연구』 창간호, 한국문화재보호재단

김재열, 2010,a 「5~6세기 신라 경산지역 정치체의 관」, 『신라사학보』 20, 신라사학회

김재열, 2010b, 「신라식리의 특징과 부장방식」, 『고고학탐구』 8, 고고학탐구회

김재열, 2019, 「금성산고분군 신라 장신구의 특수성」, 『영남고고학』 83, 영남고고학회

김재홍, 1991, 「신라 중고기 촌제와 지방사회 구조」, 『한국사연구』 72, 한국사연구회

김재홍, 1995, 「신라 중고기의 저습지 개발과 촌락구조의 재편」, 『한국고대사논총』 7, 한국고대사회연구소

김재홍, 1996, 「신라(사로국)의 형성과 발전」, 『역사와 현실』 21, 한국역사연구회

김재홍, 2001, 「4~5세기 신라의 고분문화와 지역지배」, 『한국고대사연구』 24, 한국고대사학회

김재홍, 2001, 「신라 중고기 촌제의 성립과 지방사회 구조」, 서울대학교 박사학위논문

김재홍, 2007, 「백제시대 수전농업의 발전단계-금강유역의 자료를 중심으로-」, 『백제와 금강』, 서경문화사

김정배, 1988, 「고구려와 신라의 영역문제-순흥지역의 고고학자료와 관련하여-」, 『한국사연구』 61 · 62, 한국사연구회

김정희, 2019, 「신라 관의 양식변화와 자립화시기 신라정치-황남대총 남분 출토 신라 관들을 중심으로-」, 『신라문화』 54, 동국대학교 신라문화연구소

김진구, 1994, 「신라복식 어휘의 연구」, 『복식문화연구』 2-2, 복식문화학회

김창석, 2008, 「백제 왕실 수공업의 성립과 생산체제」, 『백제 생산기술의 발달과 유통체계 확대의 정치사회적 함의』, 학연문화사

김철준, 1952, 「신라상대 Dual Organization(하)」, 『역사학보』 2, 역사학회

김태식, 2003, 「신선의 왕국, 도교의 사회와 신라-적석목곽분과 그 시대론-」, 『문화재』 36, 국립문화재연구소

김현숙, 2002, 「4~6세기경 소백산맥 이동지역의 영역 향방」, 『한국고대사연구』 26, 한국고대사학회

김형곤, 1997, 「신라식 토광목곽묘의 검토-중산리유적을 중심으로-」, 『창원사학』 3, 창원대학교 사학회

김홍주, 1992, 「단양 하리 출토 일괄유물에 대한 고찰」, 『고고학지』 4, 한국고고미술연구소

남동신, 2001, 「신라 중고기 불교치국책과 황룡사」, 『신라문화제학술발표회논문집-황룡사의 종합적 고찰-』 22, 동국대학교 신라문화연구소 외

남익희, 2009, 「5~6세기 성주양식 토기 및 정치체 연구」, 『영남고고학』 49, 영남고고학회

남익희, 2013, 「순흥지역 삼국시대 횡구식석실묘의 전개와 정치체의 동향」, 『영남고고학』 65, 영남고고학회

남혜민, 2021, 「신라 마립간기의 지방통제와 상수리의 기원」, 『동방학지』 196, 연세대학교 국학연구원

노중국, 1981, 「고구려·백제·신라 사이의 역관계변화에 대한 일고찰」, 『동방학지』 28, 연세대학교 국학연구원

노중국, 2000, 「신라와 백제의 교섭과 교류-6, 7세기를 중심으로-」, 『신라문화』 17·18, 동국대학교 신라문화연구소

노중국, 2013, 「백제사의 몇 가지 문제-삼국사기 백제본기 역주작업과 관련하여-」, 『신라사학보』 27, 신라사학회

노태돈, 1988, 「5세기 금석문에 보이는 고구려인의 천하관」, 『한국사론』 19, 서울대학교 국사학과

노태돈, 1989, 「울진봉평신라비와 신라의 관등제」, 『한국고대사연구』 2, 한국고대사연구회

노태돈, 1997, 「삼국사기 신라본기의 고구려관계 기사 검토」, 『경주사학』 16, 경주사학회

東潮, 1995, 「변진과 가야의 철」, 『가야제국의 철』, 신서원

리일남, 1991, 「고구려 귀걸이의 형태와 기법」, 『조선고고연구』 91-3

리지린·강인숙, 1976, 『고구려사연구』, 사회과학출판사

박광춘 · 김다빈, 2019, 「가야 로만글라스와 진식대금구 유입 시기와 교역로 연구」, 『석당논총』 75, 동아대학교 석당학술원

박남수, 2011, 「신라의 의생활과 직물생산」, 『한국고대사연구』 64, 한국고대사학회

박방룡, 2001, 「황룡사와 신라왕경의 조성」, 『신라문화제학술발표회논문집』 22, 동국대학교 신라문화연구소 외

박방룡, 2006, 「6세기 신라왕경의 제양상」, 『신라문화제학술발표회논문집』 26, 동국대학교 신라문화연구소 외

박보현, 1986, 「수지형입화식관 형식분류 시론」, 『역사교육논집』 9, 경북대학교 역사교육과

박보현, 1987, 「수지형입화식관의 계통」, 『영남고고학』 4, 영남고고학회

박보현, 1991, 「적석목곽분문화지역의 대금구」, 『고문화』 38, 한국대학박물관협회

박보현, 1995, 「위세품으로 본 고신라사회의 구조」, 경북대학교 박사학위논문

박보현, 1997, 「가야관의 속성과 양식」, 『고대연구』 5, 고대연구회

박보현, 1998, 「금동관으로 본 나주 신촌리9호분 을관의 연대」, 『백제연구』 28, 충남대학교 백제연구소

박보현, 1999, 「금공품으로 본 대구지역의 성격」, 『역사교육논집』 23 · 24, 역사교육학회

박보현, 2008, 「금공품으로 본 강릉의 지역성」, 『고고학탐구』 3, 고고학탐구회

박보현, 2014, 「대가야의 관모전립식고」, 『과기고고연구』 20, 아주대학교 도구박물관

박보현, 2017, 「고흥 안동고분 금동관으로 본 분여설의 한계」, 『과기고고연구』 23, 아주대학교 도구박물관

박성천, 2007, 「신라 황룡사형 대금구의 출토 양상과 의미」, 『경문논총』 창간호, 경남문화재연구원

박순교, 1994, 「소문국고」, 『지촌김갑주교수 화갑기념사학논총』, 논총간행위원회

박순발, 2004, 「한성기 백제 대중교섭 일례-몽촌토성 출토 금동과대금구추고-」, 『호서고고학』 11, 호서고고학회

박승규, 2001, 「고고학을 통해 본 소가야」, 『고고학을 통해 본 가야』, 한국고고학회

박천수, 1993, 「삼국시대 창녕지역 집단의 성격 연구」, 『영남고고학』 13, 영남고고학회

박천수, 2019, 「고고학으로 본 비화가야사」, 『중앙고고연구』 30, 중앙문화재연구원

박희명, 2001, 「삼국시대 팔찌에 대한 연구」, 한양대학교 석사학위논문

山本孝文, 2006, 「고고학으로 본 삼국시대의 관인」, 『한국고대사연구』 54, 한국고대사
　　학회

서경민, 2010, 「의성양식토기의 분포로 본 의성지역 권역」, 『한국고대사 속의 소문
　　국』, 경북대학교 영남문화연구원 외

성정용, 2008, 「토기양식으로 본 고대국가의 형성」, 『국가형성의 고고학』, 한국고고학
　　회 편, 사회평론

손명조, 1998, 「한반도 중 · 남부지방 철기제작유적의 현상」, 『영남고고학』 22, 영남고
　　고학회

신경철, 1992, 「김해 예안리 160호분에 대하여-고분의 발생과 관련하여-」, 『가야고고
　　학논총』 1, 가야문화연구소

신경철, 1995, 「김해 대성동 · 동래 복천동고분군 점묘-금관가야 이해의 일단-」, 『부
　　대사학』 19, 부산대학교 사학회

신경철, 2013, 「대성동 88, 91호분의 무렵과 의의」, 『고고광장』 13, 부산고고학회

신대곤, 1997, 「나주 신촌리 출토 관 · 관모 일고」, 『고대연구』 5, 고대연구회

신대곤, 1997, 「우모부관식의 시말」, 『고고학지』 8, 한국고고미술연구소

신은희, 2005, 「삼국시대 경남지역 고분 출토 금속제 팔찌의 성격」, 『문물연구』 9, 동
　　아시아문물연구원

신창수, 2002, 「신라의 왕경」, 『한국고대사강좌』, 가락국사적개발연구원

심재용, 2013, 「중국계유물로 본 금관가야와 중국 동북지방」, 『중국 동북지방과 한반
　　도 남부의 교류』, 영남고고학회

심현용, 2009, 「고고자료로 본 5~6세기 신라의 강릉지역 지배방식」, 『문화재』 42-3,
　　국립문화재연구소

심현철, 2020, 『신라 적석목곽묘 연구』, 부산대학교 박사학위논문

안병찬 · 이경자, 2003, 「삼국시대 금동신발-5~6세기 분묘 출토품을 중심으로-」, 『도
　　시문화』 2, 서울역사박물관

안재호 · 송계현, 1986, 「고식도질토기에 관한 약간의 고찰-의창 대평리 출토품을 통
　　하여-」, 『영남고고학』 1, 영남고고학회

안휘준, 1986, 「기미년명 순흥 읍내리고분벽화의 내용과 의의」, 『순흥읍내리벽화고

분』, 문화재연구소

여호규, 2003, 「신라도성의 의례공간과 왕경제의 성립과정」, 『신라왕경조사의 성과와
　　　의의』, 국립문화재연구소

여호규, 2007, 「도성과 도시」, 『한국고대사연구의 새 동향』, 서경문화사

오영미, 2009, 「신라 진덕왕대 의관제 개혁과 그 의미」, 경북대학교 석사학위논문

옥재원, 2016, 「신라 마립간기 지역지배의 양상과 금공위세품의 사여」, 『신라문화』 47,
　　　동국대학교 신라문화연구소

옥재원, 2017, 「신라의 주변 지역 통합과 중앙집권화 과정」, 연세대학교 박사학위논문

우성훈, 1996, 「신라왕경 경주의 도시계획에 관한 연구」, 성균관대학교 석사학위논문

우지남, 1987, 「대가야고분의 편년-토기를 중심으로-」, 『삼불김원룡교수정년퇴임기
　　　념논총I』, 일지사

우화정, 2003, 「삼국시대 금동신발 연구」, 영남대학교 석사학위논문

유재은, 2000, 「강릉시 초당동고분 출토 금속유물 보존처리」, 『보존과학연구』 21, 국
　　　립문화재연구소

윤상덕, 2014, 「봉토 외형으로 본 신라 전·중기의 왕릉 추정」, 『한국고고학보』 93, 한
　　　국고고학회

윤선희, 1987, 「삼국시대 과대의 기원과 변천에 관한 연구」, 『삼불김원용교수 정년기
　　　념논총Ⅱ』

윤세영, 1980, 「한국고대관모고-삼국시대 관모를 중심으로-」, 『한국고고학보』 9, 한
　　　국고고학회

윤온식, 2019, 「사로국 고고학 연구」, 경북대학교 박사학위논문

이강래, 1985, 「삼국사기에 보이는 말갈의 군사활동」, 『영토문제연구』 1, 고려대학교
　　　민족문화연구소

이강래, 1996, 「신라 나이군고」, 『신라문화』 13, 동국대학교 신라문화연구소

이건무 외, 1989, 「의창 다호리유적 발굴 진전보고(I)」, 『고고학지』 1, 한국고고미술연
　　　구소

이경자, 1999, 「대가야계고분 출토 이식의 부장양상에 대한 일고찰」, 『영남고고학』
　　　24, 영남고고학회

이기백, 1954, 「삼국시대 불교전래와 그 사회적 성격」, 『역사학보』 6, 역사학회

이기백, 1978, 「황룡사와 그 창건」, 『신라시대 국가불교와 유교』, 일조각

이기봉, 2002, 「신라왕경의 범위와 구역에 대한 지리적 연구」, 서울대학교 박사학위
　　　논문

이문형, 2020, 「고창 봉덕리고분군 축조세력 연구」, 공주대학교 박사학위논문

이범기, 2019, 「고분 출토 금동관과 식리로 살펴본 마한·백제·일본과의 비교 검토」,
　　　『지방사와 지방문화』 22-1, 역사문화학회

이병도, 1959, 『한국사 고대편』, 을유문화사

이성주, 1996, 「신라식 목곽묘의 전개와 의의」, 『신라고고학의 제문제』, 한국고고학회

이성주, 2008, 「양식의 생성: 신라, 가야양식과 소지역양식의 형성에 대한 검토」, 『제
　　　32회 한국고고학 전국대회 양식의 고고학』, 한국고고학회

이양수, 2010, 「한반도 삼한 삼국시대 동경의 고고학적 연구」, 부산대학교 박사학위
　　　논문

이예지, 2016, 「고령 지산동 출토 금속유물의 과학적 분석」, 『고령 지산동고분군 518
　　　호분 발굴조사보고서』, 국립가야문화재연구소

이은석, 1998, 「신라 황남대총에 관한 연구」, 동아대학교 석사학위논문

이은석, 2004, 「왕경의 성립과 발전」, 『통일신라시대 고고학』, 한국고고학회

이은영, 2011, 「다라국의 귀걸이 연구」, 『신라사학보』 21, 신라사학회

이인숙, 2019, 「4~6세기 포항·울진지역의 고분문화」, 『한국고대사연구』 93, 한국고
　　　대사학회

이재현, 2000, 「가야지역 출토 동경과 교역체계」, 『한국고대사논총』 9, 한국고대사회
　　　연구소

이재현, 2004, 「영남지역 출토 삼한시기 방제경의 문양과 의미」, 『한국고고학보』 53,
　　　한국고고학회

이종선, 1999, 「나주 반남면 금동관의 성격과 배경」, 『영산강유역의 고대사회』, 학연
　　　문화사

이진혁, 2019, 「2~4세기 포항 옥성리 일대 고분군의 양상과 그 집단의 동향」, 『한국고
　　　고학보』 111, 한국고고학회

이청규, 2003, 「한중교류에 대한 고고학적 접근」, 『한국고대사연구』 32, 한국고대사학회

이한상, 1993, 「무령왕릉 출토품 추보(1)-대금구-」, 『고고학지』 5, 한국고고미술연구소

이한상, 1995, 「5~6세기 신라의 변경지배방식-장신구분석을 중심으로-」, 『한국사론』 33, 서울대학교 국사학과

이한상, 1995, 「대가야계 이식의 분류와 편년」, 『고대연구』 5, 고대연구회

이한상, 1996, 「6세기 신라의 대금구-누암리형 대금구의 설정-」, 『한국고고학보』 35, 한국고고학회

이한상, 2017, 「연기 나성리4호묘 대금구의 용문 복원과 예찰」, 『고고학탐구』 20, 고고학탐구회

이한상, 2018, 「일본 규슈 출토 백제양식 금공품 연구」, 『한국문화연구』 41, 이화여자대학교 한국문화연구원

이한상, 2021, 「백제 식리의 측판 조립과 문양 구성」, 『고고학탐구』 25, 고고학탐구회

이현상, 2018, 「백제 한성기 금공품 제작기술 연구-금동관, 금동식리, 장식대도를 중심으로-」, 공주대학교 박사학위논문

이현주, 1995, 「압형토기고」, 『박물관연구논집』 4, 부산광역시립박물관

이현혜, 1988, 「4세기 가야지역의 교역체계의 변천」, 『한국고대사연구』 1, 한국고대사연구회

이현혜, 1994, 「삼한의 대외교섭체계」, 『이기백선생 고희기념 한국사학논총(상)』, 일조각

이현혜, 2008, 「고고학자료로 본 사로국 육촌」, 『한국고대사연구』 52, 한국고대사학회

이희돈, 1989, 「순흥 기미년명 벽화분에 대하여」, 『두산 김택규박사 화갑기념 문화인류학논총』

이희준, 1995, 「토기로 본 대가야의 권역과 그 변천」, 『가야사연구』, 경상북도 외

이희준, 2002, 「4~5세기 신라고분 피장자의 복식품 착장 정형」, 『한국고고학보』 47, 한국고고학회

이희준, 2005, 「4~5세기 창녕지역 정치체의 읍락 구성과 동향」, 『영남고고학』 37, 영남고고학회

이희준, 2011, 「한반도 남부 청동기~원삼국시대 수장의 권력기반과 그 변천」, 『영남고고학』 58, 영남고고학회

장용석, 2004, 「대구 가천동유적 출토 금동관에 대한 일고찰」, 『영남문화재연구』 17, 영남문화재연구원

장정남, 2007,「의성지역 삼국시대 고분군의 성격과 특징연구」,『과기고고연구』13, 아주대학교박물관

전덕재, 1990a,「신라 주군제의 성립배경 연구」,『한국사론』22, 서울대학교 국사학과

전덕재, 1990b,「4~6세기 농업생산력의 발달과 사회변동」,『역사와 현실』4, 한국역사 연구회

전덕재, 2000,「4세기 국제관계의 재편과 신라의 대응」,『역사와 현실』36, 한국역사연 구회

전덕재, 2012,「고대 의성지역의 역사적 변천에 관한 고찰」,『신라문화』39, 동국대학 교 신라문화연구소

전현실 · 강순제, 2013,「흥덕왕 복식제도 원전 고찰 및 분석」,『복식』63-5, 한국복식 학회

전혜숙, 1998,「통일신라기 정치적 상황과 복식연구」,『복식문화연구』6-2, 복식문화 학회

전호태, 2020,「영주 신라 벽화고분 연구」,『선사와 고대』64, 한국고대학회

정인성, 2003,「변한 · 가야의 대외교섭」,『가야고고학의 새로운 조명』, 혜안

정징원 · 홍보식, 1995,「창녕지역의 고분문화」,『한국문화연구』7, 부산대학교 한국민 족문화연구소

조묘해, 2018,「삼국시대 밀양지역 고분의 편년과 성격」, 동의대학교 석사학위논문

조성원, 2017,「4세기 금관가야의 대외관계 검토」,『고고광장』21, 부산고고학회

주경미, 1997,「삼국시대 이식의 연구-경주지역 출토 수하부이식을 중심으로-」,『미 술사학연구』211

주경미, 2018,「보물 지정 노서동 금귀걸이와 황오동 금귀걸이의 연구」,『고고학지』 24, 국립중앙박물관

주보돈, 1992,「삼국시대의 귀족과 신분제-신라를 중심으로-」,『한국사회발전사론』, 일조각

주보돈, 1996,「마립간시대 신라의 지방통치」,『영남고고학』19, 영남고고학회

주보돈, 2003,「초기국가 소문국과 그 향방」,『인하사학』10, 인하역사학회

주보돈, 2006,「고구려 남진의 성격과 그 영향」,『대구사학』82, 대구사학회

주보돈, 2009,「문헌상으로 본 고대사회 창녕의 향방」,『한국고대사 속의 창녕』, 경북

대학교 영남문화연구원

주진옥, 2004, 「황남대총 남분 출토 태환이식의 제작기법과 그 특징」, 경주대학교 석사학위논문

차순철, 1999, 「동혈주부곽식 목곽묘 연구-낙동강 동안지역을 중심으로-」, 경성대학교 석사학위논문

최병현, 1992, 「신라토기」, 『한국미술사의 현황』, 예경

최병현, 2017, 「신라 전기 경주 월성북고분군의 계층성과 복식군」, 『한국고고학보』 104, 한국고고학회

최정범, 2018, 「한반도 당식 대장식구의 전개와 의미」, 『한국고고학보』 106, 한국고고학회

최정범, 2018, 「소위 황룡사형 대장식구의 재검토」, 『영남고고학』 82, 영남고고학회

최종규, 1982, 「도질토기 성립전야와 전개」, 『한국고고학보』 12, 한국고고학회

최종규, 1983, 「중기고분의 성격에 관한 약간의 고찰」, 『부대사학』 7, 부산대학교 사학회

최종규, 1991, 「백제 은관식에 관한 고찰-백제금공(1)-」, 『미술자료』 47, 국립중앙박물관

최종규, 1992, 「제라야의 문물교류」, 『백제연구』 23, 충남대학교 백제연구소

최종규, 2001, 「담론 와질사회」, 『고대연구』 8, 고대연구회

최종규, 2015, 「가야문화」, 『고고학탐구』 17, 고고학탐구

최종규, 2016, 「조양동문화에 대한 보완」, 『고고학탐구』 19, 고대연구회

최종규, 2021, 「김해 대성동고총군에 대한 비망록(1)」, 『고고학탐구』 24, 고고학탐구회

최종규, 2022, 「김해 대성동고총군에 대한 비망록(2)」, 『고고학탐구』 25, 고고학탐구회

하대룡, 2016, 「고총단계 신라고분의 부장정형과 그 함의-착장위세품과 무구, 마구를 중심으로-」, 『한국고고학보』 101, 한국고고학회

하대룡, 2019, 「신라고분의 구성 정형 연구-적석목곽묘 피장자의 성격 복원을 중심으로-」, 서울대학교 박사학위논문

하승철, 2018, 「고고학으로 본 소가야의 성립과 변천」, 『동아시아고대학』 51, 동아시아고대학회

하일식, 1991, 「6세기 신라의 지방지배와 외위제」, 『학림』 12 · 13, 연세대학교 사학회

함순섭, 1995, 「대구 비산동37호분 2실 출토 관」, 『고대연구』 4, 고대연구회

함순섭, 1997, 「小倉Collection 금제대관의 제작기법과 그 계통」, 『고대연구』 5, 고대연구회

함순섭, 2000, 「신라 수지형 대관의 퇴화형식 설정-동원선생 기증품을 중심으로-」, 『동원학술논문집』 3, 한국고고미술연구소

함순섭, 2001, 「고대관의 분류체계에 대한 고찰」, 『고대연구』 8, 고대연구회

함순섭, 2002, 「신라와 가야의 관에 대한 서설」, 『대가야와 주변제국』, 한국상고사학회 외

함순섭, 2012, 「신라 수지형 대관의 전개과정 연구」, 경북대학교 석사학위논문

홍보식, 1995, 「고분문화를 통해 본 6~7세기대의 사회변화-영남지역을 중심으로-」, 『한국고대사논총』 7, 한국고대사회연구소

홍영호, 2010, 「6~7세기 고고자료로 본 동해안과 울릉도」, 『이사부와 동해』 창간호, 한국이사부학회

홍영호, 2015, 「실직의 고고자료와 신라사적 의미」, 『이사부와 동해』 9, 한국이사부학회

황상일 · 윤순옥, 2005, 「경주 선상지의 지형발달」, 『신라문화제학술논문집-국읍에서 도성으로-』 26, 동국대학교 신라문화연구소 외

황인호, 2015, 「신라왕경 중심부의 도시화과정 및 방리 구조 고찰」, 『한국상고사학보』 90, 한국상고사학회

황인호, 2016, 「6~8세기 신라 도성의 도시계획과 능묘역의 변천 연구」, 『한국고고학보』 101, 한국고고학회

황종현, 2020, 「신라 횡혈식석실묘의 수용과 전개」, 계명대학교 박사학위논문

高田貫太, 1998, 「垂飾附耳飾をめぐる地域間交渉」, 『古文化談叢』 41, 九州古文化研究會

大橋一章, 2008, 「古代文化史のなかの飛鳥寺」, 『古代文化の源流を探る-百濟王興寺から飛鳥寺へ』, 國學院大學文學部史學科

藤井和夫, 1996, 「新羅 · 加耶古墳出土冠研究序說」, 『東北アジアの考古學 第二 槿域』

藤島亥治郎, 1930, 「朝鮮建築史論 其一」, 『建築雜誌』 44, 日本建築學會

馬目順一, 1980, 「慶州飾履塚古新羅墓の研究-非新羅系遺物の系譜と年代」, 『古代探叢-瀧口宏先生古稀記念考古學論集』

馬目順一, 1995, 「慶州古新羅王族墓の立華飾附黃金製寶冠編年試論」, 『古代探叢』IV, 早稻田大學校 出版部

毛利光俊彦, 1995, 「朝鮮古代の冠-新羅-」, 『西谷眞治先生古稀記念論文集』, 西谷眞治 先生の古稀をお祝いする會

三木ますみ, 1996, 「朝鮮半島出土の垂飾附耳飾」, 『筑波大學先史學·考古學研究調査 報告』7

石本淳子, 1990, 「日韓の垂飾付耳飾についての一考察」, 『今里幾次先生古稀記念 播磨 考古學論叢』

野上丈助, 1983, 「日本出土の垂飾付耳飾について」, 『藤澤一夫先生古稀記念 古文化論 叢』, 古代を考える會

伊藤秋男, 1972, 「耳飾の型式學的研究に基づく韓國古新羅時代古墳の編年に關する 一試案」, 『朝鮮學報』64, 朝鮮學會

李盛周, 2006, 「考古學からみた新羅の成立とアイデンティティ」, 『東アジア古代国家 論』, すいれん舍

早乙女雅博, 1982, 「新羅·伽耶の冠」, 『MUSEUM』372, 東京國立博物館

崔鍾圭, 1983, 「慶州市朝陽洞遺蹟發掘調査槪要とその成果」, 『古代文化』35-8, 古代 學協會

찾아보기

ㄱ

가상귀부경 41
가야양식 79, 182, 184, 269
거수층 196, 198, 199, 200, 201
검단리유적 34
경흥식 106, 148, 149, 150, 151
계림로 14호묘 78
계성고총군 175, 181
계수금라 122, 124, 126
고타군 158, 172
곡봉형대구 39
골벌국 65, 154, 162
공복 110, 111, 195
관대 116, 117, 145, 261
관복 86, 99, 117, 118, 119, 122,
    124, 142, 144, 145, 228, 241,

268
교동 7호분 105, 178, 179, 181
교동·송현동고총군 19, 57
구당서 117, 143, 229
국제교역 34, 64
권력 31, 74, 136, 143, 242, 269
궐수문철모 54
귀족 136, 145, 153, 182, 187, 199,
    202, 229, 235, 241, 251
금공기술 219, 228, 264
금공품 229, 250, 263, 264, 265, 267,
    268, 269, 272, 282
금관 74, 76, 83, 86, 87, 88, 90, 91,
    101, 147, 148, 150, 201, 251
금관가야 181, 264, 268, 281, 282
금광맥 132, 134
금동관 57, 86, 87, 90, 91, 92, 93,
    113, 138, 146, 148, 149, 150,

151, 155, 156, 162, 163, 164, 165, 170, 171, 176, 178, 182, 183, 185, 188, 190, 191, 199, 217, 220, 221, 229, 230, 244, 245, 246, 247, 248, 249, 269, 270, 271, 272, 282

금동식리 57, 83, 107, 142, 143, 146, 147, 148, 149, 159, 162, 163, 169, 170, 225, 226, 228

금령총 83, 86, 89, 90, 91, 94, 98, 101, 102, 104, 106, 109, 148, 150, 151, 152, 167, 169, 185, 187

금성산고총군 57, 160, 162, 164, 167, 170

금수식 148, 185

금조총 91, 92, 98, 184, 185, 187

금천 147, 148, 149, 151, 153, 185, 232

급벌산군 173, 174

급산군 159, 173

김춘추 116, 117, 128, 144, 145

ㄴ

나령군 159, 173

나제동맹 20, 81, 264

낙산동고총군 157, 158

남성리신라묘군 58

남치리 1호묘 236, 237

내물마립간 73

냉수리석실분 191

노서동 138호분 97, 102

노형토기 52

누암리형 대금구 114, 115, 187

눌지마립간 73, 192

ㄷ

단야구 64

단야로 32, 64

단장 203

단조철부 28

달벌성 156

달성고총군 21, 57, 156, 164, 200

달천광산 27, 32, 176

당식대금구 119, 120

대가야 22, 113, 137, 156, 175, 207, 242, 243, 246, 248, 250, 251, 255, 257, 259, 263, 264, 265, 269, 270, 279, 281, 282

대가야 이식 183, 254, 258, 259, 262, 263, 265, 266, 283

대관 86, 138, 153, 166, 182, 185, 190, 230, 244, 250, 282

대금구 20, 22, 99, 100, 102, 103, 115, 120, 138, 139, 142, 146, 153, 158, 160, 168, 170, 174, 179, 180, 181, 185, 187, 190, 201, 213, 214, 215, 220, 222, 223, 225, 229, 232, 233, 235, 239, 240, 272, 273, 278

대중견사 85

도로유구 207, 208, 211

도질토기 52, 54

동경 29, 31, 34, 41, 42, 44, 45, 46,
47, 49, 64, 81, 83, 260

동관 86, 114, 149

동물형대구 37, 39, 40

동범 228, 265

동복 43

동정 43, 47

ㄹ

리이촌 172

ㅁ

마립간 17, 19, 49, 73, 74, 75, 80, 85,
108, 110, 128, 142, 145, 146,
158, 176, 195, 198, 199, 200,
202, 212, 216

망자 29, 109, 142, 143, 146, 150,
170, 185, 203, 249, 250, 275

매금 86, 144

모관 86, 92, 93, 153, 167, 185, 243,
244, 245, 248, 249, 250

목곽묘 37, 43, 47, 50, 52, 55, 56, 58,
59, 70, 140, 156, 161, 176,
177, 186, 190, 244, 270, 277

목관묘 28, 31, 37, 38, 50, 58, 177

무술명오작비 196

미질부 193

ㅂ

박장화 235

박혁거세 25

방내리석실묘 214

방제경 40, 42, 44, 47

백화수피제 93

변진독로국 177

변진미리미동국 175

병산동신라묘군 164

보문리고분 8, 95, 98, 178, 265

복두 118, 121, 122, 123, 126

복식금령 121, 122, 125, 127, 128

복암리 3호분 233, 236, 237

복천동 1호분 151, 182, 183

복천동 10 · 11호분 91, 151, 165,
182, 183

복천동신라묘군 62, 177, 181, 183,
184

본관동고총군 251, 267

봉토제사 60

부곽 50, 56, 70, 71, 244, 254

비사벌 175

비자벌 175

비화가야 175

ㅅ

사금 132, 135
사도금산 133, 134, 135
사라리 130호묘 28, 29, 38, 39, 42,
    43, 44, 47
사벌국 159
사여 19, 21, 22, 86, 109, 131, 142,
    143, 144, 145, 170, 184, 228,
    235, 241, 268
산금 132, 135
삼국지 25, 28, 34, 52, 63, 112, 144,
    188
삼년산성 74, 159
삼연 103, 217, 219, 282
색복지 215
생초고총군 267
서봉총 95, 101, 148, 149, 150, 169,
    185, 189, 279
서봉총 남분 95
선광 132, 133
선덕여왕 117
성산가야 156
성산동고총군 57, 156
성운문경 42, 45
세장방형 목곽묘 54, 58, 60, 176
세환이식 94, 95, 96, 98, 99, 114,
    168, 178, 183, 259, 282, 283,
    284
소가야 261, 268, 272, 273, 276, 277,
    278, 279, 280, 281
소골 142
소문국 65, 158, 161, 162
송제리 1호석실 236
수서 85, 86, 112, 142
수혈식석곽묘 50, 55, 57, 139, 140,
    176, 188, 190, 244, 284
순장 57, 71, 92, 108, 166, 194, 203
식리총 83, 102, 104, 106, 108, 168,
    227
신덕리 169
신라양식 19, 20, 79, 137, 139, 146,
    154, 160, 175, 177, 180, 182,
    184, 199, 248, 276, 277
신속 20, 145
신지 36
실직곡국 65, 188

ㅇ

아라가야 183, 270, 271, 272
압독국 65, 155, 161
압형토기 53
약사동 제방 197
양동리 28호묘 176
양산부부총 93, 107
연산동고총군 177, 184
연판 137
영일냉수리신라비 200, 201
옥성리신라묘군 58, 61, 62, 196
옥성리유형 56, 58, 62, 66

와질토기 28, 37, 44, 45, 47, 48, 52, 53, 54, 160

왕경 49, 111, 124, 140, 155, 164, 166, 170, 180, 193, 194, 201, 205, 207, 208, 210

왕위계승 74

외래품 39, 43, 47, 49, 81, 82, 122, 278

요갱 28, 31, 46

요패 101, 102, 103, 168, 233

용강동석실분 119

용문 78, 100, 102, 223, 224, 225, 226

용전리 목관묘 42, 43, 45, 46, 47, 48, 154

용해로 32, 64

우각형파수부호 46, 52

우시산국 65, 161, 176, 188

울진봉평신라비 200, 201

월산리고총군 267

월성로 가-13호묘 55

위세품 34, 49, 57, 64, 76, 242, 273, 282

유개대부직구호 52, 53, 56

유자이기 54, 60, 61, 245, 261

율령 75, 110, 111, 128, 140, 194, 195, 203, 212

은관 86, 87, 93, 245, 251

은관식 143, 158, 162, 166, 167, 190

은령총 102, 104, 106, 107, 108, 169

은천 136, 146, 149, 151, 153, 229, 232, 278, 279

은흑 134

음즙벌국 65, 162, 188

읍차 36

의관제 116, 117, 128

의복 35, 37, 38, 39, 41, 85, 86, 109, 116, 118, 121, 142, 144, 145, 215, 228

의봉사년개토 208

의성양식 164

의책 35, 41, 144

이와미은산 133, 134

이체자명대경 41

이쿠노은산 133, 134

인수 35, 41, 144

일본서기 75, 110, 113

일선군 158

임당고총군 21, 50, 56, 57, 58, 62, 156, 164, 200

임당유형 56, 58, 62, 66

임하동고총군 159

입점리 86-1호분 218

ㅈ

장례풍습 74, 104, 107, 139, 153

장방형 목곽묘 51, 60

장인 80, 136, 137, 138, 217, 219, 228, 254

적석목곽묘 50, 55, 56, 57, 58, 59, 69, 70, 71, 72, 73, 74, 75, 81,

82, 83, 101, 139, 140, 146, 147, 155, 164, 176

전한경 29, 49

제의방식 60

제철공방 32

제철유적 32, 176, 219

조양동 38호묘 29, 41, 43, 45, 46, 49

조우관 86, 142, 143

조익형 93, 94, 166, 190

조일리신라묘군 176

주곽 50, 56, 70, 71, 148, 164, 165, 168, 169, 170, 186, 243, 244, 250, 254, 277

주머니호 28, 31, 33, 46, 52

주조철기 32

주조철부 28, 29

지방지배 58, 154, 181, 198, 199

지역색 139, 212, 213, 215

진골 116, 118, 121, 122, 123, 124, 125, 126

진덕여왕 116, 117, 118, 128, 145

진평왕 214

ㅊ

착장방식 146, 149, 150, 151

척문리고분 236

천마총 69, 71, 72, 75, 86, 88, 90, 91, 93, 94, 98, 101, 102, 104, 106, 109, 146, 148, 150, 151,

152, 166, 167, 169, 178, 185, 187

천마총 유형 148, 149

철광석 32, 34

철정 151, 284

청제 196

초당동 B16호묘 138, 151, 249

초당동신라묘군 188, 189, 191

추가장 186, 203

추모 143

ㅋ

쿠르간 69

ㅌ

탑동 1호묘 28, 31, 45, 47

탑리고분 91, 102, 105, 107, 163, 164, 165, 167, 168, 169, 170

태화동고총군 158

태환이식 82, 94, 95, 98, 114, 139, 158, 167, 178, 180, 182, 185, 189, 190, 191, 257, 259, 265, 283

토용 118

토우 80, 118

통일양식 토기 213

통형동기 54

ㅍ

포항중성리신라비 200, 201

ㅎ

하대진한묘군 61, 62

하슬라 192

하지 242

한경 41, 42, 44, 45, 46

호우총 82, 83, 102, 104, 106, 108,
    169

호형대구 29, 30, 31, 39

화곡리요지 212

화남리신라묘군 155

화장묘 199

황남대총 남분 19, 55, 57, 73, 76, 78,
    79, 81, 92, 93, 94, 98, 99,
    100, 101, 104, 106, 107, 108,
    109, 148, 165, 166, 167, 168,
    170, 180, 182, 187, 189, 212,
    244, 259

황남대총 북분 72, 76, 82, 86, 87, 88,
    90, 94, 96, 98, 102, 105, 106,
    109, 278, 283

황남대총 북분 유형 148, 149

황남동 109호분 70

황남동 120-2호분 104, 146, 151,
    169

황룡사 194, 195, 204, 205, 207, 209,
    210, 212

황룡사지 113, 114, 115, 204, 206,
    208, 209, 211

황룡사형 대금구 115, 213

황성동석실분 118, 119

황오동 14호분 70, 100, 101

회취법 134

횡구식석실묘 55, 57, 139, 140, 171,
    174, 190

흥덕왕 121, 122, 125, 127, 128

• 이한상 _ 李漢祥

강원도 평창에서 태어났다. 부산대학교 사학과를 졸업한 후, 서울대학교 국사학과에서
한국고대사 연구로 문학석사와 문학박사 학위를, 일본 후쿠오카대학 인문과학연구과에
서 동아시아고고학 연구로 문학박사 학위를 취득하였다. 1992년 8월부터 2003년 2월까
지 국립중앙박물관(공주박물관, 경주박물관, 고고부) 학예연구사와 학예연구관으로 근
무하였다. 2003년 3월부터 동양대학교 문화재학과 교수를 역임하였고, 2007년 9월부터
대전대학교 역사문화학전공 교수로 재직하고 있다.

주요 저서로는『황금의 나라 신라』(2004, 김영사),『공예1-고분미술-』(2006, 예경),『장
신구사여체제로 본 백제의 지방지배』(2009, 서경문화사),『동아시아 고대 금속제 장신
구문화』(2011, 고고),『삼국시대 장식대도 문화 연구』(2016, 서경문화사) 등이 있다.

신라의 성장 과정과 복식사여체제 新羅의 成長過程과 服飾賜與體制

초판발행일	2022년 04월 25일
초판2쇄일	2022년 10월 20일
지 은 이	이한상
발 행 인	김선경
책 임 편 집	김소라
발 행 처	서경문화사
	주소 : 서울시 종로구 이화장길 70-14(204호)
	전화 : 743-8203, 8205 / 팩스 : 743-8210
	메일 : sk8203@chol.com
신 고 번 호	제1994-000041호
ISBN	978-89-6062-241-8　　93910

ⓒ 이한상 · 서경문화사, 2022

정가 30,000